高等院校精品课程系列教材

投资学原理及应用
第4版
习题集

贺显南 编著

机械工业出版社
China Machine Press

图书在版编目（CIP）数据

投资学原理及应用第4版　习题集 / 贺显南编著 . —北京：机械工业出版社，2020.2
（2024.9重印）
（高等院校精品课程系列教材）

ISBN 978-7-111-64679-2

I. 投… II. 贺… III. 投资经济学 – 高等学校 – 教材 IV. F830.59

中国版本图书馆 CIP 数据核字（2020）第 018114 号

　　本书是《投资学原理及应用》（第 4 版）的配套习题集，书中涵盖了选择题、判断题、简述题、分析题、计算题等内容，全书题型丰富，难易结合，逐步推进。同时，书中材料、数据和分析主要基于中国当前的投资市场，紧扣教材，提炼了各章中的每一个知识点，力图将投资学理论和投资实践融为一体，给读者更好的学习体验。

　　本书适合高等院校金融学、管理学、经济学类学生使用，也可以作为证券、金融实务工作者了解投资学的参考用书。

出版发行：机械工业出版社（北京市西城区百万庄大街 22 号　邮政编码：100037）
责任编辑：杜　霜　　　　　　　　　　　　　责任校对：李秋荣
印　　刷：固安县铭成印刷有限公司　　　　　版　　次：2024 年 9 月第 1 版第 7 次印刷
开　　本：186mm×240mm　1/16　　　　　　印　　张：18.25
书　　号：ISBN 978-7-111-64679-2　　　　　定　　价：40.00 元

客服电话：(010) 88361066　68326294

版权所有・侵权必究
封底无防伪标均为盗版

前 言
PREFACE

作为《投资学原理及应用》（第4版）配套的习题集，许多要说的话已经在《投资学原理及应用》（第4版）前言中说了。但考虑《投资学原理及应用》（第4版）前言主要针对老师，而习题集前言主要针对学生，故还是有必要赘述一下。

首先感谢同学们尊重作者的知识产权，使用正版的《投资学原理及应用习题集》。

其次，我要回应一些同学对2018年1月出版的《投资学原理及应用习题集》的看法。同学们的普遍看法是"配套学习非常贴心、非常好""很多题都不错，值得购买"，这是对作者的褒奖。但与此同时，"一些答案没有解析，有点麻烦，要自己算好久"也是一种较普遍的看法。实际上，作者当初在撰写习题集时始终纠结一个问题：习题集答案是详细一些好，还是简略一些，只是提供解题思路好。2018年1月出版的《投资学原理及应用习题集》最终采用了简略一些，只是提供解题思路的方案，因为作者担心少数同学做习题时不愿意思考而是照抄答案，从而影响学习效果。一些曾经与作者沟通的老师也有同感。

在新出版的《投资学原理及应用第4版 习题集》中，作者采取了习题答案较为详细的方案，这是因为：①这是以学生为本的正常教学要求；②作者相信，在中国高校不断重视本科教学质量的大背景下，绝大多数同学在拥有先看习题答案的选择权后，都不会选择不经仔细思考习题就先看习题答案，而是会选择认真做完习题然后与习题答案进行比对。这样，详尽的习题答案更有助于提高同学们的学习效果。而且，为了督促同学们认真做完《投资学原理及应用第4版 习题集》中的习题，作者建议任课老师期末考试试卷完全或主要以习题集为基础。期末考试试卷的具体模板，在本书中有详细介绍，任课老师可以参考。

再次，我想说说，为什么在2018年1月才出版《投资学原理及应用习题集》，在不到两年的时间就要出《投资学原理及应用第4版习题集》，这明显快于作者写作《投资学原理及应用》3年一个写作周期的时间。《投资学原理及应用习题集》不像《投资学原理及应用》那样成熟，后者从2011年算起已经有近9个年头。虽然《投资学原理及应用习题集》是作者"编著"，但作者始终按照"著"的要求写作，力求体现自身特色。这就是《投资学原理及应用习题集》之所以能够得到很多同学"非常贴心""很多题都不错"的评价的原因。然而，也正是因为要凸显特色，《投资学原理及应用习题集》中很多习题是作者根据《投资学原理及应用》的教材要求和投资市场现实情况而专门设计的，在现存各类投资学教材或相应习题集中都找不到可以借鉴的材料，这就导致少数专门设计的习题不可避免地存在一些疏漏或不完善的地方。对此，作者向任课老师和使用习题集的同学们深表歉意，并尽快出版《投资学原理及应用第4版习题集》，以之弥补上述缺陷。

最后，殷切期待老师和同学们对《投资学原理及应用第4版习题集》提出建议和批评。尤其是对《投资学原理及应用习题集》中所设计的一些开放性的习题，虽然作者给出了参考答案，但同学们完全可以质疑这些参考答案，并提出自己认为正确的答案。作者设计这些习题的初衷，是希望借助对这些问题的思考培养同学们的创造性思维，而这种创造性思维正是目前中国高等教育所缺乏并必须补足的短板。

我的邮箱是200210483@oamail.gdufs.edu.cn。我始终在等待老师和同学们的批评和意见，对你们的意见我必将第一时间回复。

贺显南

2020年1月于广州白云山下

目　录
CONTENTS

前言

第一部分　本章提要、重点难点及习题

第1章　导论 …………………… 2
本章提要 …………………………… 2
重点难点 …………………………… 2
一、判断题 ………………………… 2
二、选择题（包括单选和多选）…… 3
三、连线并解释 …………………… 7
四、计算题 ………………………… 8
五、简述题 ………………………… 8
六、分析题 ………………………… 8

第2章　各具特色的投资产品 …… 10
本章提要 …………………………… 10
重点难点 …………………………… 10
一、判断题 ………………………… 10

二、选择题（包括单选和多选）…… 12
三、填空说明题 …………………… 18
四、简述题 ………………………… 20
五、分析题 ………………………… 20

第3章　投资市场运行 …………… 23
本章提要 …………………………… 23
重点难点 …………………………… 23
一、判断题 ………………………… 24
二、选择题（包括单选和多选）…… 26
三、计算题 ………………………… 30
四、画图及说明题 ………………… 34
五、简述题 ………………………… 34
六、分析题 ………………………… 34

第4章　投资收益与投资风险 …… 36
本章提要 …………………………… 36

重点难点 ·· 36
  一、判断题 ····································· 36
  二、选择题（包括单选和多选）············· 38
  三、计算题 ····································· 42
  四、简述题 ····································· 48
  五、画图题 ····································· 48
  六、分析题 ····································· 48

第 5 章　投资组合 ································ 51
  本章提要 ·· 51
  重点难点 ·· 51
  一、判断题 ····································· 52
  二、选择题（包括单选和多选）············· 53
  三、计算题 ····································· 59
  四、画图和填空题 ···························· 63
  五、分析题和论述题 ························· 66

第 6 章　风险定价理论 ························· 67
  本章提要 ·· 67
  重点难点 ·· 67
  一、判断题 ····································· 67
  二、选择题（包括单选和多选）············· 69
  三、计算题 ····································· 73
  四、画图并说明 ······························· 76
  五、分析题 ····································· 76

**第 7 章　有效市场假设、行为金融学与
　　　　　适应性市场假说** ···················· 77
  本章提要 ·· 77
  重点难点 ·· 77
  一、判断题 ····································· 77
  二、选择题（包括单选和多选）············· 79

  三、画图并解释 ······························· 82
  四、分析和论述题 ···························· 83

第 8 章　债券投资分析 ························· 86
  本章提要 ·· 86
  重点难点 ·· 86
  一、判断题 ····································· 86
  二、选择题（包括单选和多选）············· 88
  三、计算题 ····································· 92
  四、画图并解释 ······························· 94
  五、论述题 ····································· 95

第 9 章　股票投资信息分析 ··················· 96
  本章提要 ·· 96
  重点难点 ·· 96
  一、判断题 ····································· 96
  二、选择题（包括单选和多选）············· 98
  三、画图并解释 ······························ 101
  四、分析题 ···································· 101

第 10 章　股票价值分析 ······················ 102
  本章提要 ······································ 102
  重点难点 ······································ 102
  一、判断题 ···································· 103
  二、选择题（包括单选和多选）············ 104
  三、计算题 ···································· 107
  四、填表题 ···································· 111
  五、分析和论述题 ·························· 111

第 11 章　技术分析 ···························· 114
  本章提要 ······································ 114
  重点难点 ······································ 114

一、判断题 ……………………………… 114
二、选择题（包括单选和多选）……… 116
三、画图题 ……………………………… 119
四、分析题 ……………………………… 120

第 12 章　期货市场 …………………… 121

本章提要 ………………………………… 121
重点难点 ………………………………… 121
一、判断题 ……………………………… 121
二、选择题（包括单选和多选）……… 123
三、计算题 ……………………………… 125
四、填空并解释 ………………………… 127
五、分析和论述题 ……………………… 128

第 13 章　期权市场 …………………… 129

本章提要 ………………………………… 129
重点难点 ………………………………… 129
一、判断题 ……………………………… 130
二、选择题（包括单选和多选）……… 131
三、计算题 ……………………………… 133
四、画图及填空题 ……………………… 135
五、分析题 ……………………………… 137

第 14 章　投资总评和投资策略选择 …… 138

本章提要 ………………………………… 138
重点难点 ………………………………… 138
一、判断题 ……………………………… 138
二、选择题（包括单选和多选）……… 139
三、计算题 ……………………………… 140
四、简述题 ……………………………… 141

综合分析题 ……………………………… 142

第二部分　参考答案

第 1 章　导论 …………………………… 146
第 2 章　各具特色的投资产品 ………… 150
第 3 章　投资市场运行 ………………… 155
第 4 章　投资收益与投资风险 ………… 166
第 5 章　投资组合 ……………………… 179
第 6 章　风险定价理论 ………………… 186
第 7 章　有效市场假设、行为金融学与
　　　　适应性市场假说 ……………… 193
第 8 章　债券投资分析 ………………… 196
第 9 章　股票投资信息分析 …………… 206
第 10 章　股票价值分析 ………………… 208
第 11 章　技术分析 ……………………… 215
第 12 章　期货市场 ……………………… 219
第 13 章　期权市场 ……………………… 227
第 14 章　投资总评和投资策略选择 …… 235

综合分析题 ……………………………… 237

第三部分　案例研究

案例一　格力电器大股东提名董事候选人
　　　　未能当选 …………………… 240

案例二　伯克希尔 - 哈撒韦 A 股、B 股
　　　　股价关系与股票高送转 ……… 243

案例三　KODA 协议中的期权因素 ········· 245

案例四　海越股份的异辛烷投资 ········ 247

案例五　中国中车合并前后的市场有效性 ········ 249

案例六　方大集团半价增发风波 ········ 251

案例七　股灾后重启新股发行 ············ 253

案例八　乐视网估值 ················ 255

案例九　中国式熔断机制 ············ 257

案例十　期市"四万到千万"的梦幻 ········ 259

第四部分　大事记

中国证券市场大事记 ············ 262

第五部分　《投资学原理及应用》考试样卷及参考答案

《投资学原理及应用》试卷设计 ·········· 276

《投资学原理及应用》考试样卷 ········ 277

第一部分 PART 1

本章提要、重点难点及习题

第1章 导论
第2章 各具特色的投资产品
第3章 投资市场运行
第4章 投资收益与投资风险
第5章 投资组合
第6章 风险定价理论
第7章 有效市场假设、行为金融学与适应性市场假说

第8章 债券投资分析
第9章 股票投资信息分析
第10章 股票价值分析
第11章 技术分析
第12章 期货市场
第13章 期权市场
第14章 投资总评和投资策略选择

第 1 章
CHAPTER1

导　论

本章提要

投资收益和投资风险形影相随；牛熊市周而复始；尊重市场、适应市场是投资人的生存法则；分散投资可有效降低投资风险。四大投资准则密切相关。《投资学原理及应用》按照投资人需求研究投资学问题，将投资学理论与投资实践融为一体。

重点难点

- 明确投资收益和投资风险的相互关系
- 理解牛熊市周而复始的经济规律
- 了解尊重市场、适应市场和分散投资降低风险的投资准则
- 理解四大投资准则的内在联系

一、判断题

1. 投资股票等证券产品相比投资房地产、艺术品等，不需要房地产、艺术品等领域专门知识，具有价值判断相对简单的优势。（　　）
2. "天下没有免费的午餐"体现了分散投资降低风险的思想。（　　）
3. 风险厌恶型投资人不愿承担任何风险，只投资无风险产品。（　　）
4. 只考虑预期收益率高低，不顾及风险大小的投资者，被称为风险中性者。（　　）

5. 喜欢风险较高的投资产品，不考虑预期收益率高低的投资者，被称为风险偏好者。(　　)
6. 从 100 个投资人中随机抽出 1 个投资人，这个投资人很可能是风险厌恶型投资人。(　　)
7. 股票短期投资风险大，长期投资收益率高。(　　)
8. 你的一大笔资金有三个月的闲置期，基于股票市场的高收益，你将其投资于股票市场，期待在三个月后获得较大的资金增值。(　　)
9. 投资学研究股票、债券等证券产品投资收益和投资风险及其相互关系，其所得结论不适合房地产等其他投资产品。(　　)
10. 股市上涨会直接推动经济发展，这被称为股市财富效应。(　　)
11. 某地区房地产价格大幅下跌，总市值减少了 2 万亿元，这 2 万亿元被高位卖出住房的投资人赚走了。(　　)
12. 中外股票市场都存在熊市时间短于牛市时间（即熊短牛长）的现象。(　　)
13. 投资人都喜欢牛市，因为牛市是投资人都赚钱的市场。(　　)
14. 熊市是投资人都亏钱的市场，故而投资人都厌恶熊市。(　　)
15. 投资者信心涨跌是一个随机过程，没有任何规律可言。(　　)
16. 投资者信心上升与股价上涨存在负反馈效应。(　　)
17. 投资市场和一般商品市场一样，价格下跌需求上升、价格上涨需求下降。(　　)
18. 股市泡沫表示股价迅速上涨。(　　)
19. 牛熊市周而复始是证券市场的运行规律，其不适用于房地产市场。(　　)
20. 股市牛熊市周而复始根源于经济周期变化。(　　)
21. 牛熊市周而复始告诉我们，在熊市中不要悲观绝望，在牛市中不要盲目乐观。(　　)
22. 牛熊市周而复始的重要启示是，投资人必须关注市场，回避熊市。(　　)
23. 在牛市中应该做"空头"，在熊市中应该做"多头"。(　　)
24. 无论市场如何变化，空头和多头阵营泾渭分明。(　　)
25. 从投资市场分类角度看，房地产中介市场和婚姻中介市场完全一样，都是经纪人市场。(　　)
26. 分散投资提高收益是投资的重要法则。(　　)
27. 由于全球股票投资的收益率高于国内股票投资，因此投资人都应进行全球投资。(　　)
28. 中国投资人可以借助 QFII 间接投资国外股票市场。(　　)
29. 摩根士丹利资本国际公司在 2017 年 6 月 21 日宣布，从 2018 年 6 月开始将中国 A 股纳入 MSCI 新兴市场指数和 MCSI ACWI 全球指数。这表明，中国投资市场的高收益日益引起国外投资者重视。(　　)
30. 许多投资人都认为股票投资是一门艺术。(　　)
31. 四大投资准则可以视为一种投资哲学。(　　)

二、选择题（包括单选和多选）

1. 股票、债券等证券产品深受中小投资人欢迎的原因是(　　)。
　　A. 投资门槛低　　　　　　　　　　B. 信息易于获得、市场流动性强

C. 短期收益高 D. 交易费用低
2. 纵观世界投资市场，长期投资收益率最高的投资产品是（　　）。
   A. 股票　　　　　B. 债券　　　　　C. 黄金　　　　　D. 房地产
3. 在投资实务领域中获得突出成就的代表性人物是（　　）。
   A. 巴菲特　　　　B. 西蒙斯　　　　C. 索罗斯　　　　D. 凯恩斯
4. "如果你爱他，把他送到股市，因为那儿是天堂；如果你恨他，把他送到股市，因为那儿是地狱"。这句话蕴含的最重要的投资学思想是（　　）。
   A. 尊重市场、适应市场　　　　B. 投资收益和投资风险形影相随
   C. 牛熊市周而复始　　　　　　D. 分散投资降低风险
5. 如果一项投资听起来好到让人难以置信，那么很可能就不是真的。做出上述判断的理论基础是（　　）。
   A. 尊重市场、适应市场　　　　B. 投资收益和投资风险形影相随
   C. 牛熊市周而复始　　　　　　D. 分散投资降低风险
6. 投资风格稳健，愿意并且能够承担资产价格的短期波动，期望以承受一定的投资风险来获取较高的投资收益。这种投资者的风险厌恶程度（　　）。
   A. 属于低风险厌恶　　　　　　B. 属于中等风险厌恶
   C. 属于高风险厌恶　　　　　　D. 无法判断
7. 投资学主要研究（　　）等投资产品。
   A. 股票　　　　　B. 黄金　　　　　C. 收藏品　　　　D. 房地产
8. 投资学通常以投资人（　　）为研究前提。
   A. 风险厌恶　　　B. 风险偏好　　　C. 风险中性　　　D. 高风险厌恶
9. 对投资市场运行态势描述不正确的是（　　）。
   A. 牛市　　　　　B. 猴市　　　　　C. 虎市　　　　　D. 熊市
10. 中国股市牛熊市周而复始的主要原因是（　　）。
    A. 经济周期变化　　　　　　　B. 投资人情绪变化
    C. 其他投资产品牛熊市变化　　D. 国外股票市场牛熊变化
11. 尽管许多专家过去预测中国房地产价格下跌总是犯错，但我们还是坚信，房价经过近20年上涨后即将下跌，因为这是（　　）的要求。
    A. 尊重市场、适应市场　　　　B. 投资收益和投资风险形影相随
    C. 牛熊市周而复始　　　　　　D. 分散投资降低风险
12. "风水轮流转"和投资学四大准则中内涵最接近的是（　　）。
    A. 尊重市场、适应市场　　　　B. 投资收益和投资风险形影相随
    C. 牛熊市周而复始　　　　　　D. 分散投资降低风险
13. 某年《新闻晚报》有一则新闻报道"理财教育急功近利　父母教小学生炒股"。根据该报道，当时股票市场最可能是（　　）。
    A. 熊市　　　　　　　　　　　B. 牛市
    C. 无法判断其牛熊性质　　　　D. 猴市
14. 下图是美国股票市场长期走势图，该图最能说明的投资学基本原理是（　　）。

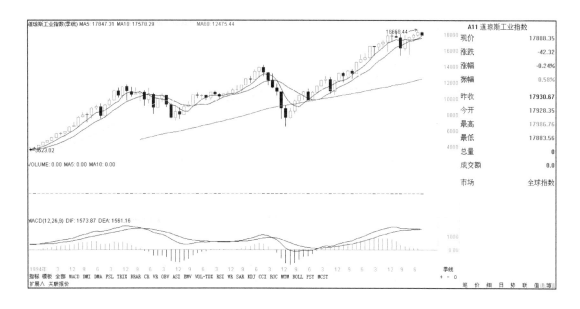

A. 尊重市场、适应市场　　　　　　B. 投资收益和投资风险形影相随
C. 牛熊市周而复始　　　　　　　　D. 分散投资降低风险

15. 街边卖香蕉的人一边看股票，一边卖香蕉，这最可能说明（　　）。
　　A. 股票市场处于猴市　　　　　　B. 股票市场处于牛市
　　C. 股票市场处于熊市　　　　　　D. 股票市场趋势不明朗

16. 股价持续上涨后，一些投资人开始卖出股票，这些投资人如此决策的最主要的投资学理论基础是（　　）。
　　A. 尊重市场、适应市场　　　　　　B. 投资收益和投资风险形影相随
　　C. 牛熊市周而复始　　　　　　　　D. 分散投资降低风险

17. 当股价持续下跌后，某些投资人开始买入股票，这些投资人如此决策的最主要的投资学理论基础是（　　）。
　　A. 尊重市场、适应市场　　　　　　B. 投资收益和投资风险形影相随
　　C. 牛熊市周而复始　　　　　　　　D. 分散投资降低风险

18. 当股市成为街头巷尾最热门的话题时，你的最优投资决策是（　　）。
　　A. 增加资金买入更多股票　　　　　B. 继续持有股票
　　C. 逐渐卖出股票　　　　　　　　　D. 根据个人资金需求买卖股票

19. 唐朝著名诗人刘禹锡的名句"沉舟侧畔千帆过，病树前头万木春"，其表达的意境最接近于（　　）。
　　A. 尊重市场、适应市场　　　　　　B. 投资收益和投资风险形影相随
　　C. 牛熊市周而复始　　　　　　　　D. 分散投资降低风险

20. 有一种观点认为：没有永远好或永远坏的金融产品，也没有任何产品值得一直持有或从不值得持有。你认为支持这种观点的最主要的投资学理论基础是（　　）。
　　A. 尊重市场、适应市场　　　　　　B. 投资收益和投资风险形影相随

C. 牛熊市周而复始　　　　　　　　　D. 分散投资降低风险

21. 当股市上涨，绝大多数投资人都赚钱时，对投资人所获利润最恰当的表述为（　　）。
    A. 真实盈利　　　B. 账面利润　　　C. 心理利润　　　D. 纸上富贵

22. 由于（　　），在股价下跌时投资人信心会下降。
    A. 价格效应　　　B. 收入效应　　　C. 正反馈效应　　　D. 负反馈效应

23. 中国楼市一直是中国最赚钱的投资市场。中国股市在近些年一直是全球最熊市场，直到2019年年初中国股市才开始有熊转牛迹象。如果中国股市要真正走向牛市，则关于楼市表述最正确的是（　　）。
    A. 中国楼市继续大幅上涨　　　　　B. 中国楼市不上涨或小幅下降
    C. 中国楼市连续暴跌　　　　　　　D. 楼市涨跌和股市涨跌没有关系

24. 引发股票市场牛熊市周而复始的因素有经济周期、投资人心理和行为、其他投资产品牛熊变化等，你认为导致股市短期牛熊频繁变化的最重要因素是（　　）。
    A. 经济周期　　　　　　　　　　　B. 投资人心理和行为
    C. 其他投资产品牛熊变化　　　　　D. 国外股票市场牛熊变化

25. 国外房地产市场牛熊转换周期一般为（　　）。
    A. 20年　　　　B. 18年　　　　C. 17年　　　　D. 16年

26. "识时务者为俊杰"和投资学四大准则中内涵最接近的是（　　）。
    A. 尊重市场、适应市场　　　　　　B. 投资收益和投资风险形影相随
    C. 牛熊市周而复始　　　　　　　　D. 分散投资降低风险

27. 股市是国民经济的晴雨表，中国经济发展向好，所以中国股票市场持续下跌不合理。这种观点违背了（　　）的投资学原理。
    A. 尊重市场、适应市场　　　　　　B. 投资收益和投资风险形影相随
    C. 牛熊市周而复始　　　　　　　　D. 分散投资降低风险

28. 投资市场上，证明多头决策是否正确的标准应该是（　　）。
    A. 买的是绩优股还是垃圾股　　　　B. 是长期投资还是短期投资
    C. 股票上涨还是下跌　　　　　　　D. 是集中投资还是分散投资

29. 尊重市场、适应市场的投资策略不包括（　　）。
    A. 发现市场趋势　　　　　　　　　B. 研究市场趋势变化原因
    C. 判断市场走势的合理性　　　　　D. 不逆市场趋势而行动

30. 随着投资市场的发展变化，多头可能转变为空头，或者空头可能转变为多头，这是（　　）的要求。
    A. 尊重市场、适应市场　　　　　　B. 投资收益和投资风险形影相随
    C. 牛熊市周而复始　　　　　　　　D. 分散投资降低风险

31. 现阶段中国房地产市场主要是（　　）。
    A. 直接搜寻市场　　B. 经纪人市场　　C. 交易商市场　　D. 拍卖市场

32. 银行个人外汇买卖市场是（　　）。
    A. 直接搜寻市场　　B. 经纪人市场　　C. 交易商市场　　D. 拍卖市场

33. 某家长要找一个英语专业大三的学生给其小孩辅导英语，于是在大学学生饭堂告示栏上

发布信息。你认为这形成了一个（　　）市场。
   A. 经纪人　　　　　　B. 直接搜寻　　　　　C. 拍卖　　　　　　D. 交易商
34. 下表统计了中国股市 2006～2018 年涨跌幅度最大的行业，投资人据此主要可以体会四大投资准则中（　　）的重要性。

	2006 年	2007 年	2008 年	2009 年	2010 年	2011 年	2012 年
当年最佳	证券 （331.60）	船舶 （552.01）	医疗保健 （−37.17）	汽车 （246.39）	医疗保健 （78.06）	酿酒 （−20.04）	证券 （35.73）
当年最差	互联网 （30.31）	互联网 （44.11）	船舶 （−83.40）	电力 （41.33）	证券 （−40.46）	半导体 （−48.11）	电信营运 （−29.89）
	2013 年	2014 年	2015 年	2016 年	2017 年	2018 年	
当年最佳	互联网 （183.84）	证券 （158.66）	家居用品 （154.32）	酿酒 （25.65）	酿酒 （84.58）	旅游 （−3.11）	
当年最差	煤炭 （−38.94）	日化 （−1.36）	证券 （−21.59）	公共交通 （−34.76）	文教休闲 （31.17）	环境保护 （−50.38）	

   A. 尊重市场、适应市场　　　　　　B. 投资收益和投资风险形影相随
   C. 牛熊市周而复始　　　　　　　　D. 分散投资降低风险
35. 对于中国投资人而言，QFII 和 QDII 的差异十分明显，但其基本投资思想都根源于（　　）。
   A. 分散投资降低风险　　　　　　　B. 尊重市场、适应市场
   C. 牛熊市周而复始　　　　　　　　D. 风险和收益形影相随
36. 教材中新闻摘录"学历越低炒股越赚钱"有一句话："炒股是经验积累的过程。"你认为这些经验可能是（　　）。
   A. 分散投资降低风险　　　　　　　B. 尊重市场、适应市场
   C. 牛熊市周而复始　　　　　　　　D. 风险和收益形影相随
37. 模拟炒股和实际投资最本质的区别是（　　）。
   A. 投资环境不同　　　　　　　　　B. 分析方法不同
   C. 投资心理不同　　　　　　　　　D. 操作方法不同
38. 四大投资准则的核心是（　　）。
   A. 分散投资降低风险　　　　　　　B. 尊重市场、适应市场
   C. 牛熊市周而复始　　　　　　　　D. 风险和收益形影相随
39. 你认为四大投资准则的关系最恰当的表述是（　　）。
   A. 相互冲突　　　　B. 相互独立　　　　C. 相互影响　　　　D. 相互矛盾

三、连线并解释

下面四句常用语的基本含义与四大投资法则中的哪一条最吻合？用线条连接起来，并简要说明理由。

不要在一棵树上吊死	风险和收益形影相随
时势造英雄	分散投资降低风险
乐极生悲，否极泰来	尊重市场、适应市场
不入虎穴，焉得虎子	牛熊市周而复始

四、计算题

你用 10 万元资金购买了 10 只价格都是 5 元的股票，每只股票购买 2 000 股。假设股票价格变动相互独立，且只有暴涨、暴跌两种可能。若一年后出现了下表中的 5 种情形，请计算相应的投资收益率并填写在表格中，并回答该案例说明了什么投资学原理。

5 种情形下的股票的投资收益率

情形	暴跌股票	暴涨股票	投资收益率
情形 1	5 只股票价格为零	3 只 10 元，2 只 20 元	
情形 2	6 只股票价格为零	3 只 10 元，1 只 40 元	
情形 3	7 只股票价格为零	2 只 15 元，1 只 50 元	
情形 4	8 只股票价格为零	1 只 20 元，1 只 60 元	
情形 5	9 只股票价格为零	1 只 80 元	

五、简述题

1. 查找资料，简述股神巴菲特、金融大鳄索罗斯和量化投资大师西蒙斯各自的投资特点。
2. 简述投资人信心上升（回落）与股价上涨（下跌）的正反馈机制。
3. 简述四大投资准则的逻辑联系。

六、分析题

1. 人们常说，"风险是涨出来的，机会是跌出来的"。请用投资学原理对其进行分析。
2. 针对中国房地产市场的持续上涨有两种观点：一种观点认为，房地产市场泡沫严重，未来房价大幅下跌不可避免；另一种观点认为，基于土地供给有限性、中国城市化仍有发展空间等因素，中国房地产市场将会继续上涨。请用四大投资准则对上述两种观点进行评析。
3. 一天，老和尚化缘来到证券公司，只见里面的人个个满脸苦相。他不明白，于是拉过一个人就问："你们为什么不开心，碰到什么烦心事了？"那个人告诉老和尚："我们炒股给套住了，输了很多钱。"老和尚心想：我做点好事吧！虽然我力量有限，他们卖出的股票没人要，我买一点股票救一两个人也好。于是，他拿出所有的钱买了股票。

过了不久，老和尚化缘又到证券公司，只见里面人山人海。他又不明白了，拉过一个人问："里面怎么这样热闹？"那人回答："大家抢着买股票。"老和尚想：这多苦恼呀！我把我的股票卖给他们，做点好事积点德吧。然后他把股票都卖了，拿着卖股票得来的钱回家修庙去了。

问：按这个故事去操作百分之百可以盈利，你信吗？请用四大投资准则对上述寓言故事进行分析，分析时须以材料中的事实为依据。

4. 近期，全世界的人都知道 A 股现处于估值底部，个股均处于被低估的状态，纷纷抄底 A 股，尤其外资近一年来持续涌入 A 股高达近 1 000 亿元！指数也不负众望，持续逼空。一大批券商公然鼓吹"牛市起点"。更有甚者，李迅雷更是直言"卖房炒股"。在第一财经《首席对策》中李迅雷表示："大类资产配置而言，我建议增持债券、黄金和权益资产。对于房地产，我认为已经进入减持窗口，我不认为 2019 年房价会出现大幅度波动，但是如果在'房住不炒'的政策背景下，房价长期走 L 形，对于用杠杆买房的投资者来讲就意味着亏损。"

资料来源：东方财富网（http://guba.eastmoney.com/news, fdc, 804925412.html）。作者有删改。

分析上述资料，你认为"卖房炒股"的说法可不可取？

第 2 章
CHAPTER2

各具特色的投资产品

本章提要

股票是股东所持股份的凭证。债券是发行人承诺支付一系列固定或按特定公式计算现金流的有价证券。基金集中中小投资人资金用于投资。期货是规定持有者在未来特定时间以特定价格买卖一定数量标的物的标准化合约。期权是期权买方向期权卖方支付期权费后,获得在未来特定期间或时点按约定价格向期权卖方买卖一定数量特定资产的权利。

重点难点

- 明确股东责任和权利,理解直接投票制和累积投票制、普通股与优先股、流通股与非流通股的区别
- 了解政府债券、金融债券、公司债券等不同类型债券的收益和风险差异,掌握可转换债券主要条款
- 明辨开放式基金和封闭式基金、指数基金和非指数基金的差别,了解分级基金和基金定投的特点
- 了解衍生产品零和游戏及高杠杆交易的特征

一、判断题

1. 某股份有限公司因为亏欠债权人巨额债务不能偿还而破产,大股东个人财产被法

院拍卖用以偿还公司债务。（　　）
2. AB 股权结构赋予公司管理层各种特权，对其他中小股东极不公平，因而只是在极少数国家和地区被采用。（　　）
3. 某上市公司 10 名中小股东合计持有公司股份 11%，公司采取累积投票制方法选举 9 名董事，这 10 名中小股东可以保证选举 1 名董事入选公司董事会。（　　）
4. 某股东有公司股票 50 万股，公司拟选举 9 名董事，则在直接投票制度下该股东只有 50 万投票权，累积投票制下该股东有 450 万投票权。（　　）
5. 中国《上市公司治理准则》第三十一条规定：控股股东控股比例在 30% 以上的上市公司，应当采用累积投票制。此举保证了中小股东在选举公司董事时应有的权利。（　　）
6. 累积投票制提高了中小股东选举董事的权利。（　　）
7. 优先认购权能够保证老股东的持股比例和权益不被摊薄。（　　）
8. 通常认为，增发较配股更有利于保护原股东的权益。（　　）
9. 配股是上市公司向所有投资人低价配售新股来筹措资金的一种重要方式。（　　）
10. 如果公开增发价格和配股价格一样，则两种方式对原有股东的影响相同。（　　）
11. 定向增发的价格不会高于股票市场价格，否则拟参与定增的投资人可直接在市场购买股票，不会高价参加定向增发。（　　）
12. 优先股股东优先分派股息，是公司所有股东中权力最大的股东。（　　）
13. 限售股是指限制出售即不能流通的股份。（　　）
14. 观察限售股解禁后是否被公司大股东和高级管理人员大量卖出，可以在一定程度上判断公司内部人士是否看好公司发展前景。（　　）
15. 某投资人在市场持续买入一家上市公司股票，持股比例达到公司总股份的 3%，对上市公司股权结构产生了影响，因而这些股份必须锁定，成为上市公司限售股的一部分。（　　）
16. 限售股最初的发行价格远低于市场流通价格，严重损害了中小股东权益，应逐步取消限售股制度。（　　）
17. 存托凭证在制度设计上类似于 QDII，是便利本国投资者间接投资外国证券的一种金融产品。（　　）
18. 债券尤其是国债由于有大量投资人，其流动性通常高于股票。（　　）
19. 为了鼓励投资者投资政府债券，大多数国家都规定政府债券的票面利率高于公司债券等其他债券。（　　）
20. 中国大型金融机构往往有国家信用作为支撑，其发行的债券信用级别极高，通常不需要进行评级。（　　）
21. 在两种其他条款完全一样的参加公司债券和非参加公司债券中，投资人会选择投资参加公司债券。（　　）
22. 可转换债券又称可交换债券。（　　）
23. 为鼓励投资人购买可转换债券，发行人规定的可转换债券票面利率通常高于同期限的普通债券。（　　）
24. 回售条款规定，当公司股票价格在一段时间内连续低于转股价格的一定比例时，发

行人享有按照事先约定的回售价格提前购回其未到期的发行在外的可转换公司债券的权利。（　　）
25. 提前赎回条款是可转换债券的一项重要条款，是债券投资人所拥有的一种选择权。（　　）
26. 可转换债券的转股价格会随着基准股票价格的波动而波动。（　　）
27. 可转换债券的市场价格，通常又称为转换价值。（　　）
28. 外国债券是指某国借款人在另一国发行以该国货币为面值的债券。（　　）
29. 中国一家大型金融机构在美国发行以美元标明面值的债券，该债券被称为熊猫债券。（　　）
30. 中小投资人因私募基金的信息不透明，不愿意投资私募基金。（　　）
31. 私募基金风险较大，低风险厌恶型中小投资人可以投资私募基金。（　　）
32. 封闭式基金经常处于折价交易状态，而开放式基金经常处于溢价交易状态，故封闭式基金在基金市场日益被边缘化。（　　）
33. 2018 年 8 月 27 日，基金嘉实元和收盘价格为 0.96 元，其净资产值为 1.13 元，该基金应该是开放式基金。（　　）
34. 封闭式基金的交易价格以基金净资产值为基础。（　　）
35. 主动管理型基金试图超越市场平均业绩水平，其投资组合的分散化程度较被动型基金可能较差。（　　）
36. 非指数基金要求的收益率包括基准指数收益率和主动管理收益率，故非指数基金的收益率高于基准指数收益率。（　　）
37. ETF 是一种创新型基金，其要求基金管理人有很好的分析能力，能够捕捉被市场低估的股票。（　　）
38. 由于存在一级市场和二级市场的套利行为，ETF 基金的交易价格等于其净资产值。（　　）
39. LOF 的全称是"交易型开放式指数证券投资基金"。（　　）
40. 高风险厌恶型投资人通常会购买分级基金的 B 类份额。（　　）
41. 分级基金 B 类份额适合在牛市投资。（　　）
42. FOF 相对于一般基金的风险很高，投资者买入时必须更加谨慎。（　　）
43. 基金定投要求投资者能够很好把握买卖基金的时机。（　　）
44. 基金经理可能会根据市场投资热点变化改变基金投资风格，这被称为基金经理的道德风险。（　　）
45. 中外投资实践表明，对于大多数基金经理来说，其之所以在某段时间取得较好的业绩，最重要的原因是运气。（　　）
46. 在中国投资市场，许多中小投资者不愿意买入基金进行长期投资，其最重要的原因之一是基金经理屡屡出现"老鼠仓"行为。（　　）
47. 期货市场是零和游戏，即一个投资者的亏损必然对应另一个投资者的盈利。（　　）

二、选择题（包括单选和多选）

1. 股东参与公司管理最重要的途径是（　　）。

A. 打电话或发微信给公司提建议　　　B. 到上市公司进行实地调查
　　C. 参加股东大会　　　　　　　　　　D. 参加公司新产品新闻发布会
2. 同股不同权股权结构中，A 类股相对于 B 类股的优势最主要表现在（　　）。
　　A. 选举董事、参与重大经营决策　　　B. 优先认股权
　　C. 获得公司分派的股利　　　　　　　D. 出售股票
3. （　　）不是优先股的特征之一。
　　A. 约定股息率　　　　　　　　　　　B. 股票可由公司赎回
　　C. 具有表决权　　　　　　　　　　　D. 优先分派股息和清偿剩余资产
4. 优先股通常可以从（　　）等方面进行分类。
　　A. 累积优先股和非累积优先股
　　B. 参与优先股和非参与优先股
　　C. 定向增发优先股和公开增发优先股
　　D. 可转换优先股和不可转换优先股
5. 中国股市限售股规定的最短限售时间通常是（　　）。
　　A. 三个月　　　　B. 半年　　　　C. 九个月　　　　D. 一年
6. 相对于流通股，限售股的特点是（　　）。
　　A. 股东认股成本低　　　　　　　　　B. 股东对公司经营影响大
　　C. 股票流通有一定限制　　　　　　　D. 股东对公司的未来发展非常看好
7. 相对于流通股股东，限售股股东成本低是其重要特点。你认为（　　）是成本与流通股股东最接近的限售股。
　　A. 发起人股　　　　　　　　　　　　B. 风险投资家持股
　　C. 战略配售股　　　　　　　　　　　D. 限制性股票
8. 通常，（　　）是成本最低、数量最大的限售股。
　　A. 发起人股　　　　　　　　　　　　B. 风险投资家持股
　　C. 战略配售股　　　　　　　　　　　D. 定向增发股
9. 限售股解禁时，体现限售股股东看好公司发展或认为公司股价偏低的行为有（　　）。
　　A. 限售股股东宣称看好公司发展
　　B. 限售股股东很少或不出售解禁股票
　　C. 限售股股东宣称增加或延长限售期
　　D. 限售股转让价格大幅低于市场价格
10. 中国存托凭证通常代表可转让的（　　）凭证。
　　A. 股票　　　　　B. 债券　　　　　C. 基金　　　　　D. 衍生产品
11. 公司债券的信誉要（　　）政府债券和金融债券，风险较大，因而利率比较（　　）。
　　A. 高于，高　　　B. 高于，低　　　C. 低于，高　　　D. 低于，低
12. 同时有两只公司债券甲和乙发行，债券甲期限为 3 年，信用评级为 AAA，债券乙期限为 5 年，信用评级为 AA。你认为，表述正确的是（　　）。
　　A. 债券甲的票面利率低于债券乙
　　B. 债券甲的票面利率高于债券乙

C. 债券甲的票面利率等于债券乙

D. 债券甲和债券乙票面利率相对高低无法判断

13. 累进利率债券的利率随着时间的推移，后期利率（　　）前期利率。

　　A. 高于　　　　　B. 低于　　　　　C. 等于　　　　　D. 不低于

14. 中国国债交易比较发达，形成了（　　）等市场。

　　A. 交易所市场　　　　　　　　　B. 区域交易中心市场

　　C. 银行间市场　　　　　　　　　D. 银行柜台市场

15. 债券发行时，同期限的国债票面利率为3%，企业债券的平均票面利率为6%，则金融债券的票面利率很可能（　　）。

　　A. 低于3%　　　　　　　　　　B. 高于3%，低于6%

　　C. 高于6%　　　　　　　　　　D. 无法确定其高低，因为各种变数很多

16. 相对于一般债券，（　　）不是可转换债券的特点。

　　A. 转换期　　　　B. 转股价格　　　C. 转换比例　　　D. 票面利率

17. 可转换债券的转股价格为5元，基准股票市场价格为5.20元，100元面值可转债的市场价格最可能是（　　）。

　　A. 104元　　　　B. 95元　　　　　C. 115元　　　　D. 135元

18. 当可转换债券被赎回时，基准股票市场价格通常（　　）转股价格。

　　A. 大幅高于　　　B. 大幅低于　　　C. 小幅高于　　　D. 小幅低于

19. 某100元面值的可转换债券的转股价格为20元，其市场价格为150元，基准股票的市场价格最可能为（　　）。

　　A. 19元　　　　　B. 20元　　　　　C. 28元　　　　　D. 30元

20. 2018年8月27日，东财转债的收盘价格为125.86元，亚太转债的收盘价格为86.337元。你认为，两个面值都是100元的可转债的价格差异巨大最有可能的原因是（　　）。

　　A. 债券信用评级差别巨大

　　B. 东财转债发行量大幅低于亚太转债

　　C. 可转债定价不合理

　　D. 基准股票市价与转股价格高低差别大

21. 2018年8月27日，蓝色光标转债的收盘价格为92.81元，转股价格为9.79元，蓝色光标股票的收盘价格为5.34元，则蓝色光标转债的转换价值和转股溢价分别为（　　）。

　　A. 54.55元和38.26元　　　　　　B. 55.54元和36.28元

　　C. 53.64元和37.68元　　　　　　D. 54.55元和38.20元

22. 根据转债价格计算公式：转债价格 = $\dfrac{转债面值}{转股价格}$ × 基准股票市价 + 转股溢价，你认为，影响转债价格变动最主要的因素是（　　）。

　　A. 转债面值　　　B. 转股价格　　　C. 基准股票市价　　　D. 转股溢价

23. 下图是两只证券走势图。这两只证券最可能是（　　）。

　　A. 中兴通讯和中信证券　　　　　B. 工商银行和江苏银行

　　C. 上海汽车和宝钢股份　　　　　D. 中国银行股票和中国银行转债

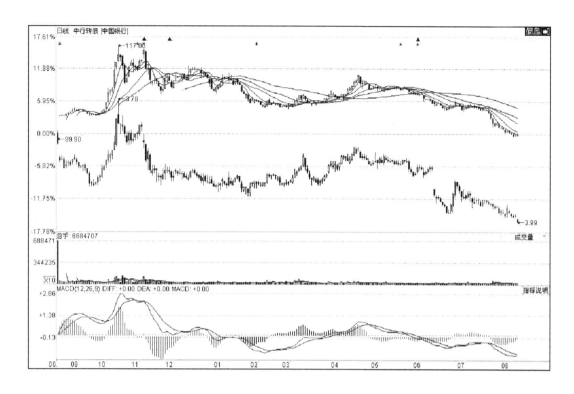

24. 当基准股票市价大于转股价格时，（　　）。
    A. 转换价值大于转债面值
    B. 转换价值小于转债面值
    C. 转换价值等于转债面值
    D. 转换价值与转债面值的大小没有明确关系
25. 可转换债券价格波动较普通债券大很多的最主要原因是（　　）。
    A. 市场利率大幅波动　　　　　　B. 市场供求变化大
    C. 基准股票价格变动　　　　　　D. 可转换债券票面利率较低
26. 当基准股票市场价格（　　）转股价格时，可能触发可转债回售条款。
    A. 大幅高于　　　B. 大幅低于　　　C. 小幅高于　　　D. 小幅低于
27. 某上市公司发行转债时，公司股票的市场价格是 10 元，则发行人所确定的可转换债券的转股价格最可能是（　　）。
    A. 9 元　　　　　B. 10 元　　　　C. 10.5 元　　　D. 12 元
28. 某只 100 元面值的可转债的转股价格为 20 元，该转债的转债价格、转换价值和转股价格的关系可能是（　　）。
    A. 转股价格＞转换价值＞转债价格　　B. 转债价格＞转换价值＞转股价格
    C. 转换价值＞转股价格＞转债价格　　D. 转债价格＞转股价格＞转换价值
29. 可转换债券通常规定，转股期内若其 A 股连续 30 个交易日中至少有 15 个交易日的收盘价格（　　），则公司有权按照约定的赎回价格提前购回其未到期的发行在外的债券。

A. 不高于当期转股价格的 130% B. 不低于当期转股价格的 130%
C. 等于当期转股价格的 130% D. 不低于当期转股价格的 150%

30. 下表为三家公司转债回售条款，其对投资人利益保护程度从大到小依次排列为（　　）。

公司	回售条款
双良转债	当出现下述情形之一时，持有人有权将其持有的可转债按面值的103%回售给发行人： 1. 公司 A 股股票收盘价连续 30 个交易日低于当期转股价格的 70% 2. 发行人改变募集资金用途
歌华转债	在本可转债最后一个计息年度，如果公司股票在任何连续 30 个交易日的收盘价格低于当期转股价的 70%，持有人可按债券面值的 103% 将债券回售给发行人
中行转债	若本次可转债募集资金运用的实施情况与募集说明书中的承诺相比出现变化，并被中国证监会认定为改变募集资金用途的，持有人享有一次以面值加当期应计利息的价格向本行回售本次发行的可转债的权利

A. 双良转债 > 中行转债 > 歌华转债　　B. 双良转债 > 歌华转债 > 中行转债
C. 歌华转债 > 双良转债 > 中行转债　　D. 歌华转债 > 中行转债 > 双良转债

31. 基金投资较个人投资具有的优势不包括（　　）。
A. 基金抗风险能力强　　B. 基金是专家理财
C. 基金充分分散化投资　　D. 基金经理品德值得信赖

32. 中小投资人投资公募基金而不是私募基金最主要的原因是（　　）。
A. 私募基金信息透明度较差　　B. 私募基金风险更大
C. 私募基金有很高的投资门槛　　D. 没有渠道投资私募基金

33. 相比开放式基金，封闭式基金日益边缘化的重要原因是（　　）。
A. 定价复杂　　B. 交易不方便　　C. 溢价交易　　D. 折价交易

34. 2018 年 8 月 28 日，基金广发医药和基金鹏发前海的收盘价格分别为 1.295 元和 88.567 元，相应的基金净资产值分别为 1.299 元和 107.09 元。你认为（　　）。
A. 基金广发医药是封闭式基金，基金鹏发前海是开放式基金
B. 两只基金很可能都是开放式基金
C. 两只基金很可能都是封闭式基金
D. 基金广发医药是开放式基金，基金鹏发前海是封闭式基金

35. （　　）不是开放式基金的特点。
A. 基金份额不固定　　B. 营运时间没有期限
C. 资产可以全部投资在风险证券上　　D. 投资者随时可申购和赎回

36. 基金折价之谜是针对（　　）而言的。
A. 开放式基金　　B. 成长型基金　　C. 价值型基金　　D. 封闭式基金

37. 你是一个低风险厌恶型投资者，你应该买（　　）。
A. 货币市场基金　　B. 债券基金　　C. 收入型基金　　D. 股票基金

38. 你是一个高风险厌恶型投资者，你应该买（　　）。
A. 股票　　B. 债券型基金　　C. 股票型基金　　D. 期货、期权

39. 某种证券投资基金 80% 的资产投资于可流通的国债、地方政府债券和公司债券，20% 投资于金融债券，该基金属于（　　）基金。
   A. 货币市场　　　　B. 债券　　　　　　C. 期货　　　　　　D. 股票
40. 广发中小板 300 交易型开放式指数证券投资基金追踪中小板 300 指数，其收益率（　　）中小板 300 指数收益率。
   A. 略高于　　　　　　　　　　　　　　B. 略低于
   C. 等于　　　　　　　　　　　　　　　D. 可能高于、低于或等于
41. 美国晨星公司对基金投资风格进行分类，其分类标准主要有（　　）。
   A. 按照股票市值大小　　　　　　　　　B. 按照市盈率高低
   C. 按照市净率高低　　　　　　　　　　D. 按照行业成长性高低
42. 相对于指数基金，非指数基金有（　　）等特点。
   A. 可供选择的股票范围更广　　　　　　B. 风险更大
   C. 收费更高　　　　　　　　　　　　　D. 缺乏基准指数参照
43. ETF 基金的投资优势是（　　）。
   A. 可随时买卖　　　B. 可申购赎回　　　C. 费用低廉　　　　D. 基金经理经验丰富
44. 你是一个高风险厌恶投资者，你应该（　　）。
   A. 买分级基金中的 A 类份额
   B. 买分级基金中的 B 类份额
   C. 将资金平分在 A 类份额和 B 类份额上
   D. 2/3 的资金买 A 类份额，1/3 的资金买 B 类份额
45. 2019 年 2 月，分级基金中的 B 类基金投资人获得了很高的投资收益。据此分析，股票市场在该时期（　　）。
   A. 大幅上涨　　　　　　　　　　　　　B. 大幅下跌
   C. 波动很小　　　　　　　　　　　　　D. 无法判断，因为资料不全
46. 基金定投投资人应该（　　）。
   A. 在基金价格较高时减少资金投入　　　B. 在基金价格较低时增加资金投入
   C. 每次购买相同数量的基金份额　　　　D. 每次投入固定的资金量
47. 各年度基金业绩排名波动很大的最主要原因是（　　）。
   A. 基金规模变化
   B. 基金管理人更迭
   C. 基金投资风格和市场主流风格的吻合度高低
   D. 基金投资风格漂移
48. 买卖基金的费用包括（　　）。
   A. 申购费　　　　　B. 赎回费　　　　　C. 管理费　　　　　D. 托管费
49. 在中国投资市场，普通投资人不愿意购买基金的主要因素包括（　　）。
   A. 基金收益经常低于市场平均水平　　　B. 基金收费较高
   C. 基金经理道德风险　　　　　　　　　D. 基金投资风格漂移
50. 基金经理道德风险包括（　　）。

A. 操纵股票价格   B. 与基金公司控股股东进行关联交易
C. 基金经理老鼠仓   D. 基金投资风格漂移

51. 基金投资风格漂移的原因是（   ）。
A. 投资人申购赎回基金份额对基金经理可用资金产生影响
B. 基金经理更换
C. 方便基金经理建"老鼠仓"
D. 基金经理追逐投资市场热点

52. 世界各国对衍生产品严加监管的主要原因是（   ）。
A. 衍生产品的高杠杆   B. 衍生产品运行复杂
C. 衍生产品具有欺诈性   D. 衍生产品是零和游戏

三、填空说明题

1. 股票、债券、基金和衍生产品是四种最重要的投资产品。试比较四种投资产品的风险和收益等各种特征，将很高、高、低、较低等词（一个词只能用一次）填入下表的括号中。

投资产品	收益	风险	费用	流动性	资金门槛	研究精力
股票	高	高	低	（ ）	较低	较高
债券	低	（ ）	较低	较低	低	低
基金	较高	较高	较高	较高	低	（ ）
衍生产品	（ ）	很高	低	较高	高	高

2. 中国股市监管层和媒体舆论一直鼓励中小投资人"弃股从基"。早在 2007 年股市大牛市时，人民日报就发表了文章《做"股民"还是做"基民"》，明确指出：投资者从股民向"基民"转型的新趋势初见端倪。甚至有人认为，中国股市风险很大的根源之一，就是股市投资人中有众多中小股民，必须让这些人借道基金投资。然而，十多年过去了，中国投资市场仍然是股民队伍庞大，基民只是看起来很美，依然未成为中小投资人投资股票市场的主流。请在下表中填写三条股民应该转基民的理由、三条股民不应该转基民的理由。

	理由之一	理由之二	理由之三
股民转基民			
股民不转基民			

3. 国际债券分为外国债券和欧洲债券。指出下表中 8 种国际债券中哪些属于外国债券，哪些属于欧洲债券。如果是外国债券，请写出其通俗名称。

发行人	发行地点	票面货币	债券名称
中国某家公司	美国	美元	
		英镑	

（续）

发行人	发行地点	票面货币	债券名称
中国某家公司	日本	日元	
		美元	
	英国	英镑	
		美元	
欧洲某家公司	中国	人民币	
		美元	

4. 某上市公司股份总数为 1 亿股，第一大股东持有 6 400 万股，第二大股东持有 2 300 万股，其他中小投资者持有 1 300 万股。股东大会拟选举 9 名董事，不同股东拟选董事完全不同，且股东之间完全独立。请模拟直接投票制和累积投票制下，第一大股东、第二大股东和中小股东的投票选择，将选择结果填在下表中，并简要说明

直接投票制下的选择结果

	第一大股东	第二大股东	其他中小股东
可投任一候选人最大票数（万票）			
拟推选董事候选人数（人）			
每位候选人实际得票（万票）			
最终由自己选任的董事人数（人）			

累积投票制下的选择结果

	第一大股东	第二大股东	其他中小股东
总投票权（万票）			
拟推选董事候选人数（人）			
实际最大可推选人数（人）			
实际每位候选人得票（万票）			
由自己选任的董事人数（人）			

5. 某上市公司股份总数为 1 亿股。股东大会拟选举 9 名董事，参加股东大会共有四大股东，分别代表股份数 3 500 万股、2 000 万股、800 万股和 700 万股；其余 3 000 万股分散在众多中小股东手中，中小股东没有派代表参会。假设不同股东拟选董事完全不同，股东之间完全独立。请模拟直接投票制和累积投票制下，四大股东的投票选择，将选择结果填在下表中。

直接投票制下的选择结果

	第一大股东	第二大股东	第三大股东	第四大股东
可投任一候选人最大票数（万票）				
拟推选董事候选人数（人）				
每位候选人实际得票（万票）				
最终由自己选任的董事人数（人）				

累积投票制下的选择结果

	第一大股东	第二大股东	第三大股东	第四大股东
总投票权（万票）				
拟推选董事候选人数（人）				
实际最大可推选人数（人）				
实际每位候选人得票数（万票）				
最终由自己选任的董事人数（人）				

四、简述题

1. 简述上市公司限售股产生的脉络。
2. 简述指数基金经理的投资策略，并以一家指数基金为例具体说明。
3. 简述股票、债券、基金和衍生产品的风险和收益特征。

五、分析题

1. 下面是两次投资意向调查。仔细观察调查柱状图，回答问题：①两次调查中股票、债券、基金和衍生产品的排序发生了什么变化？②投资产品排序变化表明投资人风险态度发生了何种变化？③两次调查之前，股票市场分别可能是什么运行态势？

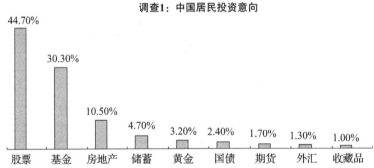

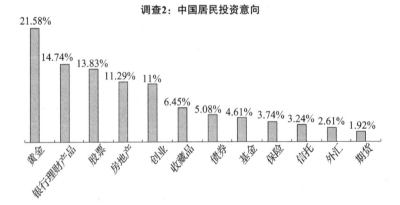

2. 为什么说可转换债券是进可攻退可守的投资产品？
3. 下面两张图分别是可转换债券指数和上证指数 5 年走势图。

可转换债券 5 年走势图

上证指数 5 年走势图

对比两张图，找出它们最显著的相似特征，并分析原因。

4. 下面是五只可转换债券的回售条款，分析各条款对投资人利益保障程度的差别。

债券	回售条款
双良转债	当出现下述情形之一时，持有人有权将其持有的转债按面值的 103% 回售给发行人： 1. 公司 A 股股票收盘价连续 30 个交易日低于当期转股价格的 70% 2. 发行人改变募集资金用途
歌华转债	在本可转债最后一个计息年度，如果公司股票在任何连续 30 个交易日的收盘价格低于当期转股价的 70%，持有人可按债券面值的 103% 将债券回售给发行人
圆通转债	当出现下述情形之一时： 1. 若本次可转债募集资金运用的实施情况与公司在募集说明书中的承诺相比出现重大变化，且该变化被中国证监会认定为改变募集资金用途的，本次可转债持有人享有一次以面值加上当期应计利息的价格向公司回售其持有的部分或者全部本次可转债的权利 2. 在本次可转债最后两个计息年度内，如果公司股票收盘价在任何连续 30 个交易日低于当期转股价格的 70% 时，本次可转债持有人有权将其持有的本次可转债全部或部分以面值加上当期应计利息回售给公司
平安银行转债	若本次发行可转债募集资金运用的实施情况与发行人在募集说明书中的承诺相比出现变化，该变化被中国证监会认定为改变募集资金用途的，可转债持有人享有一次以面值加上当期应计利息的价格向发行人回售本次发行的可转债的权利
国祯转债	本次发行的可转债最后两个计息年度，如果公司股票在任何连续 30 个交易日的收盘价格低于当期转股价格的 70% 时，可转债持有人有权将其持有的可转债全部或部分按债券面值加上当期应计利息的价格回售给公司

第 3 章
CHAPTER3

投资市场运行

本章提要

市场参与者有发行人、投资人和中介机构。市场按功能分为发行市场和流通市场,按层次分为主板、中小板、创业板、代办股份转让系统和科创板市场。融资融券是借钱买股票和借股票卖出。除权价格等于每股市场成本。公司披露重大信息时其股票须停牌。上市公司未满足上市标准或有重大问题须退市。股价指数反映某一市场价格水平变化。投资市场须严密监管。

重点难点

- 理解公司发行股票之利弊
- 了解跟随机构投资者进行投资的策略
- 了解证券公司的主要业务
- 理解发行市场、流通市场及两者关系
- 掌握融资融券保证金比例、实际保证金比例和维持担保比例的含义及计算
- 理解上市公司股票高送转及除权的经济含义,能计算除权价格和复权价格
- 了解上市公司股票停牌、复牌与退市
- 了解股价指数的计算方法,以及权重股对股价指数的影响
- 理解中国证监会监管市场的逆市场策略

一、判断题

1. 在中国发行股票上市融资，有百利而无一害，故企业对发行股票趋之若鹜。（   ）
2. 中国投资人适当性管理将投资人划分为中小投资人和机构投资人。（   ）
3. 专业投资人是指其专业背景（即本科学习的专业）与金融投资密切相关，其投资成功的可能性较大。（   ）
4. 追随机构投资者进行投资，已经成为个人投资者投资成功的最重要投资策略之一。（   ）
5. 投资市场中介机构起着连接上市公司和机构投资人的桥梁作用。（   ）
6. 如果去年股市是熊市，今年股市是牛市，证券公司今年的收入和利润会较去年大幅上升。（   ）
7. 投资市场按其功能不同，可以分为发行市场和流通市场。（   ）
8. 中外投资市场经常出现新股上市首日的收盘价格明显高于新股发行价格，这种现象称为新股溢价。（   ）
9. 股票发行注册制是指发行人在申请发行股票时，不仅要充分公开企业的真实情况，而且必须符合有关法律和证券监管机构规定的条件，证券监管机构有权否决不符合规定条件的股票发行申请。（   ）
10. 新闻摘录介绍的福建归真堂拟上市融资均告失败的案例表明，企业经营伦理问题也是核准制下监管部门是否核准企业上市融资所考量的一个重要因素。（   ）
11. 公司发行股票上市融资，相对于新进入公司的股东，原有股东获益更大。（   ）
12. 场外交易的效率大大低于场内，故场外交易已逐渐被场内交易取代。（   ）
13. 证券交易所对外及时公告证券价格最新变化，决定证券交易价格。（   ）
14. 为确保委托成功，投资人要求证券公司尽快以当前价格买卖某一特定证券的委托方式称为限价委托。（   ）
15. 中国股市涨跌停板制度在一定程度上降低了股票的流动性。（   ）
16. 盘面显示外盘数量大于内盘，通常表示买方力量较强，反之则表示卖方力量较强。（   ）
17. 股票盘面上的量比和换手率表示交易的活跃度，其经济意义相同。（   ）
18. 普通投资人可以利用大宗交易平台买卖股票，以达到降低交易成本的目的。（   ）
19. 发行市场和流通市场相互依存、相互影响。（   ）
20. 股票市场分为多个层次，不同层次的股票市场适合不同类型、性质的公司上市，以及不同风险厌恶程度的投资者投资。（   ）
21. 中小板、创业板市场的涨跌幅度通常大于主板市场。（   ）
22. 代办股份转让系统的投资风险大于主板、中小板和创业板，其主要原因是没有盈利记录的初创企业可以登录代办股份转让系统，市场存在较大的流动性风险。（   ）
23. 为保证科创板市场成功运行，对科创板市场上市公司的基本素质和盈利要求，较主板市场、中小板市场和创业板市场都高。（   ）
24. 融资也称买空，指当预测未来行情看涨时，借入资金买入更多股票，期待股票上涨时获得更高的盈利。（   ）
25. 当股票市场持续暴涨时，监管机构为了抑制市场投机，可以降低融资的初始保证金比

例。（　　）
26. 投资人账户中有多种股票、债券和基金，其市场价值为100万元。如果融资保证金比率为100%，则投资人最多可以向证券公司融资100万元。（　　）
27. 维持担保比例是指投资者账户中担保物（现金和证券）总价值与融资（融券）债务之间的比例，通常不低于150%。（　　）
28. 配资的高杠杆是其最主要的风险。（　　）
29. 配资使股市风险可能传导到银行系统。（　　）
30. 裸卖空是指当预测未来行情看跌时，借股票卖出，期待以后以更低的价格买回获利。（　　）
31. 当投资者卖空某只股票后，该股票价格持续下跌，这时投资者必须追加保证金，以应对潜在的亏损。（　　）
32. 当投资人买空股票后股票持续大涨，投资者必须适时增加保证金，否则会触发强行平仓机制。（　　）
33. 世界各国通常对融资的管制较融券更加严格，在特殊时期还会限制融资，甚至追究融资者的法律责任。（　　）
34. 在股票除权日当天买入股票的投资者能够享有公司向股东分派的权益。（　　）
35. 如果除权日后股票价格高于除权价格并逐渐上升，我们就称该股票在走"复权"行情；反之则称该股票在走"除权"行情。（　　）
36. 复权价格还原了股票的真实价格，投资分析时必须使用复权价格。（　　）
37. 股票高送转后，因股价大幅下跌，股票市盈率相应地大幅降低。（　　）
38. 在中国投资市场，高比例送转股票经常成为市场炒作的重要工具，投资人必须谨慎买入拟高送转股票。（　　）
39. 上市公司停牌的主要作用是纠正公司经营管理上存在的重大问题。（　　）
40. 相比欧美等发达国家证券市场，中国证券市场自成立以来退市的上市公司数量很少，这是因为中国上市公司都是精心挑选的行业龙头，公司质量优良。（　　）
41. 一国股票市场达到一定规模之后，每年新上市的公司数量和退市公司数量最理想的状态是两者达到动态平衡。（　　）
42. 股价指数是反映不同时期股票价格变动的相对指标，通常用报告期股票总市值除以基期股票总市值，再乘以100或1 000来计算。（　　）
43. 沪深300指数是应用最广泛的指数之一，其代表了全部上海市场股票和全部深圳市场股票的整体价格波动情况。（　　）
44. 沪深300指数又称蓝筹股指数，其比上证综合指数更能反映上海市场股票价格总体波动情况。（　　）
45. 二八现象是指20%的股票上涨，80%的股票下跌的情形。（　　）
46. 中国证券市场与美国证券交易委员会相对应的监管机构是中国证券业协会。（　　）
47. 监管部门逆市调控股市是指在股市大幅度持续下跌时出台利空政策，在股市大幅度持续上涨时出台利好政策。（　　）
48. 发达国家股票市场监管通常以保护投资人利益为核心，中国股票市场监管以不断扩大企业融资为核心。（　　）

二、选择题（包括单选和多选）

1. 发行股票带给公司的好处不包括（   ）。
   A. 获得无须偿还的资本金
   B. 为公司各项业务活动带来便利
   C. 公司实力大增，可以威慑甚至打压竞争对手
   D. 可采用股票期权激励计划等激励措施留住和吸引关键人才

2. 美国经济学家梅耶提出的公司融资啄食顺序理论的排序是（   ）。
   A. 发行股票、发行债券、银行贷款、内部融资
   B. 内部融资、发行债券、发行股票、银行贷款
   C. 发行股票、发行债券、内部融资、银行贷款
   D. 内部融资、银行贷款、发行债券、发行股票

3. 大量中国企业拟公开发行股票上市的内在动力是（   ）。
   A. 上市成本非常低   B. 上市能够获得巨额融资
   C. 上市很容易   D. 中介机构积极推动

4. 专业投资人相对于普通投资人的要求是（   ）。
   A. 资金量大，通常要有 500 万元以上   B. 有较长的投资历史
   C. 具备较全面的金融投资知识   D. 以往投资业绩较高

5. 机构投资者买卖股票时，将大单交易拆分为中单的主要原因是（   ）。
   A. 降低交易成本   B. 市场流动性不足
   C. 不愿意暴露其交易行为   D. 自有资金不足

6. 机构投资人不愿意中小投资人跟踪自己的证据是（   ）。
   A. 机构投资者大量买入的股票的未来收益率并不高
   B. 机构投资者有时会出现重大失误
   C. 机构投资者买卖股票时可能将大单交易拆分成中单交易
   D. 机构投资者利用媒体"唱多做空"和"唱空做多"

7. 根据中国证券业协会统计数据，2013 年证券业全行业净利润为 440.21 亿元，2014～2016 年证券业全行业净利润分别为 965.54 亿元、2 447.63 亿元和 1 234.45 亿元。据此你可以判断市场走牛市的年份是（   ）。
   A. 2013 年   B. 2014 年   C. 2015 年   D. 2016 年

8. 私募发行是向（   ）投资者发行证券的一种方式。
   A. 广泛的、特定的   B. 少数的、不特定的
   C. 广泛的、不特定的   D. 少数的、特定的

9. 在发行股票时，中介机构的利益天平最可能倾向于（   ）。
   A. 机构投资人   B. 中小投资人   C. 发行人   D. 专业投资人

10. 证券公司承销业务和经纪业务所获收入归根结底来自（   ）。
    A. 其他中介机构   B. 管理部门   C. 投资者   D. 上市公司

11. 投资市场的源头是（   ）。

A. 流通市场   B. 代办股份转让系统
C. 发行市场   D. 主板市场

12. 在中国内地投资市场，网上新股申购中签率通常是（　　）。
    A. 百分之几　　B. 千分之几　　C. 万分之几　　D. 十万分之几

13. 中国投资市场目前实行 T+1 交易制度，即当日买入股票者当日不能卖出。有一种观点认为，应该采用 T+0 交易制度，即当日买入股票者当日可以卖出，以激活投资市场。你认为，采用 T+0 后最受益的市场参与者是（　　）。
    A. 拟发行上市的公司　　　　　　B. 证券公司
    C. 普通投资人　　　　　　　　　D. 专业投资人

14. 当卖方看到股价接近跌停板时，害怕跌停后无法卖出而立刻卖出，买方希望价格能继续下跌而延后买入，致使股价加速跌停。这种现象被称为（　　）。
    A. 引力效应　　B. 磁吸效应　　C. 回归效应　　D. 跌停板效应

15. 中国投资市场最常见的出价方式是限价委托。小张在股价在 11 元/股上下波动时委托卖出中国石油，限价是 11 元/股，其成交价格最可能是（　　）元/股。
    A. 10.99　　B. 10.98　　C. 11.01　　D. 11.40

16. 甲、乙和丙三人同时看好某只股票。上午 9：25～10：00 该股票交易价格区间为 10.50～10.60 元，甲于 10：01 以限价 10.26 元买入 100 股，乙于 10：01：20 以限价 10.26 元买入 100 股，丙于 10：02 以限价 10.27 元买入 100 股。下午 3：00 该股票收盘价格为 10.88 元。盘面显示，当日股票最低成交价格为 10.26 元。请以股票竞价交易规则分析，甲、乙和丙三人今天买入股票成交的可能性由大到小的排序是（　　）。
    A. 甲＞乙＞丙　　B. 丙＞乙＞甲　　C. 丙＞甲＞乙　　D. 乙＞丙＞甲

17. 限价委托具有（　　）特点，市价委托具有（　　）特点。
    A. 价格不确定　价格确定　　　　B. 执行不确定　执行确定
    C. 执行不确定　执行不确定　　　D. 价格确定　价格不确定

18. 在中国 A 股中小板市场，某只非 ST 股票昨天的收盘价格为 10 元，则该股票在今天的最大价格波动空间为（　　）。
    A. 9～11 元　　B. 8～12 元　　C. 9.2～10.8 元　　D. 9.5～10.5 元

19. 股市交易中竞价交易的基本规则是（　　）。
    A. 价格优先　　B. 卖方优先　　C. 买方优先　　D. 时间优先

20. 相对于网上竞价交易，大宗交易的特点是（　　）。
    A. 成交金额大　　　　　　　　　B. 可在交易所收市后交易
    C. 成交股数大　　　　　　　　　D. 成交价格由买卖双方协商，没有限制

21. （　　）是政府对证券转让时向转让双方或单方按照转让金额的一定比例征收的税款，是投资人交易成本的重要组成部分。
    A. 佣金　　B. 个人所得税　　C. 资本利得税　　D. 印花税

22. 在中国投资市场，投资人买卖股票的交易成本主要是（　　）。
    A. 佣金　　B. 印花税　　C. 账户管理费　　D. 融资融券利息

23. 中国股票市场多次暂停新股发行的主要原因是（　　）。

A. 国内经济低迷不振　　　　　　　　B. 企业上市愿望不足
C. 国外投资市场大幅下跌　　　　　　D. 国内股票市场持续低迷

24. （　　）集中了从事传统经济业务的大型企业，比重最大的是金融企业、房地产企业、钢铁企业、机械制造企业等，是中国目前经济结构的缩影。
A. 中小板市场　　B. 三板市场　　C. 主板市场　　D. 创业板市场

25. 目前中国市场上亏损企业可以上市的市场是（　　）。
A. 中小板市场　　B. 三板市场　　C. 科创板市场　　D. 创业板市场

26. 相对于主板市场，创业板市场特别强调（　　）。
A. 产品成熟　　B. 开拓国际市场　　C. 公司的成长性　　D. 有完整的产业链

27. 从事融资融券业务的投资者，须在证券公司单独开立信用证券账户和信用资金账户，并提供现金和有价证券等作为（　　）。
A. 抵押　　B. 担保　　C. 证明　　D. 保证金

28. 某公司股价为17元，你决定尽可能多买该公司股票。你有50 000元资金可用于投资，如果初始保证金比例为60%，则你可以购买该股的最大数量为（　　）。
A. 7 800股　　B. 7 900股　　C. 7 700股　　D. 8 000股

29. 假设你共计买入股价为10元的某股票25 000股，初始保证金比例为60%，你充分利用融资杠杆，则你的自有资金和借入资金分别是（　　）。
A. 93 750元和15 6250元　　　　　B. 100 000元和150 000元
C. 80 000元和170 000元　　　　　D. 121 800元和128 200元

30. 融资时有三种保证金比例，分别是初始保证金比例、实际保证金比例和维持担保比例，（　　）会随着股价涨跌变化而变动。
A. 初始保证金比例　　　　　　　　B. 实际保证金比例
C. 维持保证金比例　　　　　　　　D. 三种保证金比例

31. 如果投资人充分利用融资杠杆，且融资时初始保证金比例是80%，则投资人融资后即刻显示的实际保证金比例应该是（　　）。
A. 160%　　B. 180%　　C. 200%　　D. 220%

32. 你充分利用融资杠杆，以每股10元的价格买入某股票20 000股，假设融资保证金比例是60%。如果在股价为8元时，你收到追加保证金通知，则维持保证金比例是（　　）。
A. 125%　　B. 128%　　C. 130%　　D. 133%

33. 配资资金的主要来源是（　　）。
A. 配资公司自有资金　　　　　　　B. 证券公司自有资金
C. 保险公司资金　　　　　　　　　D. 银行资金

34. 场外融资和场内融资相比，其特点主要有（　　）。
A. 杠杆更高　　B. 存在资金安全隐患　　C. 办理程序复杂　　D. 所需保证金更高

35. 融资有（　　）功能。
A. 牛市助涨　　B. 牛市助跌　　C. 熊市助涨　　D. 熊市助跌

36. 网络上盛传某上市公司有重大利空，事后证明该利空子虚乌有。你认为该虚假利空信息的发布者最可能是（　　）。

A. 上市公司离职高管 B. 融资交易者
C. 融券交易者 D. 上市公司大股东

37. 在中国投资市场，当融券交易占整个交易比重较小时，其对股价下跌（　　）。
 A. 有很大关系　　B. 完全不相关　　C. 有显著影响　　D. 关系不大

38. 理论上，融券交易最大亏损可能是（　　）。
 A. 100%　　B. 150%　　C. 200%　　D. 无穷大

39. 融券初始保证金比例是 50%，如果投资人充分利用融券杠杆，则投资人融券后即刻显示的实际保证金比例应该是（　　）。
 A. 130%　　B. 150%　　C. 180%　　D. 210%

40. 你利用最大杠杆，以每股 20 元的价格卖空某股票 20 000 股，融券的初始保证金比例为 60%，则你账户中的自有资金是（　　）。
 A. 220 000 元　　B. 240 000 元　　C. 300 000 元　　D. 350 000 元

41. 如果中国内地投资市场某只股票第二天的价格大大低于第一天的价格（如低 30% 以上），这很可能说明（　　）。
 A. 公司经营出现重大问题 B. 公司高层发生重大人事变动
 C. 公司董事长正接受有关部门调查 D. 股票除权

42. 上市公司对外宣告一个日期，这个日期称为（　　），当天收市后持有公司股票的投资者享有公司分派的各种权益。
 A. 股权登记日　　B. 除权日　　C. 公告日　　D. 股东大会召开日

43. 某公司上市已经有 5 年，期间公司有多次分派股息，公司股价目前为 25 元，则公司股票的复权价格（　　）。
 A. 大于 25 元 B. 小于 25 元
 C. 等于 25 元 D. 无法确定，因为缺少分派股息的具体信息

44. 去年 5 月某公司股票价格是 50 元，今年 5 月公司利润分配是 10 股送红股 10 股。今年 8 月 15 日公司股票价格是 30 元。那么，去年股价 50 元时相对目前 30 元的价格，以及目前 30 元股价相对于去年 50 元的价格分别为（　　）。
 A. 25 元和 60 元 B. 50 元和 60 元
 C. 50 元和 30 元 D. 25 元和 50 元

45. 除权的原因不包括（　　）。
 A. 配股　　B. 派送红股　　C. 公积金转增股本　　D. 对外进行重大投资

46. 对上市公司高送转的理论解释不包括（　　）。
 A. 信号传递理论　　B. 流动性理论　　C. 迎合理论　　D. 最优股本理论

47. 国外市场类似中国股市高送转的行为被称为拆股。如果某公司股票 10 股拆分为 25 股，则相当于（　　）。
 A. 10 股送转 10 股　　B. 10 股送转 15 股　　C. 10 股送转 20 股　　D. 10 股送转 25 股

48. 中国股市监管部门严格监控上市公司高送转的最重要理论依据是（　　）。
 A. 高送转的信号传递理论 B. 高送转后股票流动性增强的理论
 C. 高送转的迎合理论 D. 最优股本理论

49. 中国上市公司停牌的原因有（　　）。

A. 公司签订重大合同 B. 上市公司进行重大资产重组
C. 上市公司披露年度报告 D. 股票价格异常波动

50. 中国上市公司退市的原因有（　　）。
A. 连续多年亏损 B. 在发行或信息披露方面存在重大问题
C. 交易指标不符合上市交易要求 D. 公司主要股东转让股份

51. 中国上市公司退市主要会影响（　　）。
A. 公司股东利益 B. 地方政府利益
C. 同行业公司利益 D. 交易所利益

52. 反映沪深股市中小盘股票价格变动的股价指数是（　　）。
A. 上证 50 指数　　B. 中证 500 指数　　C. 创业板指数　　D. 中小板指数

53. 某日，上海综合指数大幅上涨，但市场上大多数股票下跌，这说明（　　）。
A. 市场指数虚假 B. 权重股大幅度下跌
C. 权重股大幅度上涨 D. 国际股票市场大幅度上涨

54. 中国股市监管部门调控股市运行的策略是（　　）。
A. 尊重市场、适应市场 B. 打击市场操纵
C. 颁布政策法规 D. 逆市场策略

55. 国际证监会组织规定的证券监管目标是（　　）。
A. 充分发挥证券市场融资功能 B. 减少系统性风险
C. 保护投资者利益 D. 保证市场公平、有效和透明

56. 在中国证券市场持续低迷之时，投资人期待中国证监会（　　）。
A. 出台加强监管力度的政策 B. 出台严查内幕交易的政策
C. 出台各种利好政策 D. 加快推出金融创新产品

57. 中国股市监管相对于西方发达国家的三大特色是（　　）。
A. 过度监管 B. 市场暴跌出利好，市场暴涨出利空
C. 以股市融资功能为核心 D. 监管政策经常朝令夕改

58. 中国证监会经常处于风口浪尖，是因为它必须考虑投资市场参与各方的利益。相对而言，证监会较少考虑（　　）。
A. 发行人　　　　B. 投资人　　　　C. 中介机构　　　　D. 政府其他部门

三、计算题

1. 假设某未上市公司总股本是 10 000 万股，税后利润为 5 000 万元，每股净资产值为 2.5 元，每股税后利润为 0.5 元，净资产收益率为 20%。公司现有一个投资项目需要资金 40 000 万元，项目完成后每年新增税后利润 3 200 万元，净资产收益率为 8%。公司有两种方式进行融资：一种是以每股 4 元的价格向原有股东增发 10 000 万股，另一种是上市融资，向新股东发行股票。问：①如果向原有股东增发 10 000 万股，能否保证原有股东每股收益和净资产收益率不降低，从而使原有股东赞成该方案？②向新股东发行新股的

价格最少应该是多少，才能保证原有股东每股收益和净资产收益率不降低？③引入新股东发行新股后，是原有股东受益大还是新股东受益大？

2. 假定融资保证金比例是100%，维持担保比例是130%，某股票当前价格为10元/股。投资人甲、乙和丙的账户中各有资金100 000元，分别购买该股票10 000股、15 000股和20 000股。如果不考虑融资成本和股利，问：①当股票价格为14元时，三个投资人的收益率分别是多少？②当股票价格为7元时，三个投资人的收益率分别是多少？③当股价下跌到多少时，投资人乙和丙会收到追加保证金通知？④上面的计算说明了什么问题？

3. 假定融资保证金比例是100%，维持担保比例是130%。某股票当前价格为10元/股，某投资者账户中有资金50 000元，融资50 000元，购买10 000股股票。如果不考虑融资成本、交易税费等，股票在此期间也没有分派股利，问：①当股票价格分别为12元和8元时，投资人实际保证金比例分别是多少？②当股票价格为多少时，该投资者将收到追加保证金通知？③收到追加保证金通知时，投资人的收益率是多少？④如果不融资交易，以收到追加保证金通知时的价格计算，则收益率是多少？

4. 假设融资保证金比例是100%，维持担保比例是130%，你有10万元保证金，融资10万元，买入价格为10元/股的某股票20 000股。此后股票连续6天价格持续攀升，当实际保证金超过200%时，你将超出部分（体现在股票增值上）继续融资买入，保持实际保证金比率为200%，但后来3天连续跌停板。请以下表为基础，计算你在此期间的盈亏变化，并回答为什么连续大涨6天的利润在3个跌停板下基本归零。

日期	股价（元）	当日盈亏（元）	累计盈亏（元）	当日融资（元）	累计融资（元）	买入（手）	累计买入（手）	实际保证金（元）	实际保证金比率（%）	累计收益率（%）
	10	0	0	100 000	100 000	200	200	100 000	200	0
1										
2										
3										
4										
5										
6										
7										
8										
9										

5. 场内融资保证金比例原来是50%，后来监管部门为抑制市场投机将其调整为100%。场外配资保证金比例为25%。假设投资人原有资金为100 000元。试分析：①融资保证金比例分别为100%、50%和25%的情形下，投资人可以操作的最大杠杆倍数；②如果投资人在融资保证金比例分别为100%、50%和25%的情形下使用了最大杠杆倍数，买入某只价格为10元的股票，则在价格下跌到多少时其保证金归零；③如果投资人在融资保证金比例分别为100%、50%和25%的情形下使用了最大杠杆倍数，买入某只价格为10元的

股票,则在价格上涨到多少时其保证金翻倍;④对上述计算结果进行总结。

6. 配资公司提供1:4的配资。设投资人有资金100万元,向配资公司借入400万元。问:①该投资人初始保证金比例是多少?②全仓买入某只价格为10元的股票,股价上涨到15元时,投资人的收益率是多少?③全仓买入某只价格为10元的股票,股票价格下跌到多少时,投资人保证金归零?④如果没有配资,投资人在③的情形下收益率是多少?⑤配资放大投资人盈亏的倍数是多少?

7. 假定融券保证金比例为80%,维持担保比例为130%,某投资者账户中有保证金16万元。某股票当前价格为100元,投资者卖空该股票2 000股。如果不考虑融券成本、交易税费等,股票在此期间也没有分派股息。问:①当股票价格为多少时,该投资者将收到追加保证金通知?②收到追加保证金通知时,投资人的收益率是多少?③如果不融券,即假设投资人账户16万元保证金是在股票价格为100元时卖出1 600股所得,以收到追加保证金通知时的价格计算,则投资人的心理收益率为多少?④比较②、③结果,结合融券保证金比例,融券收益率和非融券收益率的具体关系是什么?

8. 假设融资利率为8%,融券利率为9%。问:①如果你账户中有保证金15 000元,以每股34元的价格买入某股票800股,一年后每股派息0.64元,你以48元的价格卖出股票,则你的收益率是多少?②如果你账户中有46 080元,你以每股96元的价格卖空某股票800股,一年后每股派息0.64元,你以86元的价格买回该股票800股,则你的收益率是多少?

9. 深圳市英威腾电气股份有限公司2010年1月13日在深圳中小板市场上市,2016年6月7日,英威腾电器股份有限公司的股价为8.78元。上市以来,英威腾共有7次利润分配:①2010年4月16日,10股派现金6元;②2010年9月16日,10股送9股、派现金3元;③2012年5月29日,10股送8股、派现金2.50元;④2013年5月16日,10股送6股、派现金1元;⑤2014年5月22日,10股派现金1元;⑥2015年4月30日,10股送10.007股、派现金1.50元;⑦2016年5月4日,10股派现金0.5元。问:英威腾股票2016年6月7日8.78元价格的复权价格是多少?

10. 你5年前以200元/股买入某股票100股。此后5年公司业绩持续高增长,利润分配每年都是10股送转10股的高送转形式。目前公司股价为20元/股。用两种方法计算你目前的持股市值:①用总股票数量计算;②用复权价格计算;③比较①、②计算结果,说明复权的意义。

11. 你在8月8日以每股150元的价格买入某股票100股。10月8日该股票的收盘价格为180元。上市公司向股东每10股派息5元,10股送转股30股,10股配3股,配股价48元。问:①10月9日除权日的除权价格是多少?②除权后你的每股投资成本是多少?③10月18日股票收盘价格为38元,在8月8日到10月18日期间你的收益率是多少?

12. 假设巴菲特在8年前改变了他的风格,采取类似于中国上市公司高送转股票的做法,(这在美国称为股份拆细),连续8年将1股伯克希尔-哈撒韦拆分成4股。请根据下表信息计算:①伯克希尔-哈撒韦股票最新的除权价格是多少?②伯克希尔-哈撒韦最新的总股份数量是多少?③除权增加了公司总市值吗?④伯克希尔-哈撒韦股票最新的市盈率是多少?⑤除权对于伯克希尔-哈撒韦公司究竟意味什么?

最新价格（美元）	总市值（亿美元）	每股收益（美元）	市盈率（倍）	总股本（万股）
233 750	3 833.50	15 513.00	15.07	164

13. 创业软件于 2015 年 5 月 14 日正式登陆创业板市场，因其所在行业——医疗卫生信息化服务被广泛看好，故其发行价格虽然仅为 14.02 元，但上市后涨停板打开后第一天（2015 年 6 月 19 日）收盘价格为 240.71 元。假设你在 2015 年 6 月 19 日以收盘价格 240.71 元买入 500 股，此后你一直持有该公司股票，到 2017 年 8 月 14 日，公司股票价格为 29 元。公司上市后的利润分配方案为：2015 年 10 股转增 20 股，派现金 1.5 元（含税）；2016 年 10 股派现金 1 元（含税）。公司股票上市前后利润情况如下表所示。

日期	财务指标		
	审计意见	净利润（万元）	净利润增长率（%）
2017-06-30	未经审计	3 268.62	1 155.9
2016-12-31	标准无保留意见	6 300.35	26.814 2
2015-12-31	标准无保留意见	4 968.17	4.425 7
2014-12-31	标准无保留意见	4 757.61	4.033 2

问：①对应 29 元的复权价格是多少？②除权后你每股的投资成本是多少？③分别用除权价格和复权价格计算的投资收益率是多少？④公司 2015 年股票高送转主要体现了高送转哪种理论解释？

14. 先导智能（原名先导股份）于 2015 年 5 月 18 日正式登陆创业板市场，因其主业是为薄膜电容器、锂电池、光伏电池/组件等节能环保及新能源产品的生产制造厂商提供设备及解决方案，故备受市场关注。先导智能股票发行价格为 21.21 元，上市后涨停板打开后第一天（2015 年 6 月 9 日）收盘价格为 140.34 元。假设你在 2015 年 6 月 9 日以收盘价格 140.34 元买入 500 股，此后你一直持有该公司股票，到 2017 年 8 月 14 日该公司股票价格为 63.37 元。该公司上市后的利润分配方案为：2015 年 9 月 10 日 10 股转增 10 股，派现金 2 元（含税）；2016 年 3 月 29 日 10 股转增 20 股，10 股派 5.5 元（含税）；2017 年 4 月 19 日 10 股派 1.3 元（含税）。该公司股票上市前后利润情况如下表所示。

日期	财务指标		
	审计意见	净利润（万元）	净利润增长率（%）
2017-06-30	未经审计	17 898.30	88.185 4
2016-12-31	标准无保留意见	29 065.21	99.677 5
2015-12-31	标准无保留意见	14 556.08	122.181 0
2014-12-31	标准无保留意见	6 551.45	74.870 1

问：①对应 63.37 元的复权价格是多少？②除权后你的每股投资成本是多少？③分别用除权价格和复权价格计算的投资收益率是多少？④该公司股票高送转主要体现了高送转哪种理论解释？

15. 创业板上市公司天晟新材在 2011 年 4 月 26 日股权登记日的收盘价格是 42.95 元，其

2010 年的分配方案是 10 股转增 5 股，10 股派红利 5 元。问：①天晟新材股票在 2011 年 4 月 27 日除权日的除权价格是多少？②2011 年 6 月 14 日公司股票价格是 29.24 元，其对应的复权价格是多少？③如果你在 2011 年 4 月 21 日以每股 45 元的价格买入天晟新材 100 股，到 2011 年 6 月 14 日，你的收益率是多少？④2011 年 4 月 21 日创业板市场指数为 1 010.56 点，2011 年 6 月 14 日创业板指数为 838.47 点，天晟新材股票相对于创业板市场表现如何？为什么？

四、画图及说明题

1. 画出融资牛市助涨的循环图并解释。
2. 画出融资熊市助跌的循环图并解释。
3. 画出投资市场发行人、投资人、中介机构和监管机构的关系图，并解释为什么牛市可能是各方更愿意看到的结果。

五、简述题

1. 简述企业 IPO 的利弊。
2. 简述市场参与者的竞合博弈关系。
3. 简述发行市场和流通市场的关系。
4. 简述上市公司高比例送转股票的三种理论解释。

六、分析题

1. 今年以来，已有 34 家在美上市的中概股收到私有化邀约，希望退市后在中国上市。香颂资本董事沈萌认为，中概股不太受投资者关注，其估值严重被低估，这是中国概念股退市回流 A 股的原因。另外，国内市场资金非常充裕，对好的标的公司比较关注。纽约沃伦资本公司研究主管李君蘅将中概股退市潮称为"奇葩现象"："一些公司 1 年前上市，过了 1 年就想退市。上市和退市费用很浪费，这个管理层没有想清楚。"
资料来源：2015 年 11 月 3 日《华尔街见闻》。
请以相关理论为基础，对上述事件进行分析。
2. 比较分析股票发行核准制和注册制，并说明为什么中国股票发行制度要从核准制转向注册制。
3. 融资和融券是两种完全不同的操作。但从会计学角度分析，两者又具有高度相似性。请从融资融券保证金比例、实际担保比例以及维持担保比例入手，分析两者的共同特征。
4. 融资融券都具有较高的风险。但相对而言，融券的风险更高。假设融资保证金比例是 100%，融券保证金比例是 50%，两者的维持担保比例都是 130%。你有资金 100 000 元，融资后共计买入价格为 10 元的某股票 20 000 股，或者卖空该股票 20 000 股。试分析：

是融资时收到追加保证金的概率大,还是融券时收到追加保证金的概率大?为什么?
5. 请全面阐述对股票融券交易赞成和反对的两种观点。
6. 某上市公司共有股份 10 000 万股,目前其股票价格为 20 元,某投资人持有公司股份 5 万股。公司需要以每股价格 18 元融资 54 000 万元,新增股份 3 000 万股。具体方案有公开增发、定向增发和配股三种。假设公开增发的 3 000 万股中有 1 500 万股向公司原有股东配售,请分析该投资人在三种方案下投资成本的变化,并回答何种增资方式对中小投资人最优。
7. 股神巴菲特掌管的伯克希尔-哈撒韦公司,长期以来不分配现金股利,也不派送红股,公司股价随着公司经营业绩不断提升而上涨。为了满足想要投资伯克希尔-哈撒韦公司但买不起该公司 A 股的投资者的需求,该公司在 1996 年 5 月 8 日发行了 B 股,同时规定 1 股伯克希尔-哈撒韦公司 A 股可转换成 30 股 B 股,但 B 股不能转换成 A 股。2010 年 1 月 22 日,伯克希尔-哈撒韦公司 B 股按 1∶50 的比例拆分。目前,1 股 A 股可以转换成 1 500 股 B 股。2016 年 11 月 3 日,其 A 股价格为 215 001 美元,B 股价格为 143.64 美元。

请以相关理论为基础,分析巴菲特如何看待股票高送转和股票除权?结合伯克希尔-哈撒韦公司 A 股和 B 股价格,分析高比例送转股票除权效应的合理性。
8. 中弘股份是中国内地第一家因连续 20 个交易日股价低于面值而退市的股票,退市时中弘股份的收盘价格为 0.22 元。有分析认为,中弘股份之所以被强制退市,与公司以往曾经多次高比例送转股票有关。下表是中弘股份历次送转股份情况。

中弘股份上市以来股本变动

历史变动日期	变动原因	总股本(万股)
2000-06-16	A 股上市	9 400.00
2006-08-02	股权分置 10 转增 7.5	12 400.00
2010-01-11	非公开增发	56 227.37
2011-02-24	10 转增 8	101 209.26
2013-08-28	10 送 9	192 297.60
2014-12-05	非公开增发	288 144.24
2015-05-29	10 转增 6	461 030.78
2016-04-19	非公开增发	599 328.66
2017-07-17	10 转增 4	839 060.12

资料来源:观察者网(https://www.guancha.cn/economy/2018_10_18_476007.shtml)。

在上述送转股中,除股权分置改革特殊原因之外,其他四次转增股份都是公司主动行为。请以 0.22 元的除权价格为基础,计算公司股票后面四次转增股份的复权价格,并回答问题:如果公司没有后面的四次转增股份,公司股票可以避免被退市的厄运吗?

第 4 章
CHAPTER4

投资收益与投资风险

本章提要

投入资金未变化时已实现收益率可按持有期收益率公式计算,投入资金变化时已实现收益率有时间加权和资金加权两种计算方法。年化收益率可比较不同期限投资收益率。用历史推演法和概率法,可预估未来投资收益率高低。投资风险分为系统风险和非系统风险。投资收益和投资风险必须相互匹配。必要收益率是投资风险产品要求的最低收益率。

重点难点

- 掌握持有期收益率、时间加权收益率和资金加权收益率基本公式及其计算
- 理解年化收益率的内涵,能推导各种年化收益率公式,并能进行相应的计算
- 掌握预期收益率公式,能计算股票的预期收益率
- 了解各种系统风险和非系统风险
- 掌握方差、标准差、变异系数等指标,并能运用于现实投资市场
- 理解风险溢价的含义以及投资收益和投资风险的匹配关系

一、判断题

1. 资本增值是指证券价格上升导致的投资收益。(　　)
2. 在投资实践中,股票投资收益中资本增值相对股息更加重要。(　　)

3. 同股票投资一样，债券投资中资本增值相对于利息占有更加重要的地位。（　　）
4. 当股息分派在投资期间而不是期末时，用持有期收益率公式计算收益率会低估已实现收益率。（　　）
5. 在其他条件不变时，股票价格越高，投资收益率越高。（　　）
6. 投资人在某股票价格为 50 元时卖掉 100 股，不久该股票价格上涨到 60 元，该投资人会认为其亏损了 20%，损失了 1 000 元。（　　）
7. 投资人卖出价格为 100 元的某股票 100 股，不久该股票价格下跌到 60 元，该投资人会认为其盈利了 40%，赚了 4 000 元。（　　）
8. 利用资金加权法计算已实现收益率时，将投资期以投入资金增减变动分成 n 个阶段，每个阶段投入资金保持不变，假设所有时间段不论投资金额多少都有相同权重。（　　）
9. 相对于时间加权收益率，资金加权收益率对投资期间资金增减变动更加敏感。（　　）
10. 投资实践中，通常用资金加权收益率计算已实现收益率。（　　）
11. 年化收益率是投资人实际投资时可以获得的年收益率。（　　）
12. 由很短时间（例如 7 天）的收益率推算年化收益率，没有任何实际价值。（　　）
13. 通常认为，一个半年获得 5% 投资收益的投资者，和一个一年获得 10% 投资收益的投资者的收益率是一样的。（　　）
14. 用几何平均法计算所得预期收益率总是不超过用算术平均法计算所得预期收益率。（　　）
15. 用布卢姆公式计算预期收益率，由于其是几何平均法和算术平均法的加权平均，故其预测准确性更高。（　　）
16. 分析师预测股票收益率时使用了更多最新信息，因而通常比用历史数据预测更加准确。（　　）
17. 市场风险是对市场上所有证券收益率都产生影响的风险，所以是不可规避的风险。（　　）
18. 公司产品在国外市场遭遇反倾销，属于非系统风险中的信用风险。（　　）
19. 2012 年 11 月 19 日，中国高端白酒——酒鬼酒被爆出对人体有害的塑化剂严重超标，这是典型的非系统风险，只会对酒鬼酒股价造成重大影响。（　　）
20. 汇率变动只会影响产品主要销往国外市场的公司股票价格，不会对在国内市场经营业务的公司股票价格造成影响。（　　）
21. 美国加息会迫使中国加息，导致中国股票市场下跌。（　　）
22. 通常认为，投资外国股票的风险会比投资国内股票的风险要大，所以投资人不应该投资国外股票。（　　）
23. 英国在 2016 年 6 月 24 日公投时意外脱欧，对全球投资市场是系统性风险。（　　）
24. 系统风险对整个投资市场产生影响，非系统风险只对个别公司或个别行业上市公司产生影响，系统风险和非系统风险泾渭分明。（　　）
25. 2011 年 3 月 11 日，日本地震引发的海啸导致福岛核电站出现严重核泄漏，引发全球投资市场大幅度下跌。此后，世界各国对发展核电战略重新进行评估。这表明，核泄漏事件本身是系统风险和非系统风险的混合体。（　　）
26. 2017 年 7 月，中国实施《证券期货投资者适当性管理办法》，将 A 股自然人投资者分为专业投资者和普通投资者两大类。该事件对投资市场属于政治风险。（　　）
27. 方差和标准差用来衡量未来收益率偏离平均值的程度，表示投资该证券的风险大小。（　　）

28. 计算股票预期收益率和方差及标准差时，为方便分析，经常假定股票收益率符合正态分布。（   ）
29. 衡量一项投资遭受极端损失的概率称为最大损失概率。（   ）
30. 在中国投资市场，创业板市场和中小板市场收益率标准差高于上海市场，故创业板市场和中小板市场风险高于上海市场。（   ）
31. 对两个投资产品进行选择，高风险厌恶者用预期收益率大小作为判断标准，而低风险厌恶者用收益率的标准差大小作为判断标准。（   ）
32. 变异系数是指预期收益率与收益率标准差的比值，变异系数越高，投资绩效越高。（   ）
33. 变异系数对不同投资产品风险的评估，较收益率标准差更加全面。（   ）
34. 以股票投资的变异系数作为评判标准，长期来看成长股投资的绩效高于价值股。（   ）
35. 无论是从事前还是事后角度分析，对任何有风险投资产品来说，风险溢价总是大于零。（   ）
36. 若某风险投资品的预期收益率为3%，无风险收益率也是3%，则风险厌恶型投资人不会投资该产品。（   ）
37. 投资决策时，预期收益率和必要收益率是从不同角度进行分析的，因而两者大小无关。（   ）
38. 某年债券市场的收益率是3%，股票市场的收益率是 −10%，这说明高风险与高收益匹配的原则不成立。（   ）
39. 通常认为，成熟市场股票风险溢价会较新兴市场股票风险溢价更高。（   ）
40. 价格为10元的股票下跌到2元，下跌幅度为80%，然后由2元上涨到10元，上升幅度为400%。这说明，在股市中赚取高额利润很容易。（   ）

二、选择题（包括单选和多选）

1. 关于庞氏骗局，表述正确的是（   ）。
   A. 全部投资人都会巨额亏损　　　　　B. 最早时期参与的投资人可能获得高回报
   C. 后期投资人会巨额亏损　　　　　　D. 不论何时参与的投资人巨额亏损的概率相同
2. 投资收益率从多种角度分析，可以分为（   ）。
   A. 已实现收益率　　　　　　　　　　B. 必要收益率
   C. 时间加权收益率　　　　　　　　　D. 预期收益率
3. 你打算购买某只股票并持有1年。你预期该股票年末每股派息1.5元，并可按26元的价格卖出。如果你想分别获得15%和20%的收益率，则今天你的买价分别是（   ）。
   A. 22.61元和21.50元　　　　　　　　B. 23.91元和22.92元
   C. 24.50元和23.20元　　　　　　　　D. 25.00元和24.20元
4. 投资者以30元的价格买入XYZ公司股票100股，下一年的预期股利是每股4元，投资者有信心可以在一年后卖到35元，则投资人的预期收益率是（   ）。
   A. 20%　　　　　B. 25%　　　　　C. 30%　　　　　D. 40%
5. 从持有期收益率计算公式可以看出，提高投资收益率最好的办法是（   ）。
   A. 尽可能高价卖出　　　　　　　　　B. 尽可能低价买入
   C. 尽可能获得更多的股息、利息　　　D. 持有期限尽可能长

6. 某项投资获得的收益率是 20%。如果融资保证金比例为 80%，则投资人融资时在该项投资上最高可以获得的收益率是（　　）。
   A. 28%　　　　　　B. 40%　　　　　　C. 45%　　　　　　D. 58%
7. 投资人融券卖出某股票后，该股票由 10 元上涨到 12 元。如果融券保证金比例是 50%，则该投资人遭受的最大亏损是（　　）。
   A. −30%　　　　　B. −40%　　　　　C. −48%　　　　　D. −50%
8. 当投资人在投资期间增加或减少资金投入时，计算其实际投资收益率需用（　　）。
   A. 年化收益率公式　　　　　　　　B. 持有期收益率公式
   C. 时间加权收益率公式　　　　　　D. 资金加权收益率公式
9. 某投资人进行长达 10 年的基金定投，每年初投资 1 万元购买某基金。该基金在第 1 年年初的价格为 10 元，然后遭遇大熊市，基金价格每年下跌 1 元，一直到第 5 年，年末的价格为 5 元。第 6 年，市场进入牛市，基金价格每年上涨 1 元，到第 10 年年末基金价格为 10 元。根据上述资料，用时间加权收益率和资金加权收益率两种方法计算投资收益率，（　　）。
   A. 可以得到时间加权收益率高于资金加权收益率的结论
   B. 可以得到时间加权收益率低于资金加权收益率的结论
   C. 可以得到时间加权收益率等于资金加权收益率的结论
   D. 无法判断时间加权收益率和资金加权收益率的相对大小
10. 有甲、乙两个投资者，他们的投资时间长短不同。现在要比较这两个投资者收益率高低，通常的做法是（　　）。
    A. 将短期投资者的期限换算为长期　　B. 将长期投资者的期限转化成短期
    C. 直接比较两者收益率　　　　　　　D. 将他们的收益率转化为年化收益率
11. 某期限为 7 天的银行理财产品的年化收益率为 4%，其 7 天的实际收益率大约是（　　）。（假设 1 年有 52 个 7 天）
    A. 0.075 5%　　　B. 0.082 0%　　　C. 0.062 8%　　　D. 0.092 1%
12. 投资人 3 个月获得的收益率为 5%，则其年化收益率为（　　）。
    A. 20%　　　　　B. 21.00%　　　　C. 21.55%　　　　D. 22.50%
13. 关于预期收益率，正确的表述是（　　）。
    A. 预期收益率经常是不可能真正实现的收益率
    B. 预期收益率是投资人投资时必须获得的最低收益率
    C. 预期收益率经常是最可能实现的收益率
    D. 预期收益率是对未来各种收益率的加权平均
14. 预期收益率和持有期收益率最大的差异是（　　）。
    A. 评估期限不同　　　　　　　　　B. 评估的投资产品不同
    C. 一个着眼于历史，另一个着眼于未来　D. 评估方法不同
15. 利用历史样本估算投资产品的预期收益率，其最大的问题可能是（　　）。
    A. 样本量不够大　　　　　　　　　B. 样本没有赋予适当的权重
    C. 未来不是历史的简单延伸　　　　D. 股市大涨大跌导致收益率的不对称
16. 有一个 30 年的资产的算术平均收益率为 12.8%，几何平均收益率为 10.7%，使用布卢姆

公式计算的未来第 10 年的收益率是（   ）。
A. 12.15%　　　　B. 10.90%　　　　C. 11.20%　　　　D. 12.50%

17. 根据下表数据，资产组合的预期收益率是（   ）。

股市	概率	收益率（%）
熊市	0.2	−25
正常	0.3	10
牛市	0.5	24

A. 5%　　　　B. 10%　　　　C. 15%　　　　D. 20%

18. 中国券商对股票评级经常使用（   ）等评价标准。
A. 低买、持有、观望、高卖　　　　B. 看多、看空、看平
C. 买入、增持、中性、减持　　　　D. 推荐、谨慎推荐、中性、回避

19. 分析师预测股票收益率时，通常（   ）。
A. 高估股票预期收益率　　　　B. 低估股票预期收益率
C. 准确预测股票预期收益率　　　　D. 高估或低估均具有很大随机性

20. 风险意味着（   ）。
A. 投资者将会遭受损失　　　　B. 最终可能有多种结果
C. 收益的标准差大于预期收益　　　　D. 未来完全不可预测

21. 美国联邦储备银行拟加息，你认为这会通过（   ）影响中国投资市场。
A. 利率风险　　　B. 汇率风险　　　C. 购买力风险　　　D. 政策风险

22. 许多西方国家在总统选举期间，其证券市场会相应波动。这被称为（   ）。
A. 政策风险　　　B. 国家风险　　　C. 选举风险　　　D. 政治风险

23. （   ）主要指投资市场监管部门采取的管理措施，包括税收、法律以及对证券市场运行进行调控等，使得市场出现未预料的上涨或下跌而使投资者遭受损失的可能性。
A. 利率风险　　　B. 政策风险　　　C. 信用风险　　　D. 汇率风险

24. 某上市公司今年经营业绩和未来发展前景都很好，年初购买该股票的投资人的收益率（   ）。
A. 可能很好　　　B. 可能为零　　　C. 可能略大于零　　　D. 可能是负数

25. 上市公司非系统风险包括（   ）。
A. 经营风险　　　B. 财务风险　　　C. 股权质押风险　　　D. 道德风险

26. 上市公司经营风险不包括（   ）。
A. 汇率波动　　　　B. 产品遭遇反倾销
C. 对环境造成重大污染　　　　D. 产品质量遭遇消费者投诉

27. 2019 年 4 月 29 日晚间，上市公司康美药业发布年报的同时，还发布了《前期会计差错更正公告》，称有 299 亿的"错误"会计处理。消息一出，各路媒体争相报道，近 300 亿的资金都能算错，也着实让不少媒体大跌眼镜。你认为，这种风险对投资康美药业股票的投资人来说属于（   ）。
A. 经营风险　　　B. 财务风险　　　C. 商誉减值风险　　　D. 道德风险

28. 某上市公司近些年持续并购了很多非上市企业，其资产负债表显示公司有大量高溢价并购所形成的商誉。在投资市场许多上市公司因并购企业经营状况不如预期而采取商誉减

值的背景下，一些投资人担心该上市公司也可能会有商誉减值行为。4月5日公司披露年报时，果真商誉减值10亿元，公司因此由预期盈利转变为亏损8亿元。公司这种商誉减值导致的风险可以用（　　）形容。

A. 黑天鹅事件　　B. 灰犀牛事件　　C. 蝴蝶效应　　D. 羊群效应

29. 一种投资策略的预期收益率为12%，标准差为10%，如果投资收益率符合正态分布，则获得收益率小于2%的概率是（　　）。

A. 10%　　B. 16%　　C. 32%　　D. 34%

30. 某公司股票价格服从均值为100元、标准差为10元的正态分布，则该公司股票价格未来有95%的概率落在（　　）。

A. 60～140元　　B. 70～130元　　C. 80～120元　　D. 90～110元

31. 衡量证券投资风险的指标不包括（　　）。

A. 变异系数　　B. 方差　　C. 标准差　　D. 偏离度

32. 投资产品的变异系数为3，其收益率标准差为21%，则该产品的预期收益率是（　　）。

A. 6%　　B. 7%　　C. 8%　　D. 9%

33. 在比较两个投资产品风险大小时，（　　）会采用变异系数。

A. 风险厌恶型投资人

B. 风险中性投资人

C. 风险偏好投资人

D. 风险厌恶型投资人、风险中性投资人和风险偏好投资人

34. 三只股票X、Y、Z的预期收益率分别为17.01%、29.22%和46%。你认为最有可能对应X、Y、Z三只股票收益率的标准差排列是（　　）。

A. 55.05%、93.29%和104.40%　　B. 55.05%、104.40%和93.29%

C. 93.29%、55.05%和104.40%　　D. 104.40%、55.05%和93.29%

35. 某风险产品要求的风险溢价是6%，如果无风险收益率为3%，则投资该产品要求的最低收益率为（　　）。

A. 6%　　B. 7%　　C. 9%　　D. 10%

36. 以变异系数为评价标准，大盘股、中盘股和小盘股长期投资绩效由大到小的排序是（　　）。

A. 大盘股＞中盘股＞小盘股　　B. 小盘股＞中盘股＞大盘股

C. 大盘股＞小盘股＞中盘股　　D. 中盘股＞大盘股＞小盘股

37. 在债券、股票、股票型基金和风险投资四种产品中，风险溢价由小到大的排序是（　　）。

A. 股票、股票型基金、债券、风险投资　　B. 债券、股票型基金、股票、风险投资

C. 债券、股票、股票型基金、风险投资　　D. 债券、风险投资、股票型基金、股票

38. 下图中有四种风险投资品甲、乙、丙、丁，你认为现实投资中存在的产品是（　　）。

A. 甲和乙　　B. 丙和丁　　C. 甲和丁　　D. 乙和丙

39. 判断一项投资可行的标准是（　　）。
   A. 预期收益率≥必要收益率＞无风险收益率
   B. 预期收益率＞必要收益率＞无风险收益率
   C. 必要收益率＞预期收益率≥无风险收益率
   D. 必要收益率＞预期收益率＞无风险收益率

40. 某发达国家股权风险溢价为5%，其市场收益率标准差为20%。另外一个发展中国家股市收益率标准差为35%，若以发达国家股票市场为参照系，则该发展中国家股票市场的股权风险溢价应该是（　　）。
   A. 8%　　　　　　B. 8.75%　　　　　　C. 9%　　　　　　D. 9.25%

41. 关于股权风险溢价，正确的表述是（　　）。
   A. 预期股权风险溢价大于零　　　　　　B. 短期实际股权风险溢价可以小于零
   C. 长期平均实际股权风险溢价大于零　　D. 股权风险溢价必须大于无风险收益率

三、计算题

1. 巴菲特掌管的伯克希尔 – 哈撒韦公司的股价一直处于高位。下表是公司股价的长期表现，问：①自1966年以来的年均收益率是多少？②假设投资人在1965年投资10 000美元，则到2018年年底，投资人的持股价值是多少？

年份	年终股价（美元）	年份	年终股价（美元）	年份	年终股价（美元）
1965	16.25	1983	1 310.00	2001	75 600.00
1966	17.50	1984	1 275.00	2002	72 750.00
1967	20.25	1985	2 470.00	2003	84 250.00
1968	37.00	1986	2 820.00	2004	87 900.00
1969	42.00	1987	2 950.00	2005	88 620.00
1970	39.00	1988	4 700.00	2006	109 900.00
1971	70.00	1989	8 675.00	2007	141 600.00
1972	80.00	1990	6 675.00	2008	96 600.00
1973	71.00	1991	9 050.00	2009	99 200.00
1974	40.00	1992	11 750.00	2010	120 450.00
1975	38.00	1993	16 325.00	2011	114 755.00
1976	94.00	1994	20 400.00	2012	133 000.00
1977	138.00	1995	32 100.00	2013	177 810.00
1978	157.00	1996	34 100.00	2014	228 500.00
1979	320.00	1997	46 000.00	2015	198 500.00
1980	425.00	1998	70 000.00	2016	244 121.00
1981	560.00	1999	56 100.00	2017	297 760.00
1982	775.00	2000	71 000.00	2018	306 000.00

2. 投资人在 2017 年 10 月初签订了一份基金定投合约，每月初以基金实际交易价格购买嘉实沪深 300 交易型开放式指数证券投资基金 1 000 元。假设买入股数最小单位为 0.01 股，买卖基金不需要任何费用，该基金实际价格在 2017 年 10 月至 2018 年 10 月的变化如下表所示：

月份	基金价格（元）	当月购买股份数	累计购买股份数	月份	基金价格（元）	当月购买股份数	累计购买股份数
10 月	4.256			5 月	4.102		
11 月	4.37			6 月	4.109		
12 月	4.344			7 月	3.846		
1 月	4.402			8 月	3.908		
2 月	4.665			9 月	3.683		
3 月	4.368			10 月	3.734		
4 月	4.233						

请根据基金价格变化计算当月买入股份数及累计买入股份数，用时间加权和资金加权两种方法计算全年收益率，并对计算结果与沪深 300 指数涨跌（2017 年 10 月初为 3 910.12 点，2018 年 10 月初为 3 153.82 点）进行比较分析。

3. 投资人在每月月初投资 1 000 元，按照基金净资产值购买某基金，基金净值变化分别如表 1、表 2 和表 3 所示。问：用时间加权和资金加权两种方法计算表 1～表 3 的全年收益率分别是多少？造成收益率如此变化的具体原因是什么？

表 1 基金净值大幅度波动

月份	净值（元）	月份	净值（元）	月份	净值（元）
1 月初	1	6 月初	1.25	11 月初	1.10
2 月初	1.05	7 月初	1.30	12 月初	1.05
3 月初	1.10	8 月初	1.25	12 月末	1
4 月初	1.15	9 月初	1.20		
5 月初	1.20	10 月初	1.15		

表 2 基金净值大幅度波动

月份	净值（元）	月份	净值（元）	月份	净值（元）
1 月初	1	6 月初	1.25	11 月初	1.50
2 月初	1.05	7 月初	1.30	12 月初	1.55
3 月初	1.10	8 月初	1.35	12 月末	1.60
4 月初	1.15	9 月初	1.40		
5 月初	1.20	10 月初	1.45		

表 3 基金净资产值变化

月份	基金净资产值	月份	基金净资产值
1 月初	1.00	3 月初	0.90
2 月初	0.95	4 月初	0.85

（续）

月份	基金净资产值	月份	基金净资产值
5月初	0.80	10月初	0.55
6月初	0.75	11月初	0.50
7月初	0.70	12月初	0.45
8月初	0.65	12月末	0.40
9月初	0.60		

4. 某投资人前年初以20元/股的价格购买100股股票，前年末每股支付股息0.05元。去年初再以18.5元/股的价格购买200股股票，去年末每股支付股息0.05元。今年初又以22元/股的价格买入200股股票，今年末以23元/股的价格卖出500股股票。问：①用时间加权和资金加权分别计算的投资人持有期收益率是多少？②该投资人三年的年平均收益率分别是多少？

5. 某投资人前年初以20元/股的价格购买100股股票，前年末每10股支付股息0.5元，送转股票5股，股票数量增加为150股。去年初再以18.5元/股的价格购买200股股票，去年末每10股支付股息0.5元，送转股票5股，股票总数量增加为525股。今年初又以22元/股的价格买入200股股票，今年末以23元/股的价格卖出725股股票。问：①用时间加权和资金加权分别计算的投资人持有期收益率是多少？②该投资人三年的年平均收益率分别是多少？

6. 年初时某投资人用50 000元买入先锋基金50 000股，6月30日，先锋基金分派给该投资人股息500元，分红后基金价格为1.10元。7月1日，投资人用股息500元加上追加的资金10 500元，共计11 000元，买入先锋基金10 000股。12月31日，先锋基金分派给该投资人股息510元，分红后基金价格为1.15元。问：用时间加权和资金加权计算的该投资人持有期收益率是多少？

7. 某投资人最近四年的投资情况如下表所示：

（单位：元）

时间	期初资金	期初增减资金	投资资金	期末资金
第一年	50 000	10 000	60 000	66 000
第二年	66 000	-6 000	60 000	66 000
第三年	66 000	4 000	70 000	77 000
第四年	77 000	-7 000	70 000	63 000

问：①用时间加权和资金加权分别计算的该投资人持有期收益率是多少？②该投资人四年的年平均收益率是多少？

8. 某投资人在年初以每股100元的价格买入ABC公司股票100股，年中（7月1日）公司每股派息0.5元，派息后股票价格为100元，年末（12月31日）公司每股派息0.5元，派息后股票价格为110元。请用持有期收益率公式、时间加权收益率公式和资金加权收益率公式计算该投资人的收益率。

9. 2017年8月16日，有多家机构对投资平安银行的收益率进行了预测（如下图所示）。按照一家机构多次预测时只取最近时间预测，以及只考虑明确给出目标价格的预测原则，请计算：2017年投资平安银行的预期收益率。（注：2016年年底平安银行的价格为9.10元。）

序号	证券代码	证券简称	研究机构	最新评级	目标价（元）	报告日收盘价（元）	预期涨幅（%）	盈利预测			报告日期	报告摘要
								17年EPS	18年EPS	19年EPS		
1	000001	平安银行	东吴证券	增持	11.81	10.02	17.86	1.35	1.42	1.52	2017-08-14	报告摘要
2	000001	平安银行	群益证券（香港）	增持	12.00	10.02	19.76	1.35	1.38	—	2017-08-14	报告摘要
3	000001	平安银行	民生证券	增持	—	10.02	0.00	1.37	1.44	1.58	2017-08-14	报告摘要
4	000001	平安银行	申万宏源	增持	—	10.02	0.00	1.35	1.45	1.58	2017-08-14	报告摘要
5	000001	平安银行	东北证券	增持	—	10.02	0.00	1.38	1.55	1.78	2017-08-14	报告摘要
6	000001	平安银行	天风证券	买入	13.10	10.02	30.74	1.38	1.58	1.86	2017-08-14	报告摘要
7	000001	平安银行	兴业证券	增持	—	10.02	0.00	1.36	1.44	—	2017-08-14	报告摘要
8	000001	平安银行	太平洋	买入	11.58	10.02	15.57	1.35	1.48	1.63	2017-08-14	报告摘要
9	000001	平安银行	东莞证券	增持	—	10.02	0.00	1.32	1.37	1.43	2017-08-14	报告摘要
10	000001	平安银行	招商证券	买入	13.22	10.62	24.48	1.30	1.40	1.40	2017-08-11	报告摘要
11	000001	平安银行	安信证券	买入	14.00	10.62	31.83	1.34	1.38	1.42	2017-08-11	报告摘要
12	000001	平安银行	中泰证券	增持	11.15	10.62	4.99	1.35	1.46	—	2017-08-11	报告摘要
13	000001	平安银行	国泰君安	买入	14.35	10.62	35.12	1.35	1.41	1.51	2017-08-11	报告摘要
14	000001	平安银行	国金证券	增持	—	10.62	0.00	1.34	1.45	—	2017-08-11	报告摘要
15	000001	平安银行	天风证券	买入	13.10	10.74	21.97	1.40	1.56	1.79	2017-07-31	报告摘要
16	000001	平安银行	国泰君安	买入	14.35	10.74	33.61	1.35	1.41	1.51	2017-07-31	报告摘要
17	000001	平安银行	安信证券	买入	14.00	11.05	26.70	1.42	1.47	1.56	2017-07-19	报告摘要
18	000001	平安银行	中泰证券	增持	9.38	9.00	4.22	1.40	1.51	—	2017-04-26	报告摘要

（续）

序号	证券代码	证券简称	研究机构	最新评级	目标价（元）	报告日收盘价（元）	预期涨幅（%）	盈利预测			报告日期	报告摘要
								17年EPS	18年EPS	19年EPS		
19	000001	平安银行	交银国际证券	增持	10.70	8.77	22.01	1.36	1.49	1.58	2017-04-24	报告摘要
20	000001	平安银行	中银国际证券	中性	10.17	9.16	11.03	1.38	1.47	1.65	2017-03-23	报告摘要

10. 假设投资人从 2012 年就开始用算术平均法预测宝钢股份投资收益率，一直预测到 2018 年。下表是 2001～2018 年宝钢股份的实际收益率，请将 2012～2018 年的预测收益率和实际收益率进行比较，分析两者的差异及原因。

宝钢股份 2001～2018 年实际收益率　　　　　　　　　　　　　（%）

年份	2001	2002	2003	2004	2005	2006	2007	2008	2009
宝钢股份	-26.94	8.59	73.26	-11.01	-9.95	99.33	93.61	-65.93	80.76
年份	2010	2011	2012	2013	2014	2015	2016	2017	2018
宝钢股份	-26.36	-14.45	3.24	-8.78	43.82	-12.63	9.55	26.32	-14.07

11. 三个投资产品 A、B、C 目前的价格都是 10 元，其过去 6 年的价格如下表所示：

A、B、C 产品过去 6 年的价格　　　　　　　　　　　（单位：元）

投资产品	价格					
	第1年	第2年	第3年	第4年	第5年	第6年
A	9	10	11	12	13	14
B	6	7	8	9	10	29
C	3	12	12	13	14	15

请问：投资人应该投资哪种产品？为什么？

12. 股票 A 和 B 过去 5 年的收益率如下表所示：

　　　　　　　　　　　　　　　　　　　　　　　　　　　　　（%）

股票	收益率				
	第1年	第2年	第3年	第4年	第5年
A	12	-4	0	20	2
B	5	-15	10	38	17

请计算两只股票的预期收益率和标准差。

13. 假定某股票年初价格为 10 元，共有 20 个分析师预测了其年末价格，如下表所示：

预期年末价格（元）	分析师人数
10	2
10.5	4

预期年末价格（元）	分析师人数
11	8
11.5	4
12	2

请根据分析师预测计算投资该股票的预期收益率和风险。

14. 投资人有 A、B、C 三只股票可供选择，三只股票未来各种收益率情况如下表所示：

经济环境	不同经济环境的发生概率	股票 A 的收益率（%）	股票 B 的收益率（%）	股票 C 的收益率（%）
Ⅰ	0.1	8	13	26
Ⅱ	0.2	12	14	22
Ⅲ	0.4	16	16	18
Ⅳ	0.2	20	18	14
Ⅴ	0.1	24	19	10

问：①三只股票的预期收益率分别是多少？②三只股票的风险（标准差）分别是多少？③投资人应该选择哪只股票？

15. 某投资人搜集了德赛电池、五粮液与新和成 3 家上市公司最近 5 年共 20 个季度的收益率数据，如下表所示：

	1	2	3	4	5	6	7
德赛电池	−5.81%	−8.06%	66.47%	17.90%	−3.10%	20.74%	−25.23%
五粮液	3.40%	−16.35%	−20.31%	−6.49%	−9.44%	−11.96%	5.86%
新和成	−11.19%	1.44%	4.72%	−20.56%	40.17%	−10.20%	−0.18%
	8	9	10	11	12	13	14
德赛电池	−23.47%	−2.54%	−23.07%	35.52%	16.85%	−20.17%	49.11%
五粮液	6.90%	6.36%	14.61%	7.07%	35.83%	−17.27%	5.42%
新和成	−0.79%	18.37%	0.52%	11.65%	1.23%	−18.68%	25.16%
	15	16	17	18	19	20	
德赛电池	−32.62%	9.62%	−1.05%	1.33%	22.24%	0.80%	
五粮液	2.75%	14.26%	4.60%	3.02%	22.33%	29.05%	
新和成	18.76%	0.55%	5.39%	−11.18%	1.02%	0.79%	

该投资人拟在三只股票中选择一只进行投资，请帮助投资人选择。

16. 使用 2000 年到去年末的季度数据和月度数据，用变异系数检验两组投资风格的优劣：①成长股和价值股；②大盘股、中盘股和小盘股。

17. 使用 2000 年到去年末的季度数据和月度数据，用变异系数检验创业板、中小板市场和上海主板市场风险大小。

18. 使用 2000 年到去年末的季度数据和月度数据，计算并分析：①未来投资创业板市场收益率可能的波动区间；②三个在险价值；③创业板市场收益率正态分布假设的可靠性。

19. 假设有一个风险资产组合，年末该资产组合的现金流可能为 1 000 元或 3 000 元，两种情况的概率均为 50%。如果无风险利率为 3%，问：①如果投资人要求 8% 的风险溢价，则其愿意购买该资产组合的价格是多少？②如果投资人要求 10% 的风险溢价，则其愿意购买该资产组合的价格又是多少？③比较上面两种情况下的价格，其说明了什么问题？

四、简述题

1. 简述利用证券公司分析师研究报告，用概率方法预测股票投资收益率的基本方法。
2. 简述系统风险和非系统风险的关系。

五、画图题

假设某股票未来收益率符合正态分布，用 30 个样本得到的收益率均值为 12%，样本标准差为 20%。请画出该股票未来收益率分布并回答问题：①未来收益率在 [8.35%, 15.65%] 的可能性是多少？②未来收益率在 [4.7%, 19.3%] 的可能性是多少？

六、分析题

有国债、企业债、消费行业股票和商业行业股票等四种投资产品。其收益率用相应的指数收益率衡量。在最近五年（2014 年 7 月 28 日至 2019 年 7 月 26 日），这些产品的收益率分别如图 1～图 4 所示。

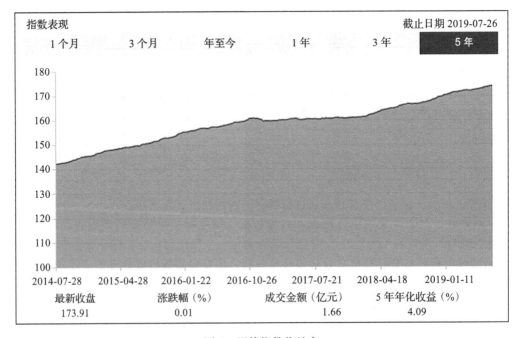

图 1　国债指数收益率

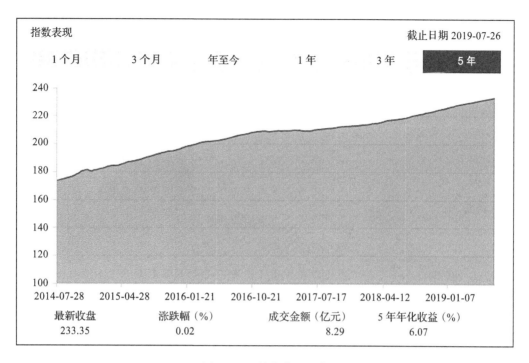

图 2　企业债指数收益率

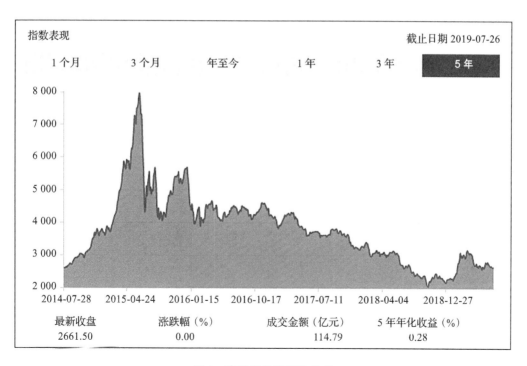

图 3　商业行业股票收益率

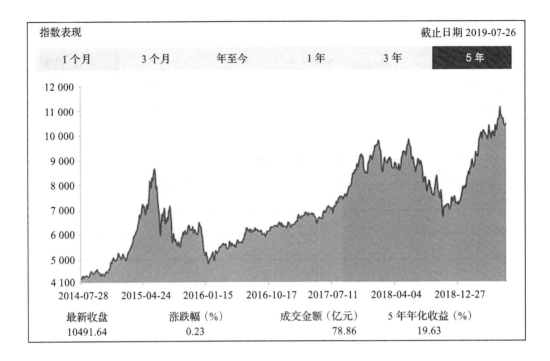

图 4　消费行业股票收益率

请以风险溢价理论为基础，分析四个投资产品的实际收益率和风险溢价的关系。

第 5 章
CHAPTER5

投资组合

本章提要

投资组合的预期收益率是以资金比例为权数的各证券预期收益率的加权平均。投资组合的方差等于组合内所有证券两两之间协方差的加权平均，权数是两个证券资金比例的乘积。可行集是投资产品所有可能的投资组合。有效集是可行集中效率最高的组合。最优投资组合是投资者效用最高的组合。

重点难点

- 掌握证券组合预期收益率的计算
- 理解协方差和相关系数的含义，能用实际数据进行相应计算
- 掌握两种和三种证券组合风险的计算
- 理解多种证券组合降低投资风险的基本原理
- 能画出两种证券组合的可行集和有效集
- 理解资本分配线所体现的高收益高风险相匹配的思想
- 了解三种及以上证券组合的可行集和有效集
- 了解投资者效用无差异曲线，能作图解释投资者最优投资组合
- 了解分离定理及其在实际投资中的应用

一、判断题

1. 投资组合只考虑微观投资问题，如在不同股票间进行选择，资产配置考虑宏观投资问题，如资金在无风险资产和各种风险资产间的分配问题。（　　）
2. 投资组合包括资产配置和证券选择，分析资产配置和证券选择的相关理论存在较大差异。（　　）
3. 以投资人生命周期理论为基础，一个30岁的投资人投资股票的资金比例应该是80%，投资债券的资金比例应该是20%。（　　）
4. 资产配置和证券选择分别有主动投资和被动投资两种策略。（　　）
5. 投资组合的预期收益率等于组合中各证券预期收益率的算术平均值。（　　）
6. 协方差衡量两只证券收益率变动的正相关性或负相关性。（　　）
7. 两只证券收益率协方差为负数，表明两只证券的收益率相对各自预期收益率（均值），存在反向变动关系。（　　）
8. 相关系数是协方差经标准化之后衡量两种证券收益率变动相关性及相关程度的指标。（　　）
9. 两只证券高度正相关，表明两只证券有明显的因果关系：当一只证券价格大幅度上涨时，另一只证券价格也会大幅度上涨。（　　）
10. 相关系数为零，表明两种证券收益率变动没有关系。（　　）
11. 贵州茅台和五粮液收益率变动的相关系数比贵州茅台和深万科收益率变动的相关系数高。（　　）
12. 由于股票数量众多，给定一只股票，总是能够找到另一只与其收益率变动完全负相关的股票。（　　）
13. 通常，一只国内股票与一只国外股票收益率变动的相关系数要比两只国内股票收益率变动的相关系数更低。（　　）
14. 两个相关系数为 –1 的证券构建组合虽然能够大幅度降低投资风险，但同时也大幅度降低了组合的预期收益率。（　　）
15. 理论上将证券收益率变动的相关性分为低度相关、中度相关和高度相关，相应相关系数绝对值大小的分界点是 0.4 和 0.7。（　　）
16. 由协方差、相关系数所体现的两只证券收益率之间的相关性，反映的是共同因素——系统风险对两只证券收益率变动的影响。（　　）
17. 方差可以视为协方差的特例，是投资产品自己和自己的协方差。（　　）
18. 投资组合风险的大小取决于投资组合内各证券风险的大小。（　　）
19. 投资组合能够降低风险，是因为投资组合中各证券收益率变动的相关系数是负数。（　　）
20. 投资组合能够降低风险的重要原因之一是：在一个充分分散化的投资组合中，每一项投资只占投资组合的很小比重，对整个投资组合收益率的影响很小。（　　）
21. 研究表明，构建组合的股票数量必须达到100只以上，组合降低风险的效果才较好。（　　）
22. 当构建投资组合的证券数量越来越多时，投资组合风险受各证券方差的影响越来越小，受证券收益率变动协方差的影响越来越大。（　　）
23. 将一只风险很大的证券加入投资组合，将极大地增加投资组合的风险。（　　）

24. 相对于集中投资，分散投资既降低了风险，同时也可能降低了收益。（　　）
25. 在全球经济一体化日益深化的背景下，各国投资市场收益率变动的相关性会越来越高。（　　）
26. 两只证券构成的投资组合的可行集是一条曲线，随着相关系数的不断变小，这条曲线的弯曲程度越来越小。（　　）
27. 两只证券构建投资组合的最小方差组合，同时也是预期收益率最低的投资组合，符合低风险低收益的投资原则。（　　）
28. 投资组合的有效集是投资组合可行集的子集，在该集合中投资组合的风险最低、收益率最高。（　　）
29. 一种无风险证券和一种风险证券构建投资组合的可行集也是其有效集，是一条曲线。（　　）
30. 资本分配线表明风险资产和无风险资产之间的各种可行的风险－收益组合的图形，投资者通过调整持有的无风险资产比例，可以达到控制风险的目的。（　　）
31. 在构建投资组合时，以无风险利率借入资金和卖空无风险资产是同义语。（　　）
32. 最优资本分配线是投资人可以选择的效率最高的全部投资组合。（　　）
33. 风险偏好型投资者的效用，是投资预期收益率和投资风险的函数，且和预期收益率成反比例关系，和风险成正比例关系。（　　）
34. 风险厌恶程度越低的投资者，其效用无差异曲线的陡峭程度越大。（　　）
35. 对风险厌恶型投资人而言，要满足效用无差异，在投资组合风险逐渐增加时，投资组合收益率必须以固定比例相应增加。（　　）
36. 分离定理表明，投资者最优投资组合与最优风险投资组合无关。（　　）
37. 所有投资人都会持有或多或少的最优风险投资组合，故最优风险投资组合是投资人效用最高的投资组合。（　　）

二、选择题（包括单选和多选）

1. 资产配置和证券选择分别有主动投资和被动投资两种策略。如果投资人基于对不同类型资产的收益和风险分析，主动改变所持有的资产类别，但不改变每类资产中的特定证券。这种投资策略按照资产配置和证券选择的顺序排序，被称为（　　）。
   A. 主动策略＋主动策略　　　　　B. 主动策略＋被动策略
   C. 被动策略＋被动策略　　　　　D. 被动策略＋主动策略
2. 两只预期收益率分别为15%和24%的证券，其构成的投资组合的预期收益率是30%，则投资组合（　　）。
   A. 同时卖空两只证券　　　　　　B. 两只证券都没有卖空
   C. 卖空收益率为15%的证券　　　D. 卖空收益率为24%的证券
3. 以两只预期收益率分别为15%和24%的证券构建投资组合，如果卖空收益率为15%的证券，则投资组合收益率（　　）。
   A. 小于15%　　　　　　　　　　B. 大于15%，小于24%
   C. 大于24%　　　　　　　　　　D. 存在各种可能性

4. 假定基金在未来将取得10%的年收益率，无风险收益率为3%，如果要获得8%的收益率，投资组合投资基金的比例为（　　）。
   A. 31.55%　　　　　B. 28.58%　　　　　C. 71.43%　　　　　D. 69.68%
5. 两只证券的相关系数为零，表明这两只证券的收益率（　　）。
   A. 不存在函数关系　　　　　　　　　B. 不存在线性关系
   C. 不存在任何关系　　　　　　　　　D. 不存在非线性关系
6. 假设组合 P 由两个证券组合 X 和 Y 构成，组合 X 的预期收益率和风险水平都较组合 Y 高，且组合 X 和 Y 在 P 中的投资比重为 48% 和 52%，那么（　　）。
   A. 组合 P 的风险高于 X 的风险
   B. 组合 P 的风险高于 Y 的风险
   C. 组合 P 的预期收益率高于 X 的预期收益率
   D. 组合 P 的预期收益率高于 Y 的预期收益率
7. X，Y，Z 三种股票具有相同的预期收益率和方差，下表为三种股票收益率变动的相关系数。

	X	Y	Z
X	1		
Y	0.9	1	
Z	0.1	−0.4	1

   根据这些相关系数，风险水平最低的投资组合为（　　）。
   A. 资金平均投资于 X，Y　　　　　　B. 资金平均投资于 X，Z
   C. 资金平均投资于 Y，Z　　　　　　D. 资金全部投资于 Z
8. 平安银行和宝钢股份收益率变动的相关系数为 0.85，平安银行和浦发银行收益率变动的相关系数（　　）。
   A. 大于 0.85
   B. 小于 0.85
   C. 等于 0.85
   D. 大于 0.85，小于 0.85 或者等于 0.85 均有可能
9. 证券 A 和证券 B 的标准差分别为 22% 和 29%，两者的相关系数为 0.6，则两只证券收益率的协方差是（　　）。
   A. 3.83%　　　　　B. 3.80%　　　　　C. 3.78%　　　　　D. 3.75%
10. 国际投资中，黄金用美元标价。你认为，黄金投资收益率和美元投资收益率可能（　　）。
    A. 不相关　　　　　B. 高度正相关　　　　　C. 完全负相关　　　　　D. 高度负相关
11. 广州风光和广州山水两家公司股票收益率标准差均为 25%，其收益率变动的相关系数为 +1，你将资产按照 1/3 和 2/3 的比例投资两种股票。你的投资组合的标准差是（　　）。
    A. 20%　　　　　B. 25%　　　　　C. 22%　　　　　D. 28%
12. 广州风光和广州山水两家公司股票收益率标准差均为 20%，其收益率变动的相关系数为 −1，你将资产按照 1/2 和 1/2 的比例投资两种股票。你的投资组合的标准差是（　　）。

A. 20% B. 15% C. 22% D. 0

13. 广州风光和广州山水两家公司股票收益率标准差均为20%，其收益率变动的相关系数为0，你将资产按照1/2和1/2的比例投资两种股票。你的投资组合的标准差是（   ）。
    A. 20% B. 15% C. 14.14% D. 18.20%

14. 你认为下面四个投资组合降低风险效果最差的可能是（   ）。
    A. 投资组合中资产全部由股票构成 B. 投资组合中资产包括债券和股票
    C. 投资组合中资产包括黄金和股票 D. 投资组合中资产包括房地产和股票

15. 由50只证券构建了一个投资组合，则该投资组合方差计算中涉及的协方差（不包括方差）共有（   ）。
    A. 500项 B. 5 000项 C. 2 500项 D. 2 450项

16. 投资实务中，投资人通常选择代表不同资产类别的ETF基金构建投资组合。某投资人拟在5只ETF基金中选择3只构建投资组合，这5只基金分别是MSCI中国A股交易型开放式指数证券投资基金（简称"MSCIA股"）、易方达中证海外中国互联网50交易型开放式指数证券投资基金（简称"中概互联"）、博时标普500交易型开放式指数证券投资基金（简称"标普500"）、华安国际龙头（DAX）交易型开放式指数证券投资基金（简称"德国30"）、纳斯达克100交易型开放式指数证券投资基金（简称"纳指ETF"）。该投资人初步拟定了下面四种组合，你认为风险最小的组合是（   ）。
    A. MSCIA股、中概互联、标普500 B. MSCIA股、中概互联、纳指ETF
    C. MSCIA股、德国30、标普500   D. 德国30、标普500、纳指ETF

17. 某投资人拟在6只ETF基金中选择3只构建投资组合，这6只基金分别是博时黄金交易型开放式证券投资基金场内份额（简称"博时黄金"）、华安易富黄金交易型开放式证券投资基金（简称"黄金ETF"）、华夏沪深300交易型开放式指数证券投资基金（简称"华夏300"）、华泰柏瑞沪深300交易型开放式指数证券投资基金（简称"300ETF"）、华宝兴业中证全指证券公司交易型开放式指数证券投资基金（简称"券商ETF"）、上证180金融交易型开放式指数证券投资基金（简称"金融ETF"）。该投资人初步拟定了下面四种投资组合，你认为风险最小的投资组合是（   ）。
    A. 博时黄金、黄金ETF、金融ETF B. 300ETF、券商ETF、金融ETF
    C. 300ETF、华夏300、金融ETF   D. 黄金ETF、金融ETF、华夏300

18. 证券A和证券B收益率变动的相关系数为1。某天证券A因公司出现重大利好而涨停，投资人立刻买入证券B。该策略在理论上（   ）。
    A. 有很强的投资逻辑性   B. 有一定科学性
    C. 不符合投资逻辑   D. 完全错误

19. 随着一个投资组合中两只证券之间相关系数的变化，（   ）。
    A. 组合的预期收益率和风险都会变化 B. 组合的预期收益率和风险都不会变化
    C. 只有组合的预期收益率发生变化   D. 只有组合的风险发生变化

20. 某投资人选定了东风汽车股票进行投资，然后想在下面四只股票中选择一只构建投资组合，该投资人最不应该选择的股票是（   ）。
    A. 广汽集团 B. 贵州茅台 C. 宝钢股份 D. 深万科

21. 由 n 只证券构建了一个投资组合,则该投资组合的方差可以表述为( )。
    A. n 只证券所有方差的加权平均,权数是投资在每只证券上的资金比例的平方
    B. n 只证券所有方差的加权平均,权数是投资在每只证券上的资金比例
    C. n 只证券所有协方差的加权平均,权数是两只证券投资比例的乘积
    D. n 只证券所有协方差的加权平均,权数是两只证券投资比例之和
22. 多只股票构建投资组合降低风险效果最好的是( )。
    A. 各股票收益率变动的相关系数都是负数
    B. 各股票收益率变动高度负相关
    C. 各股票收益率变动的相关系数尽可能小
    D 各股票收益率变动完全正相关
23. 在一个充分分散化的股票投资组合中,( )。
    A. 市场风险微不足道   B. 系统风险微不足道
    C. 非系统风险微不足道   D. 不存在风险
24. 许多投资者股票投资构建投资组合时不愿意充分分散化,其原因是( )。
    A. 充分分散化投资的边际收益可能小于边际成本
    B. 投资人认为可以找到被低估的资产
    C. 投资人不愿意持有被高估的资产
    D. 可供投资选择的股票数量不足
25. 个人投资者中专业投资者较普通投资者的可能优势在于( )。
    A. 能够进行分散投资   B. 能够主动投资
    C. 集中投资效果更好   D. 可使用被动投资策略
26. 由无风险证券与风险证券所构成的投资组合的可行集是( )。
    A. 曲线   B. 折线   C. 双曲线的一支   D. 直线
27. 两只风险证券所构成的投资组合的可行集不可能是( )。
    A. 一条抛物线   B. 折线   C. 双曲线的一支   D. 直线
28. 下图是证券 A 和证券 B 的投资组合,图中 C 点代表( )。

    A. 资金分散投资在股票 A 和股票 B 上   B. 卖空股票 A,买入更多股票 B
    C. 卖空股票 B,买入更多股票 A   D. 借钱买入更多股票 A
29. 下图是证券 A 和证券 B 构建的投资组合可行集曲线。某投资组合由 50% 的证券 A 和

50% 的证券 B 组成，则该投资组合（   ）。

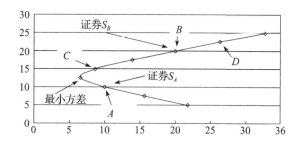

A. 在可行集曲线 A 点上 B. 在可行集曲线 B 点上
C. 在可行集曲线 C 点上 D. 在可行集曲线 D 点上

30. 假定下面四个投资组合中有 3 个在有效边界上，根据有关准则，这 3 个投资组合是（   ）。

投资组合	预期收益率（%）	标准差（%）
甲	9	21
乙	5	7
丙	15	36
丁	12	15

A. 甲 B. 乙 C. 丙 D. 丁

31. 下表中有四种证券。对风险厌恶型投资者来说，正确的是（   ）。

证券	预期收益率（%）	标准差（%）
甲	15	12
乙	13	8
丙	14	7
丁	16	11

A. 丁优于甲 B. 丙优于乙 C. 甲优于丙 D. 丁优于乙

32. 投资人用无风险证券和标准差为 20% 的风险证券构建组合，其中投资在无风险证券的资金比例为 40%，投资在风险证券的资金比例为 60%，则该组合的风险（标准差）是（   ）。

A. 10% B. 12% C. 16% D. 18%

33. 资本分配线方程 $E(R_P) = R_f + \dfrac{E(R_A) - R_f}{\sigma_A} \times \sigma_P$ 证明了（   ）。

A. 高收益和高风险相匹配 B. 低收益和低风险相匹配
C. 高收益和低风险相匹配 D. 低收益和高风险相匹配

34. 有一种较特殊的投资组合，其可行集同时又是有效集，则该投资组合只能是（   ）
A. 两种不是完全正相关的风险证券构建的投资组合

B. 多种风险证券构建的投资组合

C. 一种无风险证券和一种风险证券构建的投资组合

D. 一种无风险证券和多种风险证券构建的投资组合

35. 投资人以收益率为3%的无风险证券和标准差为20%的风险证券构建投资组合,其希望将投资组合风险(标准差)控制在15%,则其投资在风险资产上的资金比率为（   ）。

A. 75%   B. 60%   C. 80%   D. 50%

36. 投资者效用函数为 $U = E(R) - 0.5A\sigma^2$。某投资人风险厌恶系数为4,对于一个具有预期收益率为5%、标准差为10%的投资组合,投资人认为一个新的投资组合和原有投资组合效用无差异,新组合的预期收益率为10%,则新组合的风险(标准差)应该是（   ）。

A. 13.8%   B. 14.58%   C. 15.28%   D. 18.71%

37. 一种投资组合的预期收益率、标准差分别为13%和22.37%,无风险收益率为3%,投资者效用函数为 $U = E(R) - 0.5A\sigma^2$。当该投资组合和无风险资产对于该投资人无差别时,A的值约为（   ）。

A. 3   B. 4   C. 5   D. 6

38. 某投资人在投资组合风险增加时效用增加,该投资人（   ）。

A. 属于风险厌恶型   B. 属于风险偏好型

C. 属于风险中性型   D. 信息不足,无法确定

39. 投资组合A的预期收益率和标准差都是15%,是某投资人一条效用无差异曲线上的组合。你认为,（   ）可能也在该投资人这条效用无差异曲线上。

A. 预期收益率为15%、标准差为20%的投资组合

B. 预期收益率为15%、标准差为10%的投资组合

C. 预期收益率为20%、标准差为15%的投资组合

D. 预期收益率为10%、标准差为10%的投资组合

40. 投资人风险厌恶程度的高低体现在最优资本分配线上具体位置的选择上。中等风险厌恶投资人会选择（   ）。

A. 将资金全部投资无风险资产

B. 将一部分资金投资在最优风险资产组合上

C. 将全部资产投资在最优风险资产组合上

D. 以自有资金加借入资金全部投资在最优风险资产组合上

41. 假如你是一个低风险厌恶型投资者,你的最优投资组合应该（   ）。

A. 在F点上   B. 在E点上   C. 在M点上   D. 在N点上

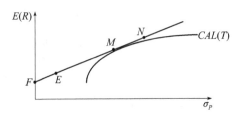

42. 分离定理认为，全部投资产品有（　　）。
    A. 2 种　　　　　　B. 3 种　　　　　　C. 4 种　　　　　　D. 无限种

三、计算题

1. 某投资人构建的投资组合包括以下三种股票，其购买数量、购买成本和预期年末价格如下表所示：

证券	购买数量（股）	购买成本（元）	预期年末价格（元）
A	5 000	10	13
B	2 000	15	18
C	1 000	20	25

试计算该投资组合的预期收益率。

2. 沪深 300 指数、上证 50 指数和中证 500 指数最近 9 年的收益率如下表所示：

（%）

	最近 9 年的收益率								
沪深 300 指数	-65.95	96.71	-12.51	-25.01	7.55	-7.65	51.66	5.58	-16.63
上证 50 指数	-67.23	84.40	-22.57	-18.19	14.84	-15.23	63.93	-6.23	-13.16
中证 500 指数	-60.80	131.27	10.07	-33.83	0.28	16.89	39.01	43.12	-21.71

问：①沪深 300 指数和上证 50 指数的相关系数是多少？②沪深 300 指数和中证 500 指数收益率变动的相关系数是多少？③上述结果说明了什么问题？

3. 下表是上证指数和法国巴黎 CAC 指数 2001～2015 年的收益率，请据此计算上证指数和法国巴黎 CAC 指数收益率变动的协方差和相关系数。

年份	上证指数（%）	法国 CAC（%）	年份	上证指数（%）	法国 CAC（%）
2001	-20.62	-21.97	2009	79.98	22.32
2002	-17.52	-33.75	2010	-14.31	-3.34
2003	10.27	16.12	2011	-21.68	-16.95
2004	-15.40	7.40	2012	3.17	15.23
2005	-8.33	23.40	2013	-6.75	17.99
2006	130.43	17.53	2014	52.87	-0.54
2007	96.66	1.31	2015	9.41	8.53
2008	-65.39	-42.68			

4. 下表是两只证券以往 5 年的收益率，请计算它们收益率变动的协方差和相关系数。

（%）

证券 A 以往 5 年的收益率	证券 B 以往 5 年的收益率
30	25
25	20
20	15
15	10
10	5

5. 下表是两只证券以往 5 年的收益率分布，请计算：①它们收益率变动的协方差和相关系数。②如果将资金等分（50%）投资在证券 A 和证券 B 上构建组合 C，写出组合 C 的收益率分布。③组合 C 的预期收益率和标准差。

（%）

证券 A 以往 5 年的收益率	证券 B 以往 5 年的收益率
30	10
25	15
20	20
15	25
10	30

6. 股票 A 和股票 B 近 6 年的收益率如下表所示：

年份	股票 A 的收益率（%）	股票 B 的收益率（%）
2013	36	−12
2014	−12	36
2015	−10	34
2016	34	−10
2017	−6	30
2018	30	−6

2019 年将资金平均投资在股票 A 和股票 B 上，问：该年投资的预期收益率和收益率标准差是多少？

7. 证券 A 和证券 B 的收益率分布如下表。某投资者有三种选择：①全部买入证券 A；②全部买入证券 B；③将资金等比例投放在证券 A、B 的组合上。问：三种选择中哪种最优？

经济状况	概率	证券 A 的收益率（%）	证券 B 的收益率（%）
1	0.5	25	1
2	0.3	10	−5
3	0.2	−25	35

8. 股票 A、B 和 C，其预期收益率都是 6%，收益率标准差都是 10%，收益率变动的相关系数：A 和 B 是 0.9；A 和 C 是 0.2；B 和 C 是 0.2。问：①当投资组合由 40% 的 A、40% 的 B 和 20% 的 C 组成时，该投资组合的预期收益率和风险是多少？②当投资组合由 30% 的 A、30% 的 B 和 40% 的 C 组成时，该投资组合的预期收益率和风险是多少？③上面两种投资组合效果存在差异的主要原因是什么？

9. 投资组合由 A、B、C 三只股票组成，三只股票的特征值如下表所示：

股票	预期收益率（%）	标准差（%）	相关系数		
			股票 A	股票 B	股票 C
股票 A	7	12	—	0.3	0.8
股票 B	8	14	—	—	0.2
股票 C	9	16	—	—	—

问：①当投资组合由每只股票各占资金比例为 1/3 时，投资组合的预期收益率和风险是多少？②当 A、B、C 三只股票投资资金比例分别为 40%、40% 和 20% 时，投资组合的预期收益率和风险是多少？③在②情形下，为什么比①的风险要低？

10. 假设投资组合由等值（50%）的两只证券组成，其收益率标准差分别为 20% 和 40%，在两只证券相关系数分别为 1、0.4 和 -1 时，证券组合收益率的标准差分别是多少？解释相关系数大小在构建投资组合中的意义。

11. 上海市场、深圳市场、法国市场和德国市场有关数据如下表所示：

市场	预期收益率（%）	标准差（%）	相关系数			
			上海市场	深圳市场	法国市场	德国市场
上海市场	21.33	54.21	—	0.864	0.355	0.283
深圳市场	27.65	73.46	—	—		
法国市场	6.48	21.74	—	—	—	0.901
德国市场	11.36	24.47	—	—	—	—

请计算：①将资金等比例投资在上海市场和深圳市场的投资组合的预期收益率和投资风险；②将资金三等分投资在上海市场、德国市场和法国市场所构建的投资组合的预期收益率和投资风险；③对上述两个投资组合的优劣进行评价。

12. 两只股票未来收益率如下表所示：

可能性	股票 A 的收益率（%）	股票 B 的收益率（%）
1	7.5	20
2	10	10
3	12.5	0

问：用这两只股票能否构建一个无风险组合？如何构建？

13. 股票 A 和股票 B 近 6 年的收益率如下表所示:

年份	股票 A 的收益率（%）	股票 B 的收益率（%）
2013	36	−6
2014	−12	18
2015	−10	17
2016	34	−5
2017	−6	15
2018	30	−3

问：2019 年能否用这两只股票构建一个无风险组合？如何构建？

14. 两只基金的特征如下表所示：

基金	预期收益（%）	标准差（%）	协方差（%）	相关系数
债券基金	8	12	0.72	0.30
股票基金	13	20	—	—

试计算：①两只基金最小方差组合中各基金所占比例；②最小方差组合的预期收益率和标准差。

15. 三种资产的特征值如下表所示：

资产	预期收益率（%）	标准差（%）	相关系数		
			股票	债券	存款
股票	8	16		0.3	0
债券	4	10			0
银行存款	2	0			

问：①将资金等比例投资在股票和债券构建投资组合的预期收益率和风险是多少？②如果将资金分成 25%、25% 和 50% 分别分投资在股票、债券和存款上，构建投资组合的预期收益率和风险是多少？③以①的投资组合为基础，应向银行借款多少，才能使得最终投资组合的收益率为 10%？这时投资组合的标准差又是多少？

16. 按照布朗投资组合构建如下组合：将资金分成四等分投资在货币基金——华宝添益、5 年期国债基金——国债 ETF（511010）、黄金基金（159934）、股票型基金——中小 300。各投资产品 2014～2018 年的收益率如下表所示：

(%)

基金	各年的收益率				
	2014 年	2015 年	2016 年	2017 年	2018 年
华宝添益	0.00	−0.03	0.01	−0.01	−0.02
国债 ETF	7.40	6.24	0.80	−1.20	2.70
黄金基金	0.76	−6.94	18.25	3.12	−3.21
中小 300	15.76	60.62	−20.17	6.02	−14.29

问：①投资组合收益率均值为多少？②投资组合收益率标准差是多少？③投资组合

是否优于将资金全部投资在不同的四个投资产品上？

17. 中国投资市场主要投资产品在 2010～2017 年的收益率如下表。假设以这些资产为基础构建投资组合，每种资产的投资比例是 1/8，问：该投资组合降低风险的效果如何？

(%)

年份	房价	黄金	原油	定期存款	企债指数	上证50	沪深300	创业板
2017 年	14.57	13.32	11.69	1.50	2.13	25.08	21.78	-10.67
2016 年	118.54	9.12	53.72	1.50	6.04	-5.53	-11.28	-27.71
2015 年	5.41	-11.42	-35.02	1.50	8.84	-6.23	5.58	84.41
2014 年	-2.18	-0.19	-50.14	2.75	8.73	63.93	51.66	12.83
2013 年	15.94	-27.79	0.28	3.00	4.36	-15.23	-7.65	82.73
2012 年	10.71	5.68	3.26	3.00	7.49	14.84	7.55	-2.14
2011 年	14.1	11.65	15.09	3.50	3.50	-18.19	-25.01	-35.88
2010 年	32.62	27.74	19.16	2.75	7.42	-22.57	-12.51	13.77

四、画图和填空题

1. 在（　　）中填上可完全、可大幅度、不能、可较大幅度和可小幅等词。

投资产品间相关系数	解释	对投资组合风险的影响
相关系数 = +1	完全正相关	（　）降低投资组合风险
0< 相关系数 <1	部分正相关	（　）降低投资组合风险
相关系数 = 0	完全不相关	（　）降低投资组合风险
-1< 相关系数 <0	部分负相关	（　）降低投资组合风险
相关系数 = -1	完全负相关	（　）消除投资组合风险

2. 假设相关系数为 0.3，在空白处填上数字。

投资组合权重		组合预期收益率（%）	组合标准差（%）
股票	债券		
1.00		12	21
0.80			
0.60			
0.40			
0.20			
0.00		7	12

3. 假设投资组合 AB 中有 40% 是 A，将表中空白处填上相应的数字。

年份	股票 A 的收益率（%）	股票 B 的收益率（%）	组合 AB 的收益率（%）
2014	11	21	
2015	37	−38	
2016	21	48	
2017	26	16	
2018	13	24	
平均收益率			
标准差			

4. 下图是证券组合分散风险的图形。请从图形上面分析，投资组合是如何降低风险的。

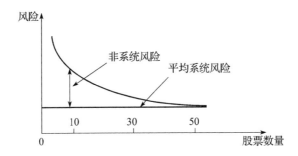

5. A、B 两种证券的收益率和风险状况如下表所示：

	预期收益率（%）	收益率的标准差（%）	相关系数（%）
证券 A	10	10	—
证券 B	20	20	0

请以证券 A 上投资比例 −25%、0、25%、50%、75%、100%、125% 为基础，画出两个证券投资组合的可行集（注意，用光滑曲线连接 7 个组合）。

6. 在多种证券组合可行集中画出有效集，并说明画图的方法。

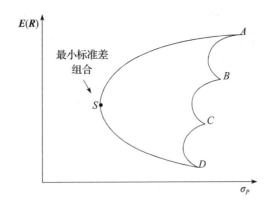

7. 某投资人的风险厌恶系数 $A=3$，在其效用值为 0.071 4 和 0.082 5 的无差异曲线上各有 9 个投资组合，这些投资组合的标准差分别为 8%、12%、16%、20%、24%、28%、32%、36% 和 40%。请以上述 9 个投资组合为基础，画出其两条效用无差异曲线。

8. 三个投资人甲、乙和丙的最优投资组合在有效边界上的 E 点、M 点和 N 点上。请说明三个投资人投资组合的特点，并指出其分别属于何种风险厌恶程度的投资者。

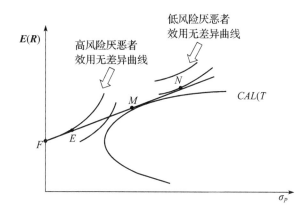

9. 下表中有 6 个投资组合，请判断哪些投资组合在有效边界上。在有效边界上的投资组合后面画"√"，不在的画"×"，并简析原因。

投资组合	预期收益率（%）	收益率标准差（%）	判断是否在有效边界上
A	5.30	9.30	
B	13.50	11.40	
C	14.63	8.47	
D	37.47	9.40	
E	7.90	47.20	
F	3.83	1.25	

10. 下表列出了一些投资组合的预期收益率和标准差，以及投资人小张对这些投资组合的效用。根据这些信息，画出小张的效用无差异曲线。

投资组合	预期收益率（%）	标准差（%）	组合效用
1	5	0	10
2	6	10	10
3	9	20	10
4	14	30	10
5	10	0	20
6	11	10	20
7	14	20	20
8	19	30	20

（续）

投资组合	预期收益率（%）	标准差（%）	组合效用
9	15	0	30
10	16	10	30
11	19	20	30
12	24	30	30

五、分析题和论述题

1. 根据投资组合理论，降低投资风险的主要方法是什么？
2. 假如投资人被邀请参加一个冒险游戏。用500元进行一次赌博，有50%的机会赢得1 000元，50%的机会输掉500元。这个游戏的预期收益是250元[=0.5×1 000+0.5×(-500)]，预期收益率是50%。因为风险很大，投资人很可能拒绝参加该游戏。现在变换一下游戏，不是一次下注500元，而是分100次，每次下注5元，下注后有50%的机会赢得10元，50%的机会输掉5元。这时投资人很可能愿意参加该游戏。请分析，两个看似完全一样的游戏，投资人态度差异极大的具体原因。

第 6 章
CHAPTER6

风险定价理论

本章提要

市场组合是复制现实投资世界的微缩模型。以市场组合为基础构建组合是一种有效的投资策略。资本资产定价模型将资产的预期收益率描述为其贝塔值的线性函数。单指数模型表明证券超额收益率与指数超额收益率密切相关。多因素模型表明证券收益率主要受多种系统风险因素影响。套利定价理论将资产的预期收益率表示为其多种系统风险的线性函数。

重点难点

- 了解资本资产定价模型的前提假设
- 理解市场组合和资本市场线的含义,能用资本市场线判断投资项目的有效性
- 理解贝塔系数的含义,能用实际数据计算贝塔值
- 掌握资本资产定价公式,能用它判断个股定价的合理性
- 了解单指数模型和多因素模型
- 了解套利和套利组合
- 掌握套利定价公式及相应的计算

一、判断题

1. 机构投资者资金量大、分析能力强,一定程度上能够影响股票价格,是资本资产

定价模型的重要假设之一。（ ）
2. 所有投资人都能以无风险利率借贷资金，是资本资产定价模型的重要假设之一。（ ）
3. 资本资产定价模型的一条重要假设是，不同投资者因其自有资金数额差异极大，故而其借贷资金的无风险利率各不相同。（ ）
4. 包含全部风险投资品，且各种风险投资品的比重与该风险投资品的市值占全部风险投资品市场价值的比重相等的投资组合，被称为市场组合。市场组合既是最优的风险投资组合，也是现实投资中必须投资的组合。（ ）
5. 如果某个风险投资品风险很大、预期收益率很低，则理性投资人不会投资该风险投资品，该风险投资产品也就不可能包含在市场组合中。（ ）
6. 市场组合是指其构成与全部风险资产的构成完全相同的投资组合。（ ）
7. 资本市场线明确了一种行之有效的投资策略——尊重市场、适应市场。（ ）
8. 长期来看，指数基金的收益率经常高于大多数非指数基金收益率，是因为指数基金所追踪的市场指数在一定程度上代表市场组合，是最优的风险投资组合。（ ）
9. 如果投资组合的预期收益率和风险对应的点在资本市场线的上方，则表明该投资组合效率极高，是一项值得做的投资。（ ）
10. 如果投资组合的预期收益率和风险对应的点在资本市场线的下方，则表明这是一个被低估的投资组合，值得进行投资。（ ）
11. 资本市场线描述了有效资产组合及单个证券的均衡预期收益率。（ ）
12. 贝塔系数是测算某种证券系统风险绝对大小的一种指标。（ ）
13. β 通常可以根据证券过去一段时间收益率的变化相对于市场收益率变化来推算。（ ）
14. β 表示证券预期收益率变动相对于市场预期收益率变动的敏感性。（ ）
15. 将 75% 的资金投入国库券，其余投入市场资产组合，可以构建贝塔值为 0.75 的投资组合。（ ）
16. 证券公司股票的贝塔系数通常大于 1。（ ）
17. 在投资市场上，股票贝塔系数小于零的情况经常发生。（ ）
18. 贝塔系数较大的证券适合在熊市中投资，贝塔系数较小的证券适合在牛市中投资。（ ）
19. 股票贝塔值与所选取的市场指数密切相关，当市场指数改变时，股票贝塔值通常会改变。（ ）
20. 投资实务界认为，随着时间推移，个股的波动性将逐渐降低，股票的贝塔值将逐渐减小。（ ）
21. 如果将资本资产定价模型 CAPM 用图表示在预期收益率 $E(R_p)$（纵轴）和风险 β（横轴）坐标下，其轨迹为一条直线，即资本市场线。（ ）
22. 资本资产定价模型中并没有资产价格，这种称谓只是约定俗成，且由资本资产定价模型公式也不能推导出资产价格公式。（ ）
23. 资本资产定价模型所确定的预期收益率，经常成为投资人判断实际投资绩效高低的客观标准。（ ）
24. 资本资产定价模型确定的预期收益率是实际投资的预期收益率。（ ）
25. 被低估的证券会落在证券市场线下方，被高估的证券会落在证券市场线上方。（ ）

26. 将投资者预期收益率减去市场均衡时投资的合理收益率定义为 α,则当 α 大于零时,表明投资产品的预期收益率比市场均衡时的合理收益率要高,即资产价格被高估。( )
27. 如果所有的股票都被公平定价,那么所有的股票将提供相等的预期收益率。( )
28. 单因素模型认为,股票收益率的变动可完全由系统风险解释。( )
29. 利用单指数模型得到:$Cov(R_i, R_j) = \beta_i \beta_j \sigma_M^2$,这说明协方差只与市场风险有关,反映系统风险的大小。( )
30. 多因素模型认为,证券收益率受到多个非系统风险因素影响。( )
31. 套利是利用投资品定价的错误、价格联系的失常,卖出价格被高估的证券,同时买进价格被低估的证券来获取无风险利润的行为。( )
32. 套利组合必须满足三个条件:总投资额降低,不含风险因素,预期收益率大于零。( )
33. 套利机会一经发现,理性投资者的套利行为会迅速促使相同证券在不同投资市场上,或同类证券在同一投资市场上的价格水平趋于一致,因此,套利机会转瞬即逝。( )
34. 风险因素 F_k 的纯因素组合对风险因素 F_k 的敏感度为 1,对其他风险因素的敏感度为零。( )

二、选择题(包括单选和多选)

1. 根据资本资产定价模型的重要假设:所有投资者基于可以获得的相似信息源,对各种资产的预期收益率、标准差和协方差等具有相同预期,则投资市场( )。
   A. 在投资人相同预期背景下将大幅度上涨
   B. 在投资人相同预期背景下将大幅度下跌
   C. 在投资人相同预期背景下存在大幅上涨或大幅下跌两种可能
   D. 因为投资人对未来市场发展没有分歧,故而市场无法达成交易
2. 假设市场组合仅由股票和债券构成,其中股票市值为 3 万亿元,债券市值为 7 万亿元。投资人甲、乙、丙、丁构建了如下表所示的投资组合:

(单位:万元)

投资人	总投资资金	无风险资产投资	股票投资	债券投资
甲	50	30	5	15
乙	100	60	13	27
丙	150	70	24	56
丁	200	100	28	72

根据投资学基本原理,你认为未来投资效果最好的可能是( )。
A. 投资人甲 B. 投资人乙 C. 投资人丙 D. 投资人丁

3. 在资本市场线方程 $E(R_P) = R_f + \dfrac{E(R_M) - R_f}{\sigma_M} \times \sigma_P$ 中,$\dfrac{E(R_M) - R_f}{\sigma_M}$ 代表( )。
   A. 直线的斜率,且总是大于零
   B. 每单位市场风险要求的风险溢价
   C. 投资组合要求的风险溢价
   D. 对风险的敏感度

4. 假设投资组合的预期收益率为5%、标准差为10%,且该投资组合落在资本市场线上。则根据资本市场线方程 $E(R_P) = R_f + \dfrac{E(R_M) - R_f}{\sigma_M} \times \sigma_P$,可以得到:预期收益率为10%、标准差为20%的投资组合（　　）。
   A. 会落在资本市场线上　　　　　　　　B. 会落在资本市场线的上方
   C. 会落在资本市场线的下方　　　　　　D. 无法判断落在资本市场线的具体位置

5. 资本市场线方程表明了有效投资组合的预期收益率和（　　）之间的一种简单的线性关系。
   A. 市场风险　　　B. 组合方差　　　C. 组合标准差　　　D. 资产风险

6. 计算创业板某上市公司的贝塔值时,最恰当的市场组合收益率是（　　）。
   A. 沪深300指数收益率　　　　　　　B. 上证指数收益率
   C. 中小板指数收益率　　　　　　　　D. 创业板指数收益率

7. 贝塔系数测量股票投资风险不同于标准差测量,因为（　　）。
   A. 贝塔系数仅是非系统风险,而标准差测量的是总风险
   B. 贝塔系数仅是系统风险,而标准差测量的是总风险
   C. 贝塔系数测度系统风险和非系统风险,而标准差只测量非系统风险
   D. 贝塔系数测度系统风险和非系统风险,而标准差只测量系统风险

8. 两只股票和市场组合在某段时间收益率波动区间如下:

(%)

市场组合收益率	激进型股票收益率	防守型股票收益率
5	−2	6
20	38	12

则激进型股票和防守型股票的贝塔值分别为（　　）。
   A. 2.67、0.40　　B. 2.40、0.30　　C. 2.67、0.30　　D. 2.00、0.30

9. 某投资人投资60 000元于证券 S_A,其贝塔值为1.5;投资40 000元于证券 S_B,其贝塔值为 −0.2。问:该投资人投资组合的贝塔值是（　　）。
   A. 1　　　B. 0.82　　　C. 1.3　　　D. 0.9

10. 投资组合由A、B、C、D四只股票组成,其贝塔值是（　　）。

股票	投资额（元）	贝塔值
A	1 000	0.80
B	2 000	0.95
C	3 000	1.10
D	4 000	1.40

   A. 1.16　　　B. 1.08　　　C. 0.99　　　D. 1.20

11. 投资人认为某只股票适合在牛市中进行投资,表明该股票的贝塔值（　　）。
    A. 小于零　　　B. 小于1　　　C. 大于1　　　D. 大于零小于1

12. 某只证券的 β 小于零,说明该证券（　　）。

A. 风险比市场风险大 　　　　　　　　B. 风险比市场风险小
C. 收益率变动与市场收益率变动相反 　　D. 不值得投资

13. 上海市场某只大盘蓝筹股 XYZ，以上海综合指数为市场指数计算得到 XYZ 的贝塔系数为 0.88。如果以沪深 300 指数为市场指数，则 XYZ 的贝塔系数（　　）。
    A. 可能等于 0.88　　　　　　　　　　B. 可能小于 0.88
    C. 可能大于 0.88　　　　　　　　　　D. 数据不足，无法推断

14. 根据历史数据计算某股票的贝塔值为 1.25，在用该数据进行预测分析时，须将其调整为（　　）。
    A. 1.17　　　　B. 1　　　　C. 1.30　　　　D. 0.98

15. 利用回归方程计算的某股票贝塔值是 0.8，则调整后的预期贝塔值（　　）。
    A. 大于零且小于 0.8　　　　　　　　B. 在 0.8 和 1.0 之间
    C. 大于 1，小于 1.5　　　　　　　　D. 大于 1.1，小于 1.2

16. 投资实务界经常将用历史数据计算所得的股票贝塔值调整为未来预测所需的贝塔值，所使用的调整公式为（　　）。
    A. $\beta_{预期} = 0.333 + 0.667\beta_{原始}$　　B. $\beta_{预期} = 0.667 + 0.333\beta_{原始}$
    C. $\beta_{预期} = 0.345 + 0.655\beta_{原始}$　　D. $\beta_{预期} = 0.655 + 0.345\beta_{原始}$

17. 用 β 进行投资的明显缺陷是（　　）。
    A. 证券的 β 是不稳定的　　　　　　B. β 与市场指数的选择密切相关
    C. 用历史 β 代替未来 β 可能存在误差　　D. β 只是投资专家臆造的概念

18. 资本资产定价模型 $E(R_i) = R_f + [E(R_M) - R_f]\beta_i$ 中的 $[E(R_M) - R_f]\beta_i$ 表示的是（　　）。
    A. 市场风险　　B. 资产风险　　C. 风险溢价　　D. 组合风险

19. CAPM 模型认为，资产组合收益可以由（　　）得到很好的解释。
    A. 经济因素　　B. 特有风险　　C. 系统风险　　D. 分散化

20. CAPM 模型确定的预期收益率，被称为投资产品的（　　）。
    A. 应该获得的收益率　　　　　　　　B. 必要收益率
    C. 正常收益率　　　　　　　　　　　D. 合理收益率

21. 根据 CAPM 模型，一个证券定价合理时（　　）。
    A. $\beta>0$　　B. $\alpha=0$　　C. $\beta<0$　　D. $\alpha>0$

22. 一个被低估的证券将（　　）。
    A. 落在证券市场上
    B. 落在证券市场线下方
    C. 落在证券市场线上方
    D. 随着它与市场资产组合协方差的不同，或在证券市场线下方，或在证券市场线上方

23. 按照 CAPM 模型，若市场组合的预期收益率为 13%。无风险收益率为 3%，证券 A 的预期收益率为 14%，贝塔值为 1.25，则（　　）。
    A. 证券 A 被高估　　　　　　　　　　B. 证券 A 估值合理
    C. 证券 A 的阿尔法值是 −1.5%　　　　D. 证券 A 的阿尔法值是 1.5%

24. 如果证券 X 和证券 Y 都是充分分散的投资组合，无风险收益率为 3%，证券 X 和证券 Y

的贝塔系数分别为 1 和 0.25，预期收益率分别为 13% 和 7%，据此可以推断证券 X 和证券 Y（　　）。

A. 都处于均衡状态　　　　　　　　B. 可能存在套利机会

C. 都被低估　　　　　　　　　　　D. 都是公平定价

25. 某证券预期收益率为 12%，贝塔值为 1.237，市场预期收益率为 10.5%，如果该证券定价合理，则无风险利率为（　　）。

A. 4.94%　　　B. 4.86%　　　C. 5.00%　　　D. 4.17%

26. 单因素模型 $R_i = E(R) + \beta_i m + \varepsilon_i$ 没有考虑（　　）。

A. 宏观经济风险　　B. 公司特有风险　　C. 行业风险　　D. 市场风险

27. 单因素模型 $R_i = E(R) + \beta_i m + \varepsilon_i$ 很难在投资实践中应用于股价预测，因为（　　）。

A. 很难找到影响股价变动的宏观经济因素

B. 很难测算股价对宏观经济因素的敏感度

C. 宏观经济的非预期变化只有在事后才知晓

D. 预期收益率 $E(R)$ 难以评估

28. 假设某基金与市场指数的敏感度为 0.8，市场组合的风险（方差）为 25%，则该基金总风险（方差）中的系统风险是（　　）。

A. 20%　　　B. 40%　　　C. 16%　　　D. 28%

29. 市场组合的标准差为 35%，且运用单指数模型估计股票 A 和股票 B 得到：$R_A = 0.08 + 0.7R_M + \varepsilon_A$，$R_B = 0.12 + 0.9R_M + \varepsilon_B$。则股票 A 和股票 B 的协方差是（　　）。

A. 0.040 6　　B. 0.192 0　　C. 0.077 2　　D. 0.400 0

30. 基于一个三因素模型，考虑具有下列特征的三种证券组成的投资组合：

证券	因素 1 的敏感度	因素 2 的敏感度	因素 3 的敏感度	比例
A	−0.2	3.6	0.05	0.6
B	0.5	10.0	0.75	0.2
C	1.5	2.2	0.30	0.2

该组合对因素 1、2、3 的敏感度分别是（　　）。

A. 0.28、4.6 和 0.24　　　　　　　B. 4.6、5.2 和 0.24

C. 0.28、0.24 和 4.6　　　　　　　D. 0.5、4.6 和 0.63

31. 套利定价理论不同于 CAPM 模型，是因为套利定价理论（　　）。

A. 更注重市场风险　　　　　　　　B. 减小了分散化的重要性

C. 承认多种非系统风险因素　　　　D. 承认多种系统风险因素

32. 根据套利定价理论，（　　）。

A. 高贝塔值的股票都被高估　　　　B. 低贝塔值的股票都被低估

C. 正阿尔法的股票将很快消失　　　D. 理性投资者将会从事套利活动

33. 三因子模型（FFM）将影响股票收益率的多种宏观因素非预期变动用（　　）等三个因素代替。

A. 股权风险溢价 B. 小盘股风险溢价
C. 价值股风险溢价 D. 行业风险溢价

三、计算题

1. 假设你可以用无风险利率 2% 借贷资金，你有 50 000 元可以用于投资。下面有两只股票的资料：

股票	预期收益率（%）	标准差（%）	协方差（%）
X	13	20	40
Y	21	30	

问：①如果你将 50 000 元资金的 30% 投资股票 X，70% 投资股票 Y，你的投资组合的预期收益率和标准差是多少？②如果上述投资组合是有效组合，你要让 50 000 元的投资获得 12% 的预期收益率，你应该如何分配你的资金？

2. 假设无风险收益率为 3%，市场组合的预期收益率为 12%，标准差为 20%。问：①投资者对每单位额外风险要求的收益率是多少？②如果投资者需要一个收益率标准差为 10% 的投资组合，则其投资在市场组合的资金比率是多少？其预期收益率又是多少？③如果投资者有 100 万元要投资，则其必须以无风险收益率借入多少资金，才能使组合具有 21% 的预期收益率？

3. 某项目每股股份为 875 元，预期一年后价格为 1 000 元。该项目收益率标准差为 25%。当前无风险收益率为 3%，市场组合预期收益率为 13%，收益率的标准差为 20%。问：①该项目是否值得投资？②该股股份由每股 875 元变为多少时，才值得投资？

4. 假设由两种证券组成市场组合，其预期收益率、标准差和投资比例如下表所示：

证券	预期收益率（%）	标准差（%）	投资比例
A	10	20	0.4
B	15	28	0.6

根据上述信息，给定两种证券的相关系数为 0.30，无风险利率为 3%，写出资本市场线方程。

5. 假定无风险利率为 3%，某个贝塔为 1 的资产组合要求的收益率为 13%，问：①市场组合的预期收益率是多少？②贝塔值为 0 的股票的预期收益率是多少？③某股票现价为 40 元，其贝塔值为 -0.1，预计未来派发股息 3 元，并可以以 41 元卖出，该股票被高估还是低估？④在套利机制作用下，该股票将由现价 40 元迅速变为多少元？

6. 某股票现在的售价是 50 元，年末将支付每股 6 元的红利。假设无风险收益率为 3%，市场预期收益率为 9%，该股票的贝塔值为 1.2，问：预期在年末该股票的售价是多少？

7. 假设市场均衡时，证券 A 和证券 B 各自预期收益率分别为 6% 和 12%，贝塔值分别为 0.5 和 1.5。试计算贝塔系数为 2 的证券 C 的预期收益率。

8. 假设有三个证券组合，其特征值如下表所示：

组合	贝塔值	预期收益率（%）
A	1.8	11.0
B	0.9	5.0
C	1.2	6.0

问：①如果不允许卖空，能否用其中两个组合构建一个与剩下的组合具有相同系统风险的新组合？②如果可行，则新组合的预期收益率是多少？

9. 投资市场上 4 只股票 A、B、C、D 的贝塔系数分别为 0.8、1.4、1.8、2.0，国债收益率为 3%，市场组合预期收益率为 13%。问：①4 只股票的预期收益率是多少？②如果按照 5：2：3 的比例投资 A、B、C 三种股票，则组合的贝塔系数和预期收益率是多少？③如果按照 3：2：5 的比例投资 B、C、D 三种股票，则组合的贝塔系数和预期收益率又是多少？④如果想要降低风险，在②③两个组合中，应该选择哪个组合？

10. 假设市场指数的标准差为 25%，3 只股票收益率符合单指数模型，且 3 只股票的特征值如下表所示：

股票	贝塔值	标准差（%）
A	0.9	40
B	0.2	30
C	1.7	50

问：①股票 A 和市场指数的协方差是多少？②股票 B 和股票 C 的协方差是多少？③股票 C 的总风险中系统性风险和非系统性风险各占多大比重？

11. 投资人小张拥有一个由三只证券构成的投资组合，三只证券的特征值如下表所示：

证券	贝塔值	随机误差项的标准差（%）	投资比例
A	1.20	5	0.30
B	1.05	8	0.50
C	0.90	2	0.20

如果市场指数的标准差为 18%，则小张的投资组合的总风险是多少？

12. 假设一个单因素模型，考虑一个由三只证券组合而成的投资组合，这三只证券分别具有下表所示的因素敏感度：

证券	因素敏感度
1	0.9
2	3.0
3	1.8

如果证券 1 在投资组合中所占比例增加 0.2，那么其余两只证券的比例该如何变化，才能使得这个投资组合的因素敏感度保持不变？

13. 小张有一个投资组合，具有下列特征（假设收益率由一个单因素模型生成）：

证券	因素敏感度	比例	预期收益率（%）
A	2.0	0.20	20
B	3.5	0.40	10
C	0.5	0.40	5

小张决定增加证券 A 的持有比例 0.2 来创造一个套利组合，问：①其余两只证券的比例该如何变化？②该套利组合的预期收益率是多少？③如果每个人都跟随小张操作，对三种证券的价格会造成什么影响？

14. 以沪深 300 指数作为市场指数，利用最近 5 年的月度数据，以单指数模型为基础，分析投资上海汽车的投资风险及各类风险的构成。

15. 现有四个充分分散的投资组合 W、X、Y、Z，其收益率受 F_1、F_2 两个因素的影响，其预期收益率及敏感度如下表所示：

投资组合	预期收益率 $E(R)$（%）	敏感度 β_1	敏感度 β_2
W	40	4	3
X	20	2	1.5
Y	15	1	2
Z	30	3	2

问：①在四个投资产品中是否存在套利机会？②如果存在，如何构造套利组合？

16. 现有 X、Y、Z 三个充分分散的投资组合，其收益率受 F_1 和 F_2 两个因素影响，它们的预期收益率及敏感度如下表所示：

投资组合	预期收益率（%）	敏感度 β_1	敏感度 β_2
X	20	2	1.5
Y	15	1	2
Z	30	3	2

请判断是否能够构造套利组合。

17. 假设某股票的收益率受三种风险因素的影响，且三种因素的风险溢价分别为 5%、3% 和 6%，无风险收益率为 3%。该股票收益率与上述三因素的意外变化之间的关系为：
$$R = 10\% + 1.5F_1 + 1.1F_2 - 0.8F_3 + \varepsilon$$
试计算：①实际投资该股票获得的预期收益率是多少？②投资该股票应该获得的预期收益率是多少？该股票被高估、低估，还是合理定价？③如果三种风险因素意外变化为 −2%、2% 和 4%，则调整后该股票的预期收益率是多少？

18. 假设套利定价公式为 $E(R) = 6\% + 5\% \times \beta_1 + 2\% \times \beta_2 + 4\% \times \beta_3$。现有 A、B、C 三项资产，其收益率和敏感度如下表所示：

资产	预期收益率（%）	敏感度 β_1	敏感度 β_2	敏感度 β_3
A	27	2	1	2
B	25	1	3	2
C	23	2	2	1

问：A、B、C 三项资产是被低估、高估，还是合理定价？

四、画图并说明

1. 如果无风险利率为 3%，市场组合预期收益率为 10%，标准差为 10%，请画出资本市场线，并仔细标出 A、B、C、D 四个投资组合在资本市场线上的具体位置：全部资产投资无风险资产；50% 的资产投资无风险资产；全部资产投资市场组合；卖空与自有资本相同数额的无风险资产。

2. 假设无风险利率为 3%、市场预期收益率为 13%，下面四只证券分别在图上哪一点？请简要说明。

股票	当前价格（元）	预期一年后价格（元）	预期红利（元）	β 系数
1	21.00	24.00	1.00	0.80
2	19.00	20.00	0.00	0.80
3	54.00	60.00	1.00	1.20
4	22.00	26.00	0.00	1.20

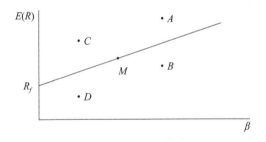

3. 设无风险利率为 3%，市场组合收益率为 13%，标准差为 25%。请画出相应的证券市场线，并解释如果某项资产预期收益率和风险对应的点分别在证券市场线上方、下方或线上，分别代表什么含义，以及投资人应采取的具体操作。

五、分析题

1. 为什么证券公司股票的贝塔值大于 1？证券公司股票适合在什么背景下投资？
2. 用 CAPM 模型预测 2019 年投资宝钢股份的预期收益率，然后借助单因素模型，利用实际数据，检验 CAPM 预测的准确性，并对偏差产生的原因进行分析。

第 7 章
CHAPTER7

有效市场假设、行为金融学与适应性市场假说

本章提要

股票价格波动具有随机性。有效市场假设认为,股票价格是股票价值的最佳体现。投资人是否认同有效市场,决定其投资策略是主动投资还是被动投资。行为金融学反对有效市场假设,分析投资者在投资市场的各种非理性行为。适应性市场假说认为,投资者在金融市场的首要任务是使自己生存下去。

重点难点

- 了解股价随机游走假设
- 理解有效市场假设以及有效市场假设争论的实践意义
- 了解行为金融学对理性人的批判
- 掌握行为金融学对投资者非理性行为的分析
- 理解行为金融学对投资实践的指导作用
- 了解适应性市场假说

一、判断题

1.《投资学原理及应用》(第 4 版)第 7 章中的案例"地上的钞票要不要?"中,钞票的真假理论上存在二种可能,这说明有效市场不能成立。(   )
2. 随机游走假设是指股价变化是对各种信息做出反应的结果,由于各种信息随机进

入股市，因而股价变化就是随机性的。（　　）
3. 在有效市场上，投资者不能持续获得超额利润，故投资已经没有任何意义。（　　）
4. 有效市场假设认为，在每个时点，市场价格都与股票内在价值相等。（　　）
5. 如果市场能够反映预期信息的影响，则说明市场处于强有效形态。（　　）
6. 在股票市场上，投资人对公开信息反映不足的主要原因是信息传递有较强的时滞。（　　）
7. 在熊市中，市场经常对坏消息出现过度反应，这表明市场属于非有效市场形态。（　　）
8. 投资人今天买入一只股票，第二天公司公布了一项重大发明，导致股价显著上涨。这表明市场是无效的。（　　）
9. 有效市场成立的原因是投资者都相信有效市场。（　　）
10. 投资被市场忽略的股票可能是获得高收益的重要方法。这违背了有效市场假设。（　　）
11. 有效市场悖论是指，从有效市场出发，最后推导出市场无效。这说明有效市场假设无法立足，市场实际上是无效的。（　　）
12. 投资市场上存在大量不能用有效市场假设解释的投资现象，学术界称这些投资现象为不合理现象。（　　）
13. 小公司效应证明有效市场假设不成立。（　　）
14. 周末效应证明有效市场假设成立。（　　）
15. 市盈率效应表明低市盈率是一种不合理的现象。（　　）
16. 随着市场各项制度建设的不断完善、投资者的不断成熟，市场的有效性总体上看呈现不断上升的趋势。（　　）
17. 一般认为，发达国家股票市场的市场有效性要高于发展中国家股票市场。（　　）
18. 当投资者相信有效市场假设成立时，他应该采取积极投资策略。（　　）
19. 买入并持有策略非常保守，长期来看投资收益率都比较低。（　　）
20. 认同有效市场假设的投资人，为提高其投资收益率，会采用市场择时战略。（　　）
21. 行为金融理论否定了投资者有限理性的假设。（　　）
22. 噪声交易者有可能在短时间内将套利者驱逐出投资市场。（　　）
23. 噪声交易者关注于与股票价值无关，但短期对股票价格可能有较大影响的各种信息。（　　）
24. 博傻理论认为，投资人都非常愚蠢。（　　）
25. 投资市场上投资者的自信程度，可用其交易的频繁程度来间接衡量：交易越频繁者，自信程度越高。（　　）
26. 投资市场上投资者的自信程度，可用其投资股票的分散程度间接衡量：分散程度越高，自信程度越高。（　　）
27. 投资者将投资时好的结果归因于自己的能力，将坏的结果归因于不利的外部环境。这在行为金融学中被称为"证实偏差"。（　　）
28. 行为金融学将投资者在处置股票时，倾向卖出盈利的股票，继续持有亏损的股票，即通常的"出赢保亏"，称为处置效应。（　　）
29. 一般投资人更愿意买入本国甚至本地区上市公司的股票。行为金融学将这种现象称为"羊群效应"。（　　）
30. 羊群效应产生的原因之一，是投资者信息不完全、不对称，模仿他人的行为可以节省自

己搜寻信息的成本。（ ）
31. 逆向投资策略与市场主流观点相反，在市场疯狂看多时做空，市场疯狂看空时做多，可以获得绝佳的投资效果。（ ）
32. 程式化交易根据预先设定的交易条件，当条件达成时系统自动买卖，有助于投资者摆脱贪婪、恐惧等不良情绪的干扰。（ ）
33. 适应性市场假设试图调和有效市场假设和行为金融学的矛盾。（ ）

二、选择题（包括单选和多选）

1. 有效市场假设建立在三个逐步放松的行为假设基础上。这三个行为假设以逐步放松的顺序排序是（ ）。
   A. 投资者理性、投资者偏离理性时存在独立偏差、存在无风险套利
   B. 投资者理性、存在无风险套利、投资者偏离理性时存在独立偏差
   C. 存在无风险套利、投资者偏离理性时存在独立偏差、投资者理性
   D. 投资者偏离理性时存在独立偏差、投资者理性、存在无风险套利

2. 下列关于有效市场假设描述正确的是（ ）。
   A. 有效市场意味着完美的预测能力
   B. 有效市场意味着一种非理性市场
   C. 有效市场意味着价格没有波动
   D. 有效市场意味着价格反映了所有可用信息

3. 由于受到市场上乐观或悲观观点的影响，一只股票的价格可能长期显著背离股票的内在价值。但是，经过一段时间，多数股票的价格和价值应该会趋向一致。这段话表明（ ）。
   A. 有效市场假设不成立
   B. 有效市场假设成立
   C. 有效市场假设有时成立，有时又不成立
   D. 有效市场假设短期可能不成立，但长期总是成立。

4. 当证券价格完全反映所有公开发布的信息，包括证券交易的所有历史信息，以及当前市场现实的信息以及可以预期的信息，称这时的市场是（ ）。
   A. 弱有效市场   B. 半强有效市场   C. 强有效市场   D. 无效市场

5. 中外投资实践表明，首次公开发行上市的股票在上市当天或随后几天，其市场表现非常好，但此后的表现通常不会超过市场平均水平。这主要表明（ ）。
   A. 新股定价偏高
   B. 新上市公司股价容易被操纵
   C. 投资人对新上市公司投资意愿不强
   D. 市场对上市新股的各种利好消息反应过度

6. 2019年8月1日凌晨两点，美联储宣布降息25个基点，将联邦基金利率目标区间下调至2.00%~2.25%，符合市场预期。这是美联储自2008年12月以来首次降息。面对美联储降息，美国股市却应声下跌，三大指数收盘皆杀跌超过1%。标准普尔500指数下跌

1.09%，道琼斯工业指数下跌 1.23%，纳斯达克指数下跌 1.19%。这最可能说明（　　）。
A. 有效市场假设不成立　　　　　　　B. 市场预期往往是错误的
C. 市场提前对利好信息过度反应　　　D. 美联储降息幅度应该更大

7. 假设某公司昨晚宣布给股东发放未预期的大量现金分红。在有效市场上，假设信息没有泄露，你认为公司股价（　　）。
A. 在今天股市开盘就会有异常波动　　B. 可能在昨天交易时间就已经有异常波动
C. 在明天股市开盘会有异常波动　　　D. 不会有异常波动

8. 你在 2018 年初购买了 2017 年涨势良好的长生生物股票，并期望公司股价继续上涨。2018 年 7 月 28 日长生生物爆出疫苗造假，危害公共安全的恶性事件，举国震惊，公司股价连续跌停。针对该事件，陈述正确的是（　　）。
A. 这违背了弱有效市场假设　　　　　B. 这违背了半强有效市场假设
C. 这违背了强有效市场假设　　　　　D. 这符合有效市场假设

9. 市场对信息的反应非有效，我们通常称之为（　　）。
A. 反应过度　　　B. 滞后反应　　　C. 反应不足　　　D. 提前反应

10. 投资人对过去表现好的股票预期太过乐观，对过去表现差的股票预期太过悲观，这种行为称为（　　）。
A. 反应过度　　　B. 滞后反应　　　C. 反应不足　　　D. 提前反应

11. 用硬币正面代表市场将上涨，反面代表市场将下跌，则用抛硬币的方法预测连续四年市场走势的可能性为（　　）。
A. 40%～50%　　B. 20%～30%　　C. 10%～20%　　D. 5%～10%

12. 在有效市场上，互不重叠的两个时期的股票收益率变动的相关系数是（　　）。
A. 正且很大　　　B. 正且很小　　　C. 负且很小　　　D. 零

13. 某公司在 7 月 30 日公布预期亏损 1 亿～1.5 亿的中期业绩报告，到 8 月 28 日晚间，公司发布半年度报告，业绩实际亏损 1.2 亿元。在有效市场下，8 月 29 日公司股价变动可能性最小的是（　　）。
A. 大幅度下跌　　　　　　　　　　　B. 小幅度下跌
C. 股价没有显著波动　　　　　　　　D. 小幅度上涨

14. 某公司在 4 月 15 日公布预期亏损 1.3 亿～1.5 亿的中期业绩报告。到 7 月 3 日晚间，公司发布半年度报告修正公告：业绩预计亏损 0.3 亿～0.5 亿元。在有效市场下，7 月 4 日公司股价可能（　　）。
A. 大幅度下跌　　B. 小幅度下跌　　C. 大幅度上涨　　D. 维持不变

15. 某公司在 3 月 8 日晚间发布年度净利润比上年增长 50% 的预盈报告，3 月 9 日公司股价下跌 6%。这表明（　　）。
A. 3 月 10 日公司股价会上升　　　　B. 公司下一年的利润会减少
C. 市场预期公司净利润增长幅度更高　D. 市场是无效的

16. 某公司业绩持续高增长，成为投资人公认的成长股，过往 3 年公司税后利润分别增长 125%、150%、160%，4 月 20 日公司公布最近一年年报，业绩较上年增长 30%。4 月 21 日开市后，该股票价格很可能（　　）。

A. 大幅上涨　　　B. 小幅上涨　　　C. 维持不变　　　D. 大幅下跌

17. 你认为，在下面的投资现象或投资策略中，（　　）与有效市场假设相矛盾。
    A. 股票市场平均收益率远远大于零
    B. 某周收益率和下周收益率相关系数为零
    C. 在股价上涨10%后买入，然后在股价下跌10%后卖出，能够获得超额收益
    D. 卖空过去多年强势股票，买入过去多年弱势股票，能够获得超额收益

18. 以有效市场假设为基础，你认为广受分析师关注的大公司股票和被分析师忽略的小公司股票，其价值与价格的关系是（　　）。
    A. 大公司股票定价更合理
    B. 小公司股票定价更合理
    C. 大公司股票定价往往偏低
    D. 大公司或小公司股票定价合理与否与分析师关注度无关

19. 市场异象是（　　）。
    A. 是一种不合理现象　　　　　　　B. 是一种偶然现象
    C. 证券市场经常发生的现象　　　　D. 是有效市场假设无法解释的现象

20. 周末效应是指（　　）。
    A. 周末市场经常出现利好　　　　　B. 周末市场经常出现利空
    C. 周末应该卖出股票　　　　　　　D. 周五买股票收益率比其他交易日要差

21. 投资者并不总是马上做出反应，而是需要一段时间对消息进行消化。投资者个性、所获消息量、处世态度以及所属投资类型都将影响时滞的长短。这段话主要说明（　　）。
    A. 市场无效　　　B. 技术分析无效　　　C. 基本分析无效　　　D. 心理分析无效

22. 有效市场假说主要体现了四大投资准则中的（　　）。
    A. 尊重市场、适应市场　　　　　　B. 投资收益和投资风险形影相随
    C. 牛熊市周而复始　　　　　　　　D. 分散投资降低风险

23. 《投资学原理及应用》(第4版)第7章中的案例"地上的钞票要不要"分析了三种可能的结果，而大多数投资者很难全面分析到这三种结果。这可能说明（　　）。
    A. 设想过于复杂　　B. 市场有效　　C. 市场无效　　D. 投资者理性有限

24. 当初始条件发生微小变化时，股票市场运行会出现重大变化，这被称为（　　）。
    A. 黑天鹅效应　　B. 蝴蝶效应　　C. 蚂蚁效应　　D. 羊群效应

25. 投资人在对信息进行加工处理时，其大脑中分析问题的（　　）都会发生作用。
    A. 生理系统　　B. 心理系统　　C. 经验系统　　D. 理性系统

26. 博傻理论认为，在市场竞争中（　　）。
    A. 理性投资人会最终胜出　　　　　B. 非理性投资人会最终胜出
    C. 理性投资人和非理性投资人交替胜出　　D. 投资人是否理性并不重要

27. 投资人会把近期的股价变动理解为长期趋势，认为近期上涨的股票会继续上涨，而近期下跌的股票还会继续下跌。这在行为金融学中被称为（　　）。
    A. 过度自信　　B. 过度短视　　C. 本土偏好　　D. 证实偏差

28. 广州地区的投资者主要买入广州和广东省的上市公司股票。这在行为金融学中被称为（　　）。

A. 过度自信　　　　B. 过度短视　　　　C. 本土偏好　　　　D. 证实偏差

29. 某投资者在 2012 年 3 月 26 日买入金融街、中国石油、中国平安、安洁科技四只股票，买入价格和 2012 年 6 月 8 日股票的收盘价格如下表所示：

（单位：元）

	金融街	中国石油	中国平安	安洁科技
3月26日买入价格	6.60	10.40	38	30
6月8日收盘价格	6.53	9.11	41.10	38.87

问：按照行为金融学有关假设，投资者在 2012 年 6 月 8 日最可能卖出 4 只股票中的（　　）。
A. 中国石油　　　B. 安洁科技　　　C. 金融街　　　D. 中国平安

30. 大多数投资者在决定卖出哪些股票时，倾向卖出盈利的股票，继续持有亏损的股票，这被称为（　　）。
A. 过度自信　　　B. 羊群效应　　　C. 处置效应　　　D. 配置错误

31. 近些年房价持续攀升，买房客盈利颇丰。一些过去一直认为房价太高的投资人也开始投资房产。这种行为可用行为金融学中的（　　）进行解释。
A. 过度自信　　　　　　　　　　　B. 证实偏差
C. 羊群效应　　　　　　　　　　　D. 尊重市场、适应市场

32. 采取主动投资策略的积极型投资基金在投资市场更普遍，其原因最可能是（　　）。
A. 过度自信　　　B. 证实偏差　　　C. 处置效应　　　D. 羊群效应

33. 羊群效应的原因不包括（　　）。
A. 节省搜寻成本　B. 减轻后悔　　　C. 相信权威　　　D. 过度自信

34. 行为金融学最重要的应用成果之一是（　　）。
A. 应该购买优质股票　　　　　　　B. 应该长期持有股票
C. 股票投资具有很大风险　　　　　D. 逆向投资策略

35. 逆向投资策略包括购买去年业绩最差的股票和购买具有不利消息的股票。支持逆向投资策略的依据是（　　）。
A. 反应过度　　　B. 滞后反应　　　C. 反应不足　　　D. 提前反应

36. 利用 T 形账户，投资人买卖股票时可以克服（　　）中包含的不良投资心理。
A. 过度自信　　　B. 证实偏差　　　C. 处置效应　　　D. 羊群效应

37. 某只股票价格只有极其微小的变动，最可能利用这种价格波动获利的交易者是（　　）。
A. 基本面分析投资人　　　　　　　B. 精于技术分析的投资人
C. 明星基金经理　　　　　　　　　D. 高频交易者

38. 高频交易的两大特征是（　　）。
A. 成交量大　　　B. 高换手　　　　C. 低延迟　　　　D. 操纵市场

三、画图并解释

1. 画出股价对利空信息的三种反应，并进行解释。

2. 画出股价对利好信息的三种反应，并进行解释。
3. 画出有效市场三个层次关系图，并简要解释。
4. 画出信息反映在价格变化上的完整路径图形，并简要解释。
5. 有效市场假说是投资学中广受争议的一个观点，支持方和反对方都提出了自己的论据。请将下面的各种论据与其是否支持有效市场和反对有效市场用线条连接，并简要说明理由。

	前后期股票收益率无关
	周末效应
有效市场支持方	利用技术分析方法无法持续获取超额利润
	封闭式基金折价之谜
	小公司效应
有效市场反对方	股票除权定价
	指数基金收益率高于大多数非指数基金
	新股抑价

四、分析和论述题

1. 俗语"好货不便宜，便宜无好货"蕴含了何种投资学观点？为什么？该观点成立的最重要的条件是什么？指出该观点成立的主要投资领域和不成立的投资领域。
2. 试述有效市场假设及其在投资市场的应用。
3. 王戎七岁时有一次和小朋友们一起玩耍，看见路边有株李树，结了很多李子，枝条都被压弯了。那些小朋友争先恐后跑去摘，只有王戎没动。有人问他为什么不去摘李子，王戎回答说："这树长在路旁，却有这么多李子，这李子一定是苦的。"人们一尝，果然是这样。
请分析该故事体现的投资学思想。
4. 老板电器是中国著名厨房电器制造商，也是中国股市绩优白马股的典型，受到市场的热烈追捧。下表为公司靓丽的财务数据：

日期	审计意见	净利润（亿元）	净利润增长率（%）	营业总收入（亿元）	营业总收入增长率（%）
2016年12月31日	标准无保留	12.07	45.32	57.95	27.56
2015年12月31日	标准无保留	8.30	44.59	45.43	26.58
2014年12月31日	标准无保留	5.74	49.09	35.89	35.28

2018年2月26日晚间，老板电器发布公告称，2017年公司预计实现营业收入69.98亿元，同比增长20.78%，预计实现净利润14.50亿元，同比增长20.18%。老板电器同时公布2018年第一季度业绩预告，预计实现归属于上市公司股东的净利润2.7亿～3.2亿元，比上年同期增长10%～30%。公告之后，老板电器股价连续两日跌停。

请以股市有关理论为基础分析老板电器连续下跌是市场"错杀"导致的后果吗？如果不是，其原因究竟是什么？

5. 投资决策时避免错误行为的一种方法是设立 T 形账户。账户左边部分是要买入某只证券的各种因素分析，账户右边是要卖出某只证券的各种原因分析，最后究竟要买入还是要卖出某只证券，取决于对各种买进和卖出因素的综合评估。从行为金融学的角度分析，为什么 T 形账户买卖股票可以获得较好的收益？

6. 从前有个乡下人，丢了一把斧子。他以为是邻居家的儿子偷去了，于是时刻注意那人的一言一行，一举一动，越看越觉得那人像盗斧的贼。后来，丢斧子的人找到了斧子，原来是前几天他上山砍柴时，一时疏忽落在山谷里了。找到斧子后，他又碰见了邻居的儿子，再留心看看他，怎么也不像贼了。

请分析该故事体现的投资学思想。

7. 一位石油大亨见了上帝后来到天堂的大门口，很想让自己跻身天堂这个灵魂向往的极乐世界。但天堂的守门人拦住了他："对不起，天堂已经住满了开采石油的业主，没办法再安排你了，你下地狱去住吧。"

这位大亨灵机一动，对守门人言："请允许我在门外给天堂里的朋友说一句话，好吗？""好的。"守门人答应了他。

"喂！地狱发现了石油！"大亨对着天堂门里大喊一声。天堂里的人蜂拥而出，天堂一下子空寂下来。守门人见状对大亨说："哎呀，您老太有才了！请进天堂吧！"

大亨进了空无一人的天堂。但过了一会儿，石油大亨发现那一群人并没有回来，心里开始犯嘀咕，"地狱是不是真的发现石油了？可不能便宜了那帮家伙，我也得去看看"。于是他放下天堂的快乐生活，也跑到地狱去了。

请分析该故事体现的投资学思想。

8. 神州泰岳是首批创业板上市公司，提供软件与服务等方式对信息产业（IT）与通信产业（CT）基础设施、业务应用和运维体系进行全面管理，近些年致力于发展物联网通信、人工智能/大数据等新兴业务。基于公司良好的发展前景，许多投资人对公司未来发展充满期待，公司也不断表示，业务转型取得重大进展，业绩将重回增长轨道。

（1）公司在 2017 年年度报告经营情况讨论与分析中表示，"2017 年度净利润下滑主要原因在于战略转型阶段的大规模投入。基于大规模战略性投入所形成的良好基础，预计人工智能、物联网业务在 2018 年度将有良好的业绩贡献，并形成公司新的业绩支柱。"

公司在 2018 年第一季度报告中进一步表示，"人工智能和物联网等创新业务收入和利润相比去年将有大幅度增长，预计 2018 年度公司业绩总体上会有较大幅度的增长。"

（2）公司在 2018 年 8 月 30 日披露的半年度报告中表示，"根据各个业务客户跟踪、谈判、实施、验收等累计情况，预计 2018 年度公司归属于上市公司股东的净利润较 2017 年度会有大幅度增长。"

（3）公司在 2018 年 10 月 30 日披露的第三季度报告中仍然表示，"公司力争 2018 年度归属于上市公司股东的净利润较 2017 年度有大幅度增长。"

但 2019 年 4 月 26 日披露的 2018 年度报告却显示，2018 年公司税后利润较 2017 年下降 32.88%。当天披露的 2019 年第一季度报告更显示，2019 年第一季度税后利润较

2018 年同期下降 128%。2019 年 7 月 13 日公司业绩报告显示，2019 年上半年较去年同期亏损进一步扩大。与公司经营业绩大幅下滑相匹配，公司股价持续低迷，市场表现令投资人失望。

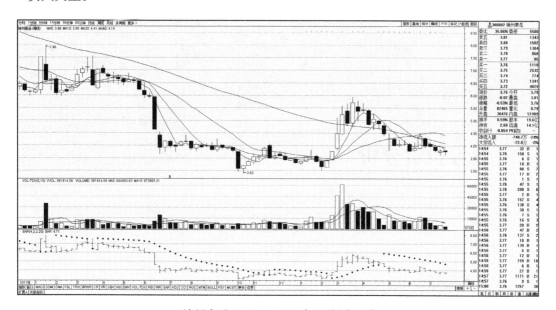

神州泰岳 2018～2019 年股价周 K 线

你认为，神州泰岳股价在 2018～2019 年的表现是否说明了市场的有效性？为什么？

第 8 章
CHAPTER 8

债券投资分析

本章提要

债券价格等于债券未来现金流现值之和。市场利率波动是债券投资最主要的风险。债券到期收益率的高低，是投资人决定是否投资的重要依据。利率期限结构预示了未来利率变动趋势。久期量化了不同期限、不同息票率和不同到期收益率债券对利率变动的敏感性。凸性衡量了债券的弯曲程度。

重点难点

- 掌握债券合理价格的基本公式及计算，了解全价价格与净价价格
- 熟练应用债券价格六大定理分析债券价格变化趋势
- 理解到期收益率的含义，能用公式计算债券到期收益率
- 了解利率期限结构和收益率曲线
- 理解久期的含义，掌握久期的计算及应用
- 能用公式计算债券的凸性

一、判断题

1. 投资界常说，"股票是林中鸟，债券是笼中鸟"。这是指债券价格波动幅度较小。（　　）
2. 折现率是将一项资产的未来价值折现为现值时使用的预期回报率，或者是投资某

项资产时投资人要求的必要收益率。（　　）
3. 甲、乙两只债券的期限均为 2 年，债券甲的评级为 AAA，债券乙的评级为 A，则计算债券甲合理价格时使用的折现率要高于债券乙。（　　）
4. 当债券的票面利率低于折现率时，债券的交易价格高于债券面值。（　　）
5. 当债券的票面利率高于折现率时，债券的合理发行价格比债券面值低，此时该债券的发行称为折价发行。（　　）
6. 溢价债券的当期收益率高于票面利率。（　　）
7. 在其他条件不变的情况下，某面值为 100 元的付息债券的当前市场价格为 85 元，一年后该债券市场价格继续下降为 82 元。（　　）
8. 债券价格将随着时间的推移而不断向面值趋近。（　　）
9. 永久债券因为不偿还本金（面值），故其价格总是低于同票面利率的有期限债券。（　　）
10. 有两种期限和风险一样的债券，一种是零息债券，另一种是付息债券，付息债券的价格高于零息债券。（　　）
11. 债券交易有全价交易和净价交易两种方式，全价交易的价格总是大于净价交易的价格。（　　）
12. 债券价格六大定理的核心是定理二。（　　）
13. 相对于市场利率较低时期，在市场利率较高时期，当投资人预期市场利率有下降趋势时，更应该买入债券。（　　）
14. 由于债券期限越长，受市场利率影响越大，故当投资人预期未来市场利率有下降趋势时，应该买入市场上期限最长的债券。（　　）
15. 债券到期收益率是在投资者购买债券并持有到期的前提下，使未来各期利息收入、到期本金的现值之和等于债券购买价格的折现率。（　　）
16. 到期收益率计算公式隐含的条件之一是，假设各期的利息收入要在债券的剩余期限内再投资，且再投资获得的收益率等于到期收益率。（　　）
17. 债券到期收益率就是债券投资人持有债券到期时的实际收益率。（　　）
18. 房地产投资在中国十分红火，但从房地产投资的到期收益率来看，其低于银行利率或国债收益率，因而并不是一项好的投资产品。（　　）
19. 折现率、到期收益率经常在债券分析中被视为同义语。（　　）
20. 向上倾斜的收益率曲线，表示期限越长债券到期收益率越高。这种曲线形状称为"正向的"利率曲线，是收益率曲线最常见的形式。（　　）
21. 在资本市场高度发达的美国，如果出现反向的利率曲线，很可能意味着未来经济将趋于好转。（　　）
22. 市场分割理论认为，投资人偏好短期投资，收益率曲线通常向上倾斜。（　　）
23. 流动性偏好假说认为，向上倾斜的收益率曲线预示未来利率上升。（　　）
24. 久期是收回债券现金流的加权平均时间，权数是各期收回现金流的现值。（　　）
25. 久期综合考虑了票面利率、到期期限与到期收益率等因素，以求全面评估债券价格对利率变化的敏感性。（　　）
26. 零息债券风险极大，其久期大于债券期限。（　　）
27. 永久债券没有到期期限，其久期是无穷大。（　　）

28. 两只债券的到期期限一样,息票率较高的债券的久期较大。(   )
29. 在进行债券长期投资时,投资人必须同时考虑债券投资的价格风险和再投资风险的双重影响。(   )
30. 利用久期可以对债券价格的微小变动进行准确计算。(   )
31. 债券投资的免疫策略是指投资债券的年限与债券久期相等。(   )
32. 一个债券投资者的投资期限是 10 年,他不会选择 10 年期债券,而是选择久期为 10 年的债券。(   )
33. 凸性反映债券价格曲线的弯曲程度,其计量单位与久期一样,都是年。(   )

二、选择题(包括单选和多选)

1. 债券甲、乙和丙除了付息时间为季度、半年和年度之外,其他条款都一样。下面有三只债券价格不同的排列方式,你认为债券甲、乙和丙的价格排列应该为(   )。
   A. 107.61 元、107.69 元、107.73 元   B. 107.73 元、107.69 元、107.61 元
   C. 107.61 元、107.73 元、107.69 元   D. 107.69 元、107.61 元、107.73 元
2. 某债券面值为 100 元,票面利率为 9%,市场利率为 10%,该债券价格(   )。
   A. 可能是 95 元   B. 可能是 105 元
   C. 可能是 110 元   D. 可能是 108 元
3. 债券发行价格有平价、折价和溢价三种形式,决定债券发行究竟采取平价、折价还是溢价最重要的因素是(   )。
   A. 债券期限   B. 债券风险   C. 票面利率   D. 市场利率
4. 溢价债券的当期收益率(   )。
   A. 高于债券的票面利率   B. 等于债券的票面利率
   C. 低于债券的票面利率   D. 与债券票面利率的高低没有明确关系
5. 假定有一种债券,息票率为 8%,到期收益率为 10%,如果债券的到期收益率不变,则一年后债券价格(   )。
   A. 可能上升   B. 可能下降
   C. 可能不变   D. 上升、下降和不变皆有可能
6. 某债券净价交易的报价是 103.58 元,则该债券的全价交易报价可能是(   )。
   A. 103.50 元   B. 103.58 元   C. 104.10 元   D. 120.20 元
7. 如果某债券的期限是 5 年,年付息 2 次,付息时间分别在每年的 6 月 30 日和 12 月 31 日,则该债券净价价格等于全价价格的日期是(   )。
   A. 每年的 6 月 30 日   B. 每年的 7 月 1 日
   C. 每年的 12 月 31 日   D. 每年的 1 月 1 日
8. 下表有四种债券:

债券名称	到期期限(年)	票面利率(%)
债券甲	10	6

(续)

债券名称	到期期限（年）	票面利率（%）
债券乙	8	5
债券丙	8	6
债券丁	10	5

投资者预期未来利率会下降时应该买入（   ）。
A. 债券甲   B. 债券乙   C. 债券丙   D. 债券丁

9. 在高利率时期，如市场利率为 8% 时，有债券甲，在低利率时期，如市场利率为 3% 时，有债券乙，且假设债券甲、债券乙的其他条件都相同，则在利率同样下降 20 个基点的情况下，可以得到结论：（   ）。
   A. 债券甲的价格涨幅大于债券乙
   B. 债券甲的价格涨幅小于债券乙
   C. 债券甲的价格涨幅等于债券乙
   D. 无法判断债券甲和债券乙的相对涨幅，因为数据不全

10. 有期限为 5、10、15 年面值都是 100 元的 3 种债券，息票率都是 5%。当市场利率下降 1% 时，5 年期和 10 年期债券的涨幅分别为 4.49% 和 8.18%，则此时 15 年期债券的涨幅（   ）。
    A. 应该小于 11.87%   B. 应该大于 11.87%
    C. 应该等于 11.87%   D. 无法判断，因为数据不全

11. 经计算，当市场利率下降 10 个基点时，某债券价格上升 0.2%，则当市场利率上升 10 个基点时，该债券价格跌幅（   ）。
    A. 应该大于 0.2%   B. 应该等于 0.2%
    C. 应该小于 0.2%   D. 无法判断，条件不足

12. 到期收益率计算公式隐含的假设条件是（   ）。
    A. 假设投资者一直持有债券，直至债券到期
    B. 假设各期的利息收入再投资时获得的收益率等于到期收益率
    C. 假设发行人不违约，能完全按照事先承诺支付现金流
    D. 假设债券市场有效，价格等于价值

13. 债券的到期收益率（   ）。
    A. 经常大于零   B. 经常高于市场利率
    C. 不可能小于零   D. 有时会小于零

14. 零息债券的到期收益率（   ）实际收益率。
    A. 不等于   B. 大于   C. 小于   D. 等于

15. 当一种债券的市场价格下降时，其到期收益率（   ）。
    A. 无法确定是上升还是下降   B. 不变
    C. 下降   D. 上升

16. 在其他条件不变时，债券价格和债券收益率（   ）。
    A. 正相关   B. 负相关

C. 不相关　　　　　　　　　　　　D. 有时正相关，有时负相关

17. 当债券再投资收益率高于债券到期收益率时，投资债券的实际收益率（　　）。
   A. 高于到期收益率　　　　　　　B. 等于到期收益率
   C. 低于到期收益率　　　　　　　D. 与到期收益率关系不确定

18. 收益率曲线显示在任何时点（　　）。
   A. 债券的收益与久期之间的关系
   B. 债券票面利率与到期期限之间的关系
   C. 债券收益与到期期限之间的关系
   D. 债券的收益与债券凸性之间的关系

19. 利率期限结构中最常见的形式是（　　）。
   A. 向上倾斜的收益率曲线　　　　B. 直线型收益率曲线
   C. 驼峰型收益率曲线　　　　　　D. 向下倾斜的收益率曲线

20. 对利率期限结构主要有三种理论解释，它们是（　　）。
   A. 预期假说　　　　　　　　　　B. 长短期市场均衡理论
   C. 流动性偏好假说　　　　　　　D. 市场分割理论

21. 根据预期假设理论，收益率曲线向上倾斜，说明市场预期未来短期利率（　　）。
   A. 会上升　　　B. 会下降　　　C. 会保持平稳　　　D. 趋势变化不明确

22. 如果1年期的国库券利率为4%，2年期国库券利率为5%，则1年后隐含的1年期利率为（　　）。
   A. 4%　　　　　B. 4.5%　　　　C. 5.5%　　　　　D. 6%

23. 久期大小与（　　）无关。
   A. 债券市场的流动性　　　　　　B. 债券期限
   C. 到期收益率　　　　　　　　　D. 债券票面利率

24. 债券久期是债券（　　）的函数。
   A. 票面利率　　　B. 到期收益率　　　C. 到期期限　　　D. 债券面值

25. 永续债券的收益率是8%，其久期是（　　）。
   A. 13.50年　　　　　　　　　　　B. 14.20年
   C. 12.50年　　　　　　　　　　　D. 数据欠缺，无法确定

26. 债券的利率风险会（　　）。
   A. 随着到期期限的缩短而上升　　B. 随着久期的延长而下降
   C. 随债券票面利率的上升而下降　D. 随债券票面利率下降而上升

27. 下面有债券甲和乙，根据利率变动与债券价格变化的基本原理，你可以直接得到结论：（　　）。

债券	票面利率（%）	期限（年）
债券甲	10	20
债券乙	8	10

   A. 当市场利率变动时，债券甲的价格波动幅度更大
   B. 当市场利率变动时，债券乙的价格波动幅度更大

C. 当市场利率变动时，债券甲的价格波动幅度与债券乙相同

D. 当市场利率变动时，无法直接比较债券甲和债券乙的价格波动幅度

28. 四种债券的票面利率和期限如下表所示。这些债券的久期由大到小的排序是（　　）。

债券	票面利率（%）	期限（年）
债券甲	12	8
债券乙	8	15
债券丙	11	8
债券丁	11	15

A. 乙＞丁＞丙＞甲　　　　　　　B. 甲＞乙＞丙＞丁
C. 丙＞丁＞甲＞乙　　　　　　　D. 丁＞丙＞甲＞乙

29. 某投资人有7年投资时间，可以选择两种债券，一种久期是6年，另一种久期是8年，该投资人构建免疫策略的要求是（　　）。

A. 全部买入久期是6年的债券

B. 全部买入久期是8年的债券

C. 1/3资金买入久期是6年的债券，2/3资金买入久期是8年的债券

D. 将资金等比例投资在久期是6年和久期是8年的债券上

30. 某投资人的投资期限是10年。为了降低投资风险，其最可能选择的债券是（　　）。

A. 8年期付息债券　　　　　　　B. 9年期付息债券
C. 10年期零息债券　　　　　　　D. 11年期付息债券

31. 债券当前价格为100元，当市场利率由5%下降10个基点到4.9%时，债券价格上涨到100.363元，这只债券的久期是（　　）。

A. 3.58年　　　B. 3.78年　　　C. 3.81年　　　D. 3.86年

32. 当市场利率下降30个基点时，某债券价格上涨0.25%。如果用久期近似计算，则债券价格可能上涨（　　）。

A. 0.23%　　　B. 0.25%　　　C. 0.27%　　　D. 0.29%

33. 当市场利率上升30个基点时，某债券价格下跌0.35%。如果用久期近似计算，则债券价格可能（　　）。

A. 下降0.35%　　B. 下降0.38%　　C. 下降0.34%　　D. 下降0.32%

34. 有期限为5、10和15年的债券甲、债券乙和债券丙，面值均为100元，息票率均为10%，到期收益率都是10%，经计算，债券甲和债券乙的久期分别为4.17年和6.76年，则债券丙的久期最准确的表述是（　　）。

A. 大于9.35年　　　　　　　　　B. 等于9.35年
C. 大于6.76年，小于9.35年　　　D. 小于15年

35. 当市场利率由12%下降50个基点时，（　　）的债券价格将上涨23元。

A. 久期是6年价格为1 000元　　　B. 久期是5年价格为1 000元
C. 久期是2.7年价格为1 000元　　D. 久期是5.15年价格为1 000元

36. 凸性能够提高纯用久期计算债券价格的精确性，其原因是（　　）。

A. 纯久期计算会高估债券价格跌幅，凸性调整会降低价格跌幅
B. 纯久期计算会高估债券价格跌幅，凸性调整会提高价格跌幅
C. 纯久期计算会低估债券价格涨幅，凸性调整会增加价格涨幅
D. 纯久期计算会低估债券价格涨幅，凸性调整会降低价格涨幅

三、计算题

1. 假定投资者可在三种有相同违约风险、10年到期、面值为1 000元的债券中选择：第一种是零息债券，第二种和第三种是息票率分别为8%和10%的债券。问：①如果三种债券的到期收益率都为8%，则其价格分别是多少？②如果下年初到期收益率仍然是8%，则那时价格分别为多少？③假定下一年初每种债券的到期收益率为7%，则债券价格分别是多少？④在②的情形下，投资三种债券的收益率分别是多少？

2. 2019年1月1日，债券乙正在发行，其面值为1 000元，期限为5年，2023年12月31日到期，票面利率为6%，半年付息一次，付息日分别是6月30日和12月31日。假设到期收益率为8%，问：①该债券的合理发行价格是多少？② 2019年7月1日，该债券的合理价格是多少？③ 2019年9月30日，该债券的净价价格和全价价格分别是多少？

3. 有票面利率分别为4%、6%和8%的三种面值为100元的债券，其到期期限都是3年，目前市场利率为6%。假设未来3年市场利率维持在6%，问：①在债券到期剩余年限分别为3、2、1和0年时，三种债券的价格是多少？请将所有价格填写在下表中。②三种债券价格变化有何规律？

债券价格随到期期限缩短的变动规律

剩余到期年限（年）	票面利率为4%的债券价格（元）	票面利率为6%的债券价格（元）	票面利率为8%的债券价格（元）
3			
2			
1			
0			

4. 有甲、乙和丙三种债券，其面值都是100元，票面利率都是4%，期限分别为1年、2年和3年。目前市场利率为4%，如果市场利率上升100个基点到5%，问：①三种债券的实际价格分别是多少？②绝对跌幅，即利率5%时债券价格减利率4%时债券价格，与债券期限长短呈现何种关系？③相对跌幅，即2年期债券跌幅减1年期债券跌幅，3年期债券跌幅减2年期债券跌幅，与债券期限长短呈现何种关系？④上面分析可以总结成哪两条债券价格波动规律？（提示：先计算债券价格，然后将结果填写在下表中，再回答问题。）

债券价格变动规律 (单位:元)

债券期限	4%时债券价格	5%时债券价格	5%时价格绝对跌幅	长期相对短期跌幅
1年	100			
2年	100			
3年	100			

5. 假设小张买入1张息票为7%,面值为1000元的2年期债券,成交价格为985元,每年付息一次。问:①该债券到期收益率是多少?②如果小张的资金来自对外借款,年利率为7.5%,小张做出这个投资决策是否明智?③如果第二年市场利率为10%,小张投资2年的实际收益率是多少?

6. 某债券面值为1000元,到期期限为5年,票面利率为10%,现以950元的价格公开发行。某投资人认购该债券后持有至第三年年末以995元的价格卖出。请用两种方法计算投资人持有期收益率:①不考虑货币时间价值,即利息不再用于投资;②考虑货币时间价值;③比较和分析①②两种结果。

7. 假设目前面值均为100元的1年期、2年期和3年期零息国债的价格分别为96元、94元、93元。请分析市场预期未来三年的市场利率是多少?

8. 已知一种面值为1000元,息票率为6%的债券每年付息,如果它离到期还有三年且到期收益率为6%,问:①该债券久期是多少?②如果到期收益率为10%,久期又是多少?③假设债券每半年付息一次,重新计算①②,并解释结果。

9. 债券甲、债券乙和债券丙的基本情况如下表所示。用久期定义和久期公式两种方法计算债券甲、债券乙和债券丙的久期。

债券	面值(元)	到期期限(年)	票面利率(%)	到期收益率(%)
甲	100	5	5	8
乙	100	5	8	8
丙	100	5	10	8

10. 债券甲和债券乙的基本情况如下表所示。问:①假设市场利率由8%上升20个基点,两只债券的价格变动幅度是多少?请用直接计算法和久期近似计算法两种方法计算,并比较结果。②如果市场利率由8%上升100个基点,再次计算结果。

债券	面值(元)	票面利率(%)	每年付息(次)	期限(年)
甲	100	12	1	15
乙	100	8	1	10

11. 现有面值为1000元的10年期零息债券,目前市场利率为10%,债券价格为385.54元。问:①如果市场利率下降10个基点,则用债券价格直接计算法和久期近似计算法计算的债券价格分别是多少?两者误差是多少?②如果市场利率下降100个基点,再次用上

面的两种方法分别计算的债券价格是多少？两者误差是多少？③对①②计算结果进行比较，并解释原因。

12. 现有 5 年期和 6 年期两种债券，其到期收益率都是 8%，息票率都是 8%。某投资人拟将 100 万元投资在一只债券上，5 年后获得留学需要资金 146.93 万元。如果市场利率此后不发生变化，两只债券都能达到投资人要求。但若利率在第二年下降或上升 50 个基点，则应该买入哪只债券？

13. 某投资人 5 年后需要 100 万元留学费用，其目前有现金 68.06 万元。现有甲、乙、丙三只债券，其面值均为 100 元，年付息一次，票面利率、剩余期限、当前价格如下表所示。

债券	票面利率（%）	剩余期限（年）	当前价格（元）
甲	8	4	100
乙	7	6	101
丙	8	8	100

为实施免疫策略，问：①该投资人应该选择哪两只债券构建组合？②两只债券的投资比例是多少？③若一年后市场利率上升 2%，该组合免疫效果如何？（注：债券甲和债券丙的久期分别为 3.58 年和 6.21 年）

14. 试计算面值为 1 000 元、票面利率为 12%、贴现率为 9%、每年付息一次的 3 年期债券的凸性。

15. 有 30 年期面值为 1 000 元的债券，每年付息一次，息票率为 12%，久期为 11.54 年，凸性为 192.4，债券目前以到期收益率 8% 的价格出售，卖出价格为 1 450.31 元。假定到期收益率从 8% 下跌到 7%，或从 8% 上升到 9%，此时的市场价格分别为 1 620.45 元或 1 308.21 元。问：①到期收益率从 8% 下跌到 7%，或从 8% 上升到 9% 时，根据久期法则计算的债券价格是多少？②到期收益率从 8% 下跌到 7%，或从 8% 上升到 9% 时，根据久期 – 凸性法则计算的债券价格是多少？③比较①和②的计算结果，能够得到什么结论？

16. 有 10 年期票面利率为 10% 的债券，其面值和债券价格均为 100 元，经计算，修正久期和凸性分别为 7.44 和 68.77。试计算到期收益率分别上升和下降 50 个基点时新的债券价格。

四、画图并解释

1. 期限为 5 年、面值为 100 元的债券，息票率是 5%，年付息两次，未来市场利率可能为 3%、3.5%、4%、4.5%、5%、5.5%、6%、6.5%、7%，计算债券在各种利率下的价格，并画出利率和债券价格的相互关系图形。（注意，将 9 个点用光滑曲线连接）。
2. 以投资人预期市场利率将要下跌，拟购买债券为投资线索，画出债券六大定理逻辑关系图并简要解释。
3. 画出收益率曲线的四种主要形式，并用有关理论简要解释。
4. 久期是用直线代替债券实际价格与市场利率的曲线关系。观察下图，说明当市场利率变化时，用久期计算的债券近似价格和实际价格的偏离方向和程度大小。

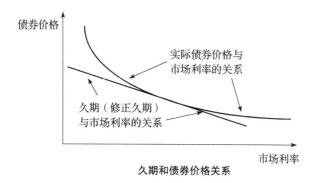

久期和债券价格关系

五、论述题

1. 债券合理价格评估公式和债券到期收益率公式非常类似。请指出两者的差别,并分析实际投资时各自的优劣。
2. 试述久期在债券投资中的应用。

第 9 章
CHAPTER9

股票投资信息分析

本章提要

股票信息可从来源不同、影响范围大小、公开与否、是否被加工、收费与否、定期与非定期、利好与利空等方面分类。行业分析可从行业竞争结构、行业生命周期、行业与经济周期关系等方面进行。对股权激励计划、股票回购、员工持股计划、企业并购等信息要仔细审读。信息发布者有其利益诉求。信息处理须遵循全面解读、追寻内幕、合理联想等原则。

重点难点

- 了解股票投资信息的主要分类
- 了解宏观经济主要指标、财政政策及货币政策,掌握行业经济特征分析方法
- 辨析股权激励计划究竟是激励还是福利
- 了解股票回购的三种理论解释和员工持股计划的正反解读
- 了解企业并购的长期和短期效应
- 了解信息发布者的利益诉求
- 掌握股票投资信息分析的基本方法

一、判断题

1. 股票投资信息就是股票投资风险。(　　)

2. 相对于宏观信息和中观信息，微观信息对投资人选择投资对象的影响最小。（   ）
3. 内幕信息通常涉及的都是与公司经营发展有重大关联的信息，其与公开信息在内容上有本质差异。（   ）
4. 内幕信息都是公司层面的信息，政府官员提前获知的公共信息一般不直接针对特定上市公司，故而这些信息不属于内幕信息范畴。（   ）
5. 加工信息融入了专业人员的加工处理，相对于原始信息更容易被理解，使用更便利，也更具有价值。（   ）
6. 注册会计师审查公司会计报表后会给出标准无保留意见、带强调事项段无保留意见、保留意见、无法表示意见、否定意见等审计结论。其中的"无法表示意见"不属于加工信息，因为会计师没有表达意见。（   ）
7. 某公司在 7 月 5 日预测公司半年度将大幅度亏损 6 000 万元，8 月 28 日公司公布半年度报告，结果公司亏损 2 000 万元，市场会认定该信息是利空信息，导致股价下跌。（   ）
8. 2017 年 4 月 8 日，某上市公司公布 2016 年年报，2016 年公司净利润较 2015 年增长 50%。这是一条利好信息，会导致公司股价上涨。（   ）
9. 2017 年 6 月 21 日 MSCI 宣布，中国 A 股明年将纳入 MSCI 新兴市场指数。此前，中国 A 股在被纳入 MSCI 指数的预期下，一些蓝筹股已经有较好涨幅。该利好信息将导致蓝筹股在短期内进一步上升。（   ）
10. 采购经理人指数是反映宏观经济形势变化的先行指标。（   ）
11. 波罗的海干散货运价指数反映世界船运市场冷暖变化，不是反映中国宏观经济的指标，对于帮助中国投资人做出投资决策没有意义。（   ）
12. 政府运用财政政策调节宏观经济运行，目的是熨平经济的过度波动：经济过热时采取紧缩的财政政策给经济降温；经济低迷时采取宽松的财政政策提振经济。（   ）
13. 有 A、B 两个行业，A 行业有大量供货方和大量客户，B 行业有很少的供货方且客户集中度非常高，则 B 行业的发展较 A 行业更加稳健。（   ）
14. 2012 年 6 月 19 日钢企网发表文章《中国钢铁业"补贴"全球　为三大矿山尴尬"打工"》。这说明，中国钢铁行业对其供应商有很强的议价能力。（   ）
15. 某上市公司所属行业处于行业生命周期发展中的幼稚期，行业利润高速增长，是较好的投资产品。（   ）
16. 钢铁业属于增长型行业，食品、医疗行业属于周期性行业。（   ）
17. 投资政府扶持行业的上市公司股票，是一种成功的投资策略。（   ）
18. 从社会责任感的角度分析，游戏类上市公司很难成为良好的长期投资对象，因为沉迷游戏不利于身心健康，不是一种健康的生活方式。（   ）
19. 政府扶持是影响行业兴衰的首要因素。（   ）
20. 自愿性信息披露是指由相关法律、法规和章程所明确规定的上市公司须披露信息的一种基本信息披露制度。（   ）
21. 公司前瞻性预测信息属于自愿性信息披露范畴。（   ）
22. 中国一些上市公司按月披露其实际运作数据，这种披露属于自愿性信息披露。（   ）
23. 商誉减值是中国上市公司高溢价并购企业所导致的潜在重大风险。（   ）

24. 从中外证券市场发展历史来看，上市公司对外并购，无论是短期还是长期，都对企业经营发展有着重要的推动作用，都被视为重大利好。（　　）
25. 政府数据被质疑造假在中外投资市场都是一个较普遍的现象。（　　）
26. 政府发布的信息可能带有政府官员个人的偏好，没有制度性的原因。（　　）
27. 政府在宏观经济形势欠佳时公布的统计数据，较宏观经济形势较好时公布的统计数据，具有更高的可靠性。（　　）
28. 选择性信息披露是上市公司根据自身需要和某种特殊目的有选择地披露信息的行为。（　　）
29. 自利性归因是指上市公司管理层倾向于将业绩较好时的功劳归于自己，将业绩较差的问题归因于欠佳的经济环境。（　　）
30. 投资人遭遇股市黑嘴时，因接受黑嘴建议频繁交易所支付的大量佣金和印花税是其投资成本。（　　）
31. 新闻必须保持真实性，新闻媒体总是能够保持其公正无偏的立场。（　　）
32. 全面理解信息的关键在于，要在看似利好的信息中看到潜伏其中的重大利空，在看似利空的信息中挖掘可能的利好。（　　）
33. 理论上认为，大股东和高管增持股份向市场释放的信号是，公司股票的真实价值应该更高，股价上涨的可能性较大。（　　）
34. 内幕交易是利用非公开、对股价有实质影响的内部信息买卖股票的非法获利行为。（　　）

二、选择题（包括单选和多选）

1. 股票投资信息的来源有（　　）。
   A. 政府机构　　　　　　　　　　B. 交易所和其他中介机构
   C. 上市公司　　　　　　　　　　D. 各种媒体
2. 在各种信息来源中，媒体扮演特殊的角色，因为（　　）。
   A. 媒体信息来源更真实
   B. 媒体信息来源更及时
   C. 其他信息发布者一般都需要借助媒体发布信息
   D. 媒体专业人士所做的新闻分析对投资人更有价值
3. "中央决定，加快股票发行注册制推出步伐"，这条信息是（　　）。
   A. 行业信息　　　B. 中观信息　　　C. 宏观信息　　　D. 微观信息
4. （　　）最有可能是上市公司内部人。
   A. 媒体记者　　　B. 大学教授　　　C. 政府官员　　　D. 大股东、公司高管
5. 2017年5月22日一直看多茅台的中国私募大佬但斌在微博上就茅台股价打赌，愿为茅台股价上600元下赌注1 000万元，还表示赌一亿元也可以。这条信息是（　　）。
   A. 内幕信息　　　B. 加工信息　　　C. 利好信息　　　D. 行业信息
6. 市场信息分为免费信息和收费信息。在半强有效市场假设下，（　　）。
   A. 收费信息可能有一定价值　　　　B. 免费信息没有价值

C. 收费信息没有价值　　　　　　　D. 免费信息具有价值

7. 中国上市公司年报须在会计年度结束日后（　　）内披露。
   A. 1个月　　　　B. 2个月　　　　C. 3个月　　　　D. 4个月

8. 某交易日上市公司XYZ宣布，公司董事张先生因身体原因辞去公司董事职务。该信息属于（　　）。
   A. 利好信息　　　B. 利空信息　　　C. 公开信息　　　D. 不定期信息

9. 在经济下行、通胀下行的衰退阶段，投资产品投资绩效的排序是（　　）。
   A. 债券＞现金＞股票＞大宗商品　　　B. 股票＞债券＞现金＞大宗商品
   C. 大宗商品＞股票＞现金/债券　　　D. 现金＞债券＞大宗商品/股票

10. 物价指数（　　）被认为较利于经济发展。
    A. 大幅上涨　　　B. 持续下跌　　　C. 保持不变　　　D. 适度上涨

11. 通常认为，采购经理人指数反映企业经营活动趋于扩张时，该指数必须至少（　　）。
    A. 大于30%　　　B. 大于40%　　　C. 大于50%　　　D. 大于60%

12. 中国采取何种性质的财政政策和货币政策，通常在每年（　　）召开的中央经济工作会议上根据经济发展需要确定。
    A. 年初　　　　B. 年末　　　　C. 年中　　　　D. 不定期

13. 按照波特五力模型分析，高铁和航空业两者主要是（　　）。
    A. 潜在进入者的关系　　　　　　　B. 产业内部竞争对手关系
    C. 供方和需方的关系　　　　　　　D. 替代品关系

14. 你认为，在波特五力模型分析中，行业竞争最大的威胁来源于（　　）。
    A. 潜在进入者　　　　　　　　　　B. 行业产品需求方
    C. 行业供给方　　　　　　　　　　D. 替代品行业迅速发展

15. 新一代信息技术行业属于（　　）。
    A. 增长性行业　　B. 周期性行业　　C. 防守性行业　　D. 成熟发展行业

16. 你认为，新能源汽车目前处于行业生命周期的（　　）。
    A. 幼稚期　　　　B. 成长期　　　　C. 成熟期　　　　D. 衰退期

17. 中高风险厌恶者适合介入行业生命周期处于（　　）的上市公司股票。
    A. 初创阶段　　　B. 高速增长阶段　C. 成熟阶段　　　D. 衰退阶段

18. 医药类上市公司总体上属于（　　）行业。
    A. 增长型　　　　B. 周期型　　　　C. 防守型　　　　D. 成熟型

19. 钢铁、化工等周期性股票适合在宏观经济处于（　　）时购买。
    A. 复苏阶段　　　B. 过热阶段　　　C. 滞胀阶段　　　D. 衰退阶段

20. 如果某上市公司不满足基金的道德、伦理或环境测试，那么无论公司的盈利能力有多好，基金经理都不会购买该公司的股票。这样的基金被称为（　　）。
    A. 道德基金　　　B. 伦理基金　　　C. 环保基金　　　D. 社会责任基金

21. 社会责任基金不会购买（　　）。
    A. 烟草类股票　　B. 网络游戏类股票　C. 新闻出版业股票　D. 博彩业股票

22. （　　）属于上市公司强制性信息披露要求的项目。

A. 公司基本财务信息

B. 重大关联交易信息

C. 环境保护和社区责任

D. 公司管理层对公司长期战略及竞争优势的评价

23. 上市公司回购公司股票，市场可以解读为（　　）。

A. 公司股价被低估

B. 公司管理层利用回购谋求私利，存在机会主义倾向

C. 回购股票是发放现金股利的临时替代品

D. 公司现金流充沛、业绩优良

24. 上市公司实施员工持股计划，这可能意味着（　　）。

A. 公司股价被低估

B. 公司管理层利用员工持股计划谋求私利，存在机会主义倾向

C. 避免公司被恶意收购

D. 吸引投资人注意，改善公司市场形象

25. 与国外情况类似，中国上市公司股权激励计划既有真正起激励作用者，也有异化为公司高管福利制度者。激励者会被解读为利好，福利者则会被认为是利空。判断公司股权激励计划对公司高管究竟是激励还是福利，最主要看（　　）。

A. 限制性股票发行价格高低　　　　B. 限制性股票锁定时间长短

C. 限制性股票主要出售对象　　　　D. 激励计划设定的业绩增长情况

26. 上市公司管理层实施印象管理的主要方法是（　　）。

A. 选择性信息披露　　　　　　　　B. 操纵财务报告的可读性

C. 发布虚假信息　　　　　　　　　D. 自利性归因

27. 投资人分析上市公司披露的信息，不能孤立和静态分析，要从产业链角度动态分析，包括（　　）。

A. 从公司供应商角度进行分析

B. 从公司行业主管部门角度进行分析

C. 从公司客户或消费者角度进行分析

D. 从竞争对手角度进行分析

28. 媒体在投资市场难以保证客观公正，其对投资人的影响来自于（　　）。

A. 媒体有自身的利益倾向，或受政府及某些利益集团的影响

B. 迎合投资人的信息需求，强化信息的新闻效果

C. 媒体传播的信息具有公开性、公众性和诱导性，容易导致羊群效应

D. 媒体间竞争激烈，媒体必须标新立异

29. 决定投资人买卖一家公司股票最重要的信息是（　　）。

A. 分析师对公司盈利的预测　　　　B. 公司内部人买卖股票的信息

C. 公司对企业未来发展的展望　　　D. 公司宣称其股票价格被低估

30. 解读一条官方正式披露信息最重要的方法是（　　）。

A. 关注信息来源　　B. 辨析信息真伪　　C. 全面分析信息　　D. 是否首次公开披露

三、画图并解释

1. 画出美林投资钟并简要解释。
2. 画出波特五力模型图并进行解释。

四、分析题

1. 海越股份是一家以成品油销售为主的小型批发业企业，一直不被投资市场关注。2011年，公司实际控制人吕小奎等5名高管按各自持股比例提供个人连带责任保证担保，通过其控股子公司宁波海越投资150亿元分两期用于石油天然气深加工项目。宁波海越一期项目于2011年11月开工建设，预计建设周期为28个月，仅设备投资就将近80亿元，项目建成后可年产60万吨异辛烷、4万吨甲乙酮和60万吨丙烷。基于该项目的良好预期，公司管理层信心满满：公司确定"十二五"目标为"双百亿"，即到"十二五"末同时实现销售收入100亿元、公司市值100亿元。

　　海越股份项目投资中的异辛烷最受投资市场关注，因为异辛烷是最好的清洁汽油添加剂，其能有效降低汽车尾气排放中的有害物质PM2.5，在国家大力治理环境污染的背景下有着良好的发展前景。市场分析人士基于国外汽油添加异辛烷的比例一般在10%～15%，而中国基本没有添加的现状，对公司的未来发展极为看好，如2013年8月9日，宏源证券在名为"主营亏损，新的主营即将形成"的研究报告中预测：公司2013～2015年的每股税后利润为0.17元、1.16元和1.56元。与之相对应，在此期间在上证指数维持震荡筑底走势情况下，海越股份股价从8元左右最高涨到20元左右，逆势走出了一轮大牛市行情，其动因就是市场对其异辛烷项目特别期待。

　　但在2014年宁波海越项目如期建成之后，其最重要的产品——异辛烷并没有进入预料中的蓝海，设备开工严重不足，公司经营反受项目拖累继续低迷：2015～2016年每股收益为0.06元和0.10元。公司股价走势也相对大幅度落后于市场总体水平。2017年2月21日，公司控股股东海越控股集团有限公司和吕小奎等8名自然人拟以其所持海越科技的全部股权以总价26.5亿元的价格协议转让给海航现代物流有限责任公司。

请用波特五力模型分析，海越股份投资为什么失败？

2. 请用波特五力模型分析金融行业的竞争状况。
3. 请用波特五力模型分析大型超市的行业竞争状况。

第 10 章
CHAPTER10

股票价值分析

本章提要

公司财务状况是分析股票投资价值的基础。戈登模型揭示了未来股息以固定比率增长时公司股票的合理价格。股票价值包括非增长价值和增长价值两部分。预测公司业绩须评估业绩可测性,预测业绩方法有自主研究和借助外脑。相似公司市盈率应该接近。配对套利交易卖空相似个股中市盈率高者、买入低者进行套利。须慎重使用投资价值分析报告。

重点难点

- 理解公司主要财务指标的含义,能用这些指标进行分析
- 掌握戈登模型,并能用其给股票定价
- 理解股利分派形式不同对股票价值的影响,掌握股价结构分解方法
- 了解股票绝对价值评估的缺陷
- 了解业绩可测性评估方法,能用每股收益增长率法、每股收益对营业收入的回归分析法和每股收益趋势线法预测公司未来业绩
- 掌握市盈率定价的基本原理,了解影响市盈率高低的主要因素
- 理解 PEG 指标评价个股的基本原则,能用 PEG 指标进行实际分析
- 了解判断公司相似性的主要标准,以及用市盈率高低进行套利的基本方法
- 了解投资价值分析报告的基本架构和特点,能够正确使用投资价值分析报告

一、判断题

1. 资产负债表是反映企业在某一段时间内资产、负债及股东权益的存量情况。（ ）
2. 当公司用资本公积金转增股本、用利润送红股时，其改变了股东权益的内部构成比例，即减少了资本公积、未分配利润，相应增加了公司股本，但并不会增加股东权益，因而也不会增加股东的价值。（ ）
3. 现金流量表是反映企业在某一时点现金流入流出的运行情况及引起现金变化原因的报表。（ ）
4. 流动比率、速动比率是衡量企业经营和发展能力的最重要指标。（ ）
5. 每股收益扣除排除了非经营性损益，避免了偶然性因素对公司业绩的影响，因而较每股收益在投资分析中更具有价值。（ ）
6. 相对于营业利润率和净利润，现金含量更多地反映企业盈利能力水平高低的状况，净资产收益率更好地体现了企业盈利的质量高低。（ ）
7. 净利润现金含量的计算公式为：净利润现金含量(%) = $\dfrac{\text{企业全部现金流净额}}{\text{净利润}}$。（ ）
8. 杜邦分析法将企业营业利润率逐级分解为多项财务比率乘积，这样有助于深入分析比较企业经营业绩。（ ）
9. 如果以过去 12 个月的每股盈余作为分母，所得到的市盈率被称为动态市盈率。（ ）
10. 市盈率可以被认为是投资人收回投资成本的年度时间。从该角度看，市盈率越低，投资价值越大。（ ）
11. 市盈率低的股票很可能表明市场不看好公司的未来发展。（ ）
12. 股票 A 的市盈率比股票 B 低，说明股票 A 比股票 B 更有投资价值。（ ）
13. 当股票市净率小于 1 时，投资人买入股票可以获得套利机会。（ ）
14. 由于每股净资产值可以视为公司内在价值的体现，当股价跌破净资产值即市净率小于 1 时，总是能够带来较大的投资机会。（ ）
15. 财务状况综合分析可采用横向比较方法，将公司与同行业最优秀的公司进行比较，以此发现公司的优势与不足。（ ）
16. 股利折现模型是最常用的股票价值分析模型。（ ）
17. 戈登模型假设公司现金股利每年按照一个固定的比率 g 增长。（ ）
18. 在戈登模型中，计算股利增长率所使用的公式为：$g = b \times ROE$，其中 ROE 为净利润增长率。（ ）
19. 利用戈登模型得到股票内在价值，其由零增长时公司价值和公司扩大规模所带来的增长价值构成。（ ）
20. 由于股票价值可以分解为零增长价值和增长的价值，故而股票价格不可能低于零增长时的公司价值。（ ）
21. 当公司净资产收益率 ROE 小于投资的资本成本 r 时，公司保留盈余的比例 b 越大，公司价值越大。（ ）
22. 当公司净资产收益率 ROE 等于投资的资本成本 r 时，公司股票的内在价值与现金股利派

发比率没有关系,这时股利政策不影响公司的价值。( )
23. 对于净资产收益率很高的成长型企业,其留存收益率越高,公司内在价值越高。( )
24. 戈登模型假设公司未来股息按照一定比率持续增长,最能够满足该条件的是发展前景良好的小型企业。( )
25. 绝对价值计算公式 $P = \frac{D_1}{1+r} + \frac{D_2}{(1+r)^2} + \cdots + \frac{D_n}{(1+r)^n} + \cdots$ 看似简单,但真正计算却很复杂,因为未来投资市场是牛市还是熊市通常难以预料。( )
26. 股票价格由全体投资人决定,股票价值由少数聪明投资者发现并决定。( )
27. 股票绝对价值评估是非常严谨和科学的研究工作,不应该受到股票市场价格波动的影响。( )
28. 在投资实践中,相对于相对价值分析方法,分析师更多采用绝对价值方法分析股票的内在价值,因为绝对价值评估给出了股票是被高估还是被低估的明确结论。( )
29. 研究表明,大多数情况下,公司管理层对公司未来业绩的预测,其准确性高于证券分析师预测的准确性。( )
30. 同行业中最相似的上市公司,它们的市盈率水平应该相等。( )
31. 欧美发达国家股市市盈率一般在15倍左右,按照中国经济增长率是发达国家增长率的2倍计算,中国股市正常情况下的市盈率可以在30倍左右。( )
32. 公司增长价值越高,预期的合理市盈率就越高。( )
33. 当公司所属行业有非常好的发展前景时,投资人可以不必考虑市盈率高低,因为长期来看股价总是呈现上升趋势。( )
34. 利用PEG公式反推出来的公司未来三年复合增长率被称为隐含的增长率,用隐含增长率与公司每股收益历史复合增长率进行比较,可以判断公司股价是否被高估。( )
35. 相对价值评估中最困难之处在于找到相似公司的市盈率水平。( )
36. 从理论上看,相对价值评估要同时分析两只股票的价值,因而较只需要评估一只股票的绝对价值评估更复杂、更困难。( )
37. 配对套利交易的风险主要来自未来市场可能大幅度波动。( )

二、选择题(包括单选和多选)

1. 股票价值评估是一门艺术,不是一门科学,因为( )。
   A. 股票价值评估的方法都不科学
   B. 股票价值评估受评估人价值判断影响
   C. 股票价值评估假设完全不符合投资现实
   D. 投资人买卖决策经常不按照价值评估结果进行
2. 某上市公司总资产为52 000万元,总负债为35 000万元,则股东权益为( )。
   A. 15 000万元   B. 17 000万元   C. 19 000万元   D. 21 000万元
3. 股东权益包括( )。
   A. 资本公积   B. 盈余公积   C. 股本   D. 未分配利润

4. 上市公司可以通过（　　）等手段调节当期利润。
   A. 改变固定资产折旧政策　　　　　　B. 改变存货跌价准备政策
   C. 改变应收账款坏账准备政策　　　　D. 虚假销售
5. 企业现金流包括（　　）。
   A. 经营活动产生的现金流　　　　　　B. 分配活动产生的现金流
   C. 投资活动产生的现金流　　　　　　D. 融资活动产生的现金流
6. 一般认为，企业流动比率和速动比率应为（　　）。
   A. 1 和 2　　　　B. 2 和 1　　　　C. 0.5 和 1　　　　D. 1 和 0.5
7. 对公司财务状况进行综合分析可从（　　）等方面入手。
   A. 预期角度　　　B. 横向比较角度　　C. 纵向比较角度　　D. 市场对比角度
8. 评估公司股票内在价值的股利折现模型，其三个前提条件是（　　）。
   A. 公司一直支付现金股利　　　　　　B. 公司现金股利分配与盈利密切相关
   C. 投资人不具有对公司的控制权　　　D. 公司属于传统产业
9. 当必要收益率降低时，股票内在价值将（　　）。
   A. 降低
   B. 上升
   C. 不变
   D. 降低、上升或不变均有可能
10. 在实际投资中，应用戈登模型要将投资期分成两个阶段，这两个阶段的股利增长率满足的条件是（　　）。
    A. 第一阶段的股利增长率 g_1 大于 r　　　B. 第一阶段的股利增长率 g_1 小于 r
    C. 第二阶段的股利增长率 g_2 大于 r　　　D. 第二阶段的股利增长率 g_2 小于 r
11. 戈登模型中股利增长率受多种因素影响，这些因素中不包括（　　）。
    A. 企业收益的增长完全来自其新增的净投资
    B. 企业大量对外融资
    C. 新增的净投资只来源于股东的留存收益
    D. 企业每年利润中用于现金股利分配的比率保持不变
12. 股票价格高于公司价值非增长的部分被称为（　　）。
    A. 心理价值　　　B. 增长价值　　　C. 高估价值　　　D. 资产增值
13. 市场对上市公司前景极为看好的指标是（　　）。
    A. 公司股价中非增长部分占比很高
    B. 公司股价中增长价值部分很低
    C. 公司股价中增长价值部分等于非增长部分
    D. 公司股价中增长价值部分大幅度高于非增长部分
14. 绝对价值评估的缺陷可能是（　　）。
    A. 评估方法极为复杂　　　　　　　　B. 受评估者主观行为影响较大
    C. 无法量化　　　　　　　　　　　　D. 与市场价格总有差异
15. 价值投资者认为，优质公司的股票（　　）值得投资。
    A. 被低估时　　　B. 合理定价时　　　C. 被高估时　　　D. 在任何时候
16. 当评估公司股票内在价值大大高于市场价格后，公司股票是否值得投资，最好还要得到

（　　）的佐证。
   A. 地方政府大力支持公司发展　　　　B. 大股东积极增持公司股票
   C. 公司员工大量买入公司股票　　　　D. 公司所在行业发展迅速

17. 判断相似公司定价的合理性有许多指标。这些指标中不包括（　　）。
    A. 市盈率　　　　　　　　　　　　　B. 股价与每股销售额之比
    C. 股价与市场平均价格之比　　　　　D. 市净率

18. 预测上市公司的每股收益，可靠性最大的是（　　）。
    A. 大公司 + 公司所属行业产品稳定性低　B. 小公司 + 公司所属行业产品稳定性高
    C. 小公司 + 公司所属行业产品稳定性低　D. 大公司 + 公司所属行业产品稳定性高

19. 相对价值评估公式：股票价格 = 合理的市盈率水平 × 待估股票的 EPS。其中的合理市盈率水平不包括（　　）。
    A. 市场平均市盈率水平　　　　　　　B. 行业平均市盈率水平
    C. 国外市场市盈率水平　　　　　　　D. 类似公司市盈率水平

20. 某公司今年预计每股税后利润为 0.85 元，该公司所属行业上市公司平均市盈率倍数为 30 倍，行业中与该公司最相似的上市公司的平均市盈率倍数为 25 倍，则该公司股票的合理价格应为（　　）。
    A. 25.5 元　　　　B. 21.25 元　　　　C. 29.75 元　　　　D. 17 元

21. 市盈率分为静态、动态和滚动三种形式。（　　）既能够反映公司以往经营状况，又能体现未来经营发展。
    A. 静态市盈率　　　B. 动态市盈率　　　C. 滚动市盈率　　　D. 没有市盈率

22. 根据公式 $PEC = \dfrac{PE}{\text{企业未来三年第股收益复合增长率}}$，当一家公司股票的 PEG 大于 2 时，可能表明（　　）。
    A. 股票估值合理　　　　　　　　　　B. 股票被低估
    C. 股价高估　　　　　　　　　　　　D. 市场预期公司发展前景极为光明

23. 在投资实践中，成长股投资很难获得超过价值股投资的收益率，你认为原因最可能是（　　）。
    A. 真正的成长性公司极为稀缺
    B. 成长性公司股票价格经常远远超过实际成长应有的合理价格
    C. 成长性公司股票价格经常等于其实际成长应有的合理价格
    D. 成长性公司股票价格经常低于其实际成长应有的合理价格

24. 判断公司相似性可从（　　）等方面进行分析。
    A. 公司注册地址　　B. 公司业务性质　　C. 公司规模大小　　D. 公司发展前景

25. 你研究后认为 ABC 和 XYZ 两家上市公司非常相似，ABC 的动态市盈率为 50 倍，XYZ 的动态市盈率为 35 倍，你卖空 ABC 股票，买入 XYZ 股票。如果你的分析是正确的，那么未来两只股票价格变化最可能出现的情况是（　　）。
    A. 在投资市场下跌时，ABC 股票的跌幅小于 XYZ
    B. 在投资市场下跌时，ABC 股票的跌幅大于 XYZ
    C. 在投资市场上涨时，ABC 股票的涨幅小于 XYZ

D. 在投资市场上涨时，ABC 股票的涨幅大于 XYZ

26. 相对价值评估最大的缺陷是（　　）。
    A. 无法在市场上找到相似公司　　　　B. 市场总是波动
    C. 相似公司定价本身不合理　　　　　D. 过于受制于评估者主观行为
27. 公司投资价值分析报告中最关键、最重要的两个部分是（　　）。
    A. 公司基本情况分析　　　　　　　　B. 公司内在价值评估
    C. 公司所处行业分析　　　　　　　　D. 公司财务状况分析
28. 使用公司投资价值分析报告存在两大误区：（　　）。
    A. 没有比较不同分析师的报告　　　　B. 没有看最近一年对该公司的分析报告
    C. 投资价值分析报告完全无用　　　　D. 绝对相信大牌分析师的分析报告
29. 必须谨慎使用公司投资价值分析报告的原因是（　　）。
    A. 报告者倾向于在公司股价大幅上涨后发布研究报告
    B. 报告者存在道德风险
    C. 报告者评估公司股票价值时有过分乐观倾向
    D. 报告者可能发布虚假信息
30. 谨慎使用分析师评估报告的最主要的方法是（　　）。
    A. 用公司盈利预测代替分析师预测　　B. 直接使用公司竞争对手预测指标
    C. 适当调高分析师预测指标　　　　　D. 适当调低分析师预测指标
31. 在股票投资价值分析中，一些因素非常难以量化，这些因素可能是（　　）。
    A. 未来可能进行的资产重组　　　　　B. 专业投资人对公司未来发展的看法和态度
    C. 限售股解禁　　　　　　　　　　　D. 预期公司业务收入

三、计算题

1. ABC 公司未来第一年发放股利 1 元，第二年发放股利 0.9 元，第三年发放股利 0.85 元。三年后，预计每年股利下降 2%，股东要求的收益率是 8%。问：ABC 公司股票的合理价格是多少？
2. 市场要求投资广州风光公司的收益率为 12%，预期公司净资产收益率为 9%，公司再投资比例为 2/3，并计划保持该水平。去年每股收益是 3 元，分红刚支付完毕。请计算：①广州风光公司股票的合理价格。②公司股票静态和动态市盈率水平。③公司股价中增长机会的价值。④若再投资比率降到 1/3，公司股票的内在价值。
3. 已知广州风光和广东山水两只股票要求的收益率均为每年 10%。两只股票的初步分析如下表：

项目	广州风光	广东山水
净资产收益率（%）	14	12
预计今年每股收益 E_1（元）	2.00	1.65
留存收益率（%）	50	50
目前每股市价 P_0（元）	30	25

问：①两只股票的股利期望增长率是多少？②两只股票的内在价值是多少？③应该

投资哪只股票?

4. 广州风光公司股票当前价格为10元,预计明年每股收益1元,公司每年收益的50%用于分红,其余收益留下来用于投资年收益率为10%的项目。问:①假定公司股价反映了其内在价值,则投资者要求的收益率是多少?②假定所有收益都用于分红,不再进行投资,股票升值多少?③如果红利分配率降低到30%,股价会发生什么变化?

5. 假设广东山水公司目前每股收益为1元,目前及今后4年不发放红利,收益全部用于投资净资产预期收益率平均为20%的项目。预计第五年及以后,公司新投资项目净资产收益率下降到15%,公司开始以50%的分配率发放现金股利。如果投资人要求投资广东山水公司的收益率为15%,问:①广东山水公司股票的内在价值是多少?②若公司股票的市价等于其内在价值,明年的价格是多少?后年的价格是多少?③如果广东山水公司第五年分红率为20%,则其内在价值是多少?

6. 广州风光股票的贝塔系数为1.5,无风险利率为3%,预期市场平均收益率为10%。假设广州风光未来三年股利零增长,每年都是1元,从第四年起股利转为以固定比率6%持续增长。广州风光目前市场价格为10元。问:广州风光是否值得投资?

7. 假设广东山水公司净资产收益率为10%,未来每股收益为10元,留存收益率有0、20%、40%、60%四种情况。试计算:①当投资人要求的必要收益率为9%时,四种留存收益率下股票的内在价值及其构成比例;②当投资人要求的必要收益率为11%时,四种留存收益率下股票的内在价值及其构成比例;③对比分析①、②两种情况,说明为什么两者差异巨大。

8. 2017年8月31日,贵州茅台收盘价格为491.15元。无风险利率为3.39%,投资市场要求的年收益为12.33%,贵州茅台的贝塔值为0.67。问:①根据下表机构对贵州茅台未来每股收益的预测均值,贵州茅台股价结构中的非增长价值和增长价值分别是多少?②贵州茅台目前的股价结构符合贵州茅台的蓝筹股特性吗?③贵州茅台的PEG是多少?④按照目前市场价格,以蓝筹股1倍的PEG估算,市场预期贵州茅台未来复合增长率是多少?⑤和过去3年的增长相比,这种市场预期的可靠性如何?

序号	证券代码	证券简称	研究机构	最新评级	目标价	报告日收盘价	预期涨幅	盈利预测			报告日期	报告摘要
								17年EPS	18年EPS	19年EPS		
1	600519	贵州茅台	中泰证券	买入	576.90	484.06	19.18%	16.91	21.61	26.19	2017-08-14	报告摘要
2	600519	贵州茅台	安信证券	买入	580.00	473.64	22.46%	17.65	22.18	26.89	2017-08-07	报告摘要
3	600519	贵州茅台	群益证券(香港)	增持	525.00	483.92	8.49%	17.02	20.51	—	2017-07-31	报告摘要
4	600519	贵州茅台	国海证券	买入	—	483.92	0.00%	16.97	21.53	26.92	2017-07-31	报告摘要
5	600519	贵州茅台	华鑫证券	买入	—	483.92	0.00%	17.78	22.39	27.67	2017-07-31	报告摘要
6	600519	贵州茅台	申万宏源	买入	600.00	483.92	23.99%	17.00	21.60	26.60	2017-07-31	报告摘要

（续）

序号	证券代码	证券简称	研究机构	最新评级	目标价	报告日收盘价	预期涨幅	盈利预测 17年EPS	盈利预测 18年EPS	盈利预测 19年EPS	报告日期	报告摘要
7	600519	贵州茅台	中银国际证券	买入	600.00	483.92	23.99%	17.02	22.39	25.78	2017-07-31	报告摘要
8	600519	贵州茅台	联讯证券	增持	541.00	483.92	11.80%	17.23	20.81	23.92	2017-07-31	报告摘要
9	600519	贵州茅台	国泰君安	买入	560.00	473.87	18.18%	17.09	22.40	27.23	2017-07-28	报告摘要
10	600519	贵州茅台	东北证券	买入	—	473.87	0.00%	17.08	21.90	25.37	2017-07-28	报告摘要
11	600519	贵州茅台	财富证券	增持	463.76	473.87	-2.13%	17.05	21.08	—	2017-07-28	报告摘要
12	600519	贵州茅台	招商证券	买入	540.00	473.87	13.96%	17.46	22.48	28.94	2017-07-28	报告摘要
13	600519	贵州茅台	东方证券	买入	—	473.87	0.00%	17.39	21.50	24.74	2017-07-28	报告摘要
14	600519	贵州茅台	平安证券	买入	—	473.87	0.00%	18.03	23.36	24.55	2017-07-28	报告摘要
15	600519	贵州茅台	兴业证券	增持	—	473.87	0.00%	17.63	22.50	27.81	2017-07-28	报告摘要
16	600519	贵州茅台	中泰证券	买入	576.90	473.87	21.74%	16.91	21.61	26.19	2017-07-28	报告摘要
17	600519	贵州茅台	国金证券	增持	545.00	473.87	15.01%	16.55	19.50	22.80	2017-07-28	报告摘要
18	600519	贵州茅台	安信证券	买入	580.00	473.87	22.40%	17.65	22.18	26.89	2017-07-28	报告摘要
19	600519	贵州茅台	广发证券	买入	—	473.87	0.00%	17.15	22.05	27.86	2017-07-28	报告摘要
20	600519	贵州茅台	中信建投证券	买入	500.00	473.87	5.51%	16.65	20.79	25.66	2017-07-28	报告摘要
21	600519	贵州茅台	华泰证券	买入	528.75	473.87	11.58%	17.23	21.15	24.29	2017-07-28	报告摘要
22	600519	贵州茅台	天风证券	买入	615.00	444.41	38.39%	16.95	22.76	27.51	2017-06-06	报告摘要
23	600519	贵州茅台	太平洋	买入	500.00	449.28	11.29%	16.64	22.46	25.83	2017-06-02	报告摘要

9. 2016年8月16日上市的贵阳银行，2015年每股收益为1.40元，分析师预测其2016～2018三年的每股收益均值为1.53元、1.71元和2.03元。2016年10月28日，贵阳银行收盘价为15.72元，显示的静态和动态市盈率倍数分别为11.23倍和10.27倍。同期

上市银行的平均动态市盈率倍数为 6.45 倍。问：①用相对价值评估法，贵阳银行的合理价格应该是多少？②贵阳银行的 PEG 是多少？③按照目前 15.72 元，以 PEG=1 为基础，分析市场预期贵阳银行今后 3 年每年税后利润是多少？④目前贵阳银行的定价是合理的吗？

10. 乐视网曾经是一家备受关注的上市公司。2013～2015 年税后利润增长率为 31.32%、42.75%、57.41%，复合增长率为 43.43%。2016 年 11 月 11 日，乐视网收盘价格为 38.38 元。按照 2015 年每股税后利润 0.29 元计算，该日乐视网的静态市盈率为 132.34 倍。同花顺资讯显示，近期共有 10 家机构给出买入或增持评级，平均预测 2016 年、2017 年、2018 年的每股税后利润分别为 0.42 元、0.68 元和 0.99 元。问：①按照机构预测，乐视网的 PEG 是多少？②按照目前的市场价格，以成长股 2 倍的 PEG 估算，市场预期乐视网未来复合增长率是多少？③和过去 3 年相比，这种市场预期的可靠性如何？

11. 星云股份于 2017 年 4 月 25 日登陆创业板市场。该公司 2014～2016 年净利润分别为 1 867.14 元、2 976.44 元和 5 077.26 元。公司上市后总股本为 6 770 万股，2016 年该公司每股税后利润约为 0.75 元。该公司很快就受到市场关注，截至 2017 年 8 月 30 日，该公司股票收盘价格为 65.17 元，共有 7 家机构 8 次对其评级。问：①按照机构预测，星云股份的 PEG 是多少？②按照目前的市场价格，以成长股 2 倍的 PEG 估算，市场预期星云股份未来复合增长率是多少？③和过去 2 年的增长相比，这种市场预期的可靠性如何？④以 2019 年 5 月 27 日得到的实际数据为基础，上述预测和分析的准确性如何？其产生偏差的主要原因是什么？

序号	证券代码	证券简称	研究机构	最新评级	目标价	报告日收盘价	预期涨幅	盈利预测			报告日期
								17 年 EPS	18 年 EPS	19 年 EPS	
1	300648	星云股份	国金证券	增持	76.00	65.86	15.40%	1.22	1.91	2.48	2017-08-30
2	300648	星云股份	国金证券	增持	66.00	59.64	10.66%	1.22	1.91	2.48	2017-08-11
3	300648	星云股份	东北证券	买入	—	54.07	0.00%	1.61	2.52	3.63	2017-08-07
4	300648	星云股份	申万宏源	买入	—	53.88	0.00%	1.59	2.37	3.41	2017-08-04
5	300648	星云股份	东吴证券	增持	—	49.98	0.00%	1.10	1.45	1.96	2017-08-01
6	300648	星云股份	华泰证券	增持	—	49.30	0.00%	1.03	1.53	1.97	2017-06-20
7	300648	星云股份	安信证券	买入	55.00	45.64	20.51%	1.13	1.66	2.35	2017-06-06
8	300648	星云股份	海通证券	不评级	57.20	57.20	0.00%	1.27	1.93	2.56	2017-05-15

12. 收集工商银行和沪深 300 指数最近 5 年的月度数据、最近的无风险利率、工商银行最近 1 年的每股税后利润、工商银行最近 3 年税后利润的复合增长率、机构预测的未来 3 年每股税后利润（计算预测的平均值）和未来 3 年利润复合增长率，计算和分析：①工商银行的内在价值；②工商银行的非增长价值；③工商银行的股价结构；④工商银行的

PEG；⑤从绝对价值和相对价值两个角度对工商银行股价的合理性做出综合评判。

四、填表题

根据 2018 年 9 月 28 日搜集到的数据，计算每只股票的股利支付率、股息收益率和市盈率，填写在相应表格中。

公司名称	价格（元）	每股收益（元）	股息派发	股利支付率	股息收益率	市盈率
万科	24.30	2.54	10 股派 9 元			
宝钢	7.85	0.86	10 股派 4.5 元			
中国平安	68.50	4.99	10 股派 10 元			
科大讯飞	28.57	0.33	10 股派 1 元			
中科曙光	46.88	0.48	10 股派 1 元			

五、分析和论述题

1. 股票市盈率高低是一个广受争议的问题。由戈登模型：

$$V_0 = \frac{D_1}{r-g} = \frac{E_1(1-b)}{r-ROE \times b}$$

$$\Rightarrow \frac{P}{E_1} = \frac{1-b}{r-ROE \times b}$$

请根据上面推导的公式，分析市盈率高低受到的影响因素，并结合现实投资进行分析。

2. 依照股票价值评估中的绝对价值评估方法，不同评估者对同一只股票内在价值的判断往往有较大的差异。你认为这种差异产生的主要原因是什么？我们应该如何看待和使用绝对价值评估方法？

3. 试述用相对价值评估方法评估股票价值的优势与不足。

4. 2016 年 5 月 10 日，高盛高华发布报告，建议卖出中兴通讯。此时中兴通讯的价格变动如下图所示：

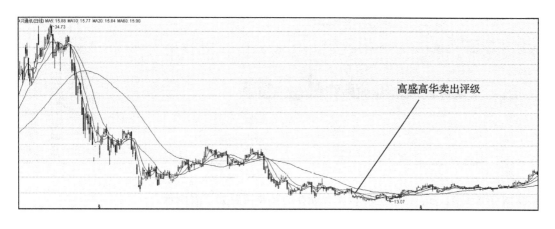

你如何看待高盛高华的卖出报告？

5. 2019年7月1日，白酒板块集体"喝高"，贵州茅台盘中一度触及1 035.6元高点，收盘价格达到1 031.86元，创历史新高。截至7月1日收盘，贵州茅台总市值达到1.3万亿元，超过农业银行和中国石油，位列A股总市值排名第四。

自年初以来，白酒板块一路走高，截至7月1日整体累计上涨76.43%，位居概念板块前列。其中，五粮液、古井贡酒、泸州老窖、贵州茅台等个股较年初分别上涨151.97%、131.34%、105.73%和50%。尽管这四家上市公司市值突破千亿，但这些个股并未展现太多估值压力。截至7月1日收盘，贵州茅台、五粮液、洋河股份及泸州老窖的动态市盈率分别为28.88倍、18.88倍、12.17及20.22倍。

与股价持续攀升相应，今年白酒板块的财务数据也表现靓丽，一季报酒企纷纷迎接"开门红"。在A股白酒概念17家上市公司中，有12家营业收入实现两位数的同比增长；从净利润来看，15家上市白酒企业净利润实现两位数同比增长。

有不少机构上调贵州茅台的目标价格。7月1日上午，太平洋证券发布研报，提高贵州茅台目标价至1 240元。太平洋证券不是给予茅台目标价最高的机构。早在2019年5月初，素有"茅台鼓吹手"之称的中金公司就发布研报，上调贵州茅台的目标价至1 250元。

茅台股价突破千元背后，机构"抱团"买醉是主要原因之一。Wind数据显示，截至2019年一季度，共有803家机构持股贵州茅台，机构持股占流通股比例达到81.04%，较2018年末的79.45%有所增长。

资料来源：2019年7月9日万得资讯。作者有删改。

请以第七章介绍的T形账户为分析工具，利用贵州茅台股价长期趋势和上述资料，判断贵州茅台现在是不是一个好的投资对象。

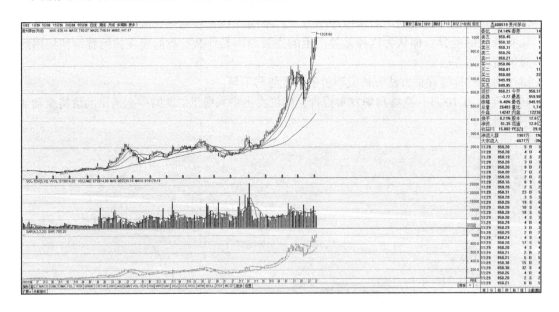

6. 2018年5月18日，西部证券和光大证券的基本情况如下表所示：

	价格（元）	股本结构（亿股）	过去三年净利润复合增长（%）	2018年盈利预测	动态市盈率	当日沪深300指数
西部证券	9.30	35	4.29	最近半年无预测	50.01	3 903.06
光大证券	12.67	46.1	13.41	每股0.72元	20.00	

此时实施配对套利交易，卖空西部证券，买入光大证券。

2019年5月17日，西部证券和光大证券的基本情况如下表所示：

	价格（元）	股本结构（亿股）	2018年实际每股税后利润（元）	2019年第一季度每股税后利润	动态市盈率	当日沪深300指数
西部证券	9.45	35	0.057 2	0.166	14.32	3 648.76
光大证券	10.73	46.1	0.02	0.286	9.41	

问：按照2019年5月17日的交易情况，一年的套利交易是否有盈利？如果没有盈利，主要原因是什么？

第 11 章
CHAPTER 11

技术分析

本章提要

技术分析以三大假设为基础,利用量价关系、时空关系,以及图形及各种指标,帮助投资者选择有利的买卖时机。主要的技术分析方法有 K 线图、支撑线和阻力线、缺口和岛形反转、移动平均线、随机指标 KDJ、平滑异同平均线 MACD、比例预测、市场牛熊转折指标等。技术分析风险控制须同时考虑最大亏损和潜在获利。技术分析须与基本分析相结合。

重点难点

- 理解技术分析的三大假设
- 了解技术分析的基本量价关系和时空关系
- 掌握 K 线图的基本画法,能用支撑线和阻力线、缺口和岛形反转、移动平均线、KDJ、MACD 指标选择股票买卖时机
- 了解涨跌比率、新高/新低、扩展度等技术方法
- 掌握风险/回报比率公式及其应用
- 理解技术分析须与基本面分析相结合的原因

一、判断题

1. "尊重市场"是技术分析的三大假设前提之一。(　　)

2. 在技术分析中，某股票呈现如下走势，则投资人应该卖出该股票。（   ）

3. 技术分析的三大假设之一——历史会重演，要求投资者顺势而为。（   ）
4. 价格和成交量是市场行为最基本的表现。（   ）
5. 当认同程度大、分歧小时，会有大量的人卖出，同时也有大量的人买进，故此时能够达成交易的成交量大。（   ）
6. "横起来有多长，竖起来就有多高"是对股票市场价量关系的描述。（   ）
7. 股市中出现的阳线表示多空博弈中多方获胜，当天股价上涨。（   ）
8. 如果某股票今天开盘价＜该股票今天收盘价＜该股票昨天收盘价，股价较昨天下跌，则表明今天多空双方争夺中空方获胜。（   ）
9. 如果某股票昨天收盘价＜该股票今天收盘价＜该股票今天开盘价，股价较昨天上涨，则表明今天多空双方争夺中多方获胜。（   ）
10. 当股价运行趋势由上升转为下跌时，我们称股票价格发生了反转变化。当股价运行趋势由下降转为上升时，我们称股票价格发生了反弹变化。（   ）
11. 当股价下跌接近其长期支撑线时，投资人应该卖出股票。（   ）
12. 阻力线是指股价下跌到某一价位或价格区域，在其下方遇到强有力的买盘，足以抵御卖方形成的压力，从而使股价在此止跌并回升。（   ）
13. 当股价上涨接近其长期阻力线时，投资人应该买入股票。（   ）
14. 当股票价格出现 W 底时，是卖出股票的好时机。（   ）
15. 趋势线是一种特殊的支撑线或阻力线，其中上升趋势线可以视为支撑线，下降趋势线可以视为阻力线。（   ）
16. 按照中国投资市场缺口必补的经验，突破缺口在短期内一定会回补。（   ）
17. 当股票价格在长期移动平均线之上运行时，移动平均线起到支撑线作用。（   ）
18. 当短期移动平均线从上方下穿长期移动平均线时，应该择机买入股票。（   ）
19. 利用随机指标 KDJ 判断股票超买的标准是：$K>50$，$D>40$。（   ）
20. 超买是指市场对某只股票需求高涨，短时间内有大量买入的状态。（   ）
21. 超卖是指某股票出现过度卖出导致价格下跌的状况。此时投资者应该继续卖出，因为这时风险极大。（   ）
22. 利用 MACD 指标买卖股票时，当 DIF 和 DEA 均为负值时，应该择机买入股票。（   ）
23. DIF 和 DEA 均为正值时，属多头市场。DIF 向上突破 DEA 是买入信号，DIF 向下突破 DEA 应获利了结。（   ）
24. 按照黄金分割率规则计算，当一只股票从 15 元开始一轮上涨行情时，其第一个较强的

阻力位在 24.27 元附近。（　　）
25. 涨跌比率是用股价下跌的股票家数除以股价上涨的股票家数。（　　）
26. 技术分析上的骗线是指错误的买卖信号，一般是主力机构刻意操作的结果。（　　）
27. 技术分析信奉者认为，技术分析方法给出的买卖信号是投资者共同作用的结果，是他们真实意思的一种表达。（　　）
28. 技术分析与行为金融的关系越来越密切，一些技术分析指标被用来衡量投资者的情绪变化。（　　）
29. 许多投资人使用技术分析方法投资却很少能够获利，这是因为技术分析方法是投资领域中的高科技，需要大量高深的数学知识才能够理解和处理。（　　）
30. 基本分析是对公司基本面好坏的判断，技术分析用于买卖时机选择。（　　）

二、选择题（包括单选和多选）

1. 投资实务界对技术分析的认识存在重大分歧，这种分歧是（　　）。
   A. 技术分析对投资决策有着重要的作用
   B. 技术分析必须和基本分析相结合
   C. 技术分析对投资决策没有作用，或者作用不大
   D. 技术分析经常会误导投资人
2. "市场是对的"是（　　）对待市场的态度。
   A. 技术分析流派　　B. 心理分析流派　　C. 学术分析流派　　D. 基本分析流派
3. "影响股票价格的每个因素都反映在市场行为之中，不必对影响股票价格的具体因素是什么进行分析和研究"，是技术分析三大假设中（　　）假设的核心思想。
   A. 历史会重演　　　　　　　　B. 市场行为涵盖一切信息
   C. 价格沿着趋势运动　　　　　D. 与 A、B 和 C 都有关系
4. 你是一个坚定的技术分析信奉者。在每天股市开盘前，你需要做的工作是（　　）。
   A. 研究昨日跌停板股票的公司情况
   B. 查看昨日大盘及拟买卖个股的走势图
   C. 研究你今天准备购买的某家公司的行业发展前景
   D. 研究昨日涨停板股票的公司情况
5. 趋势分析中，趋势的方向有（　　）。
   A. 上升方向　　B. 下降方向　　C. 垂直向上方向　　D. 水平方向
6. 价格沿着趋势运动对应了（　　）的思想。
   A. 尊重市场、适应市场　　　　B. 投资收益和投资风险形影相随
   C. 牛熊市周而复始　　　　　　D. 分散投资降低风险
7. 技术分析的要素有（　　）。
   A. 价　　　　B. 量　　　　C. 时　　　　D. 空
8. 当投资人对股价是上升还是下跌有很大分歧时，股票当日成交量与过去几日成交量相

比（　　）。

　　A.通常会很大　　　B.通常会很小　　　C.没有明显变化　　　D.两者没有关系

9. 阳 K 线和阴 K 线的本质区别是（　　）。

　　A.股价上涨还是下跌　　　　　　B.收盘价高于还是低于开盘价

　　C.有无上影线　　　　　　　　　D.用红色还是绿色表示

10. 十字星 K 线代表当日多空博弈中（　　）。

　　A.多方获胜

　　B.多空势均力敌

　　C.需要根据股价高低判断多方还是空方获胜

　　D.空方获胜

11. K 线的时间周期可长可短，某投资人主要从事短线交易，持有股票的时间通常不超过 3 天，他在做技术分析时使用的 K 线主要是（　　）。

　　A.日 K 线　　　B.月 K 线　　　C.季 K 线　　　D.年 K 线

12.（　　）是股价反转向上的形态。

　　A.头肩顶　　　B.三重顶　　　C.双顶　　　D.双底

13. 下面是某只股票的走势图，该图形在技术分析上（　　）。

　　A.被称为 W 底　　　B.被称为 M 头　　　C.被称为头肩底　　　D.被称为头肩顶

14. 按照缺口理论，股价在上升或下降过程中，会出现普通缺口、突破缺口、持续缺口和衰竭缺口四种缺口。技术分析上最重要的两种缺口是（　　）。

　　A.普通缺口　　　B.突破缺口　　　C.持续缺口　　　D.衰竭缺口

15. 岛形反转会出现两种缺口，这两种缺口是（　　）。

　　A.普通缺口　　　B.突破缺口　　　C.持续缺口　　　D.衰竭缺口

16. 假设在 6 月 1 日～6 月 5 日某股票收盘价格分别为 4.20 元、4.50 元、4.50 元、4.80 元和 5.00 元，6 月 8 日～6 月 9 日，该股票收盘价格为 5.40 元和 5.00 元，则该股票在 6 月 8 日和 6 月 9 日的 5 天移动平均价格分别是（　　）。

　　A. 4.84 元和 4.94 元　　　　　　B. 4.94 元和 4.84 元

　　C. 4.60 元和 4.84 元　　　　　　D. 4.60 元和 4.94 元

17. 投资实践中移动平均线具有重要作用。当（　　）时，市场发出了卖出信号。

　　A.短期移动平均线从上方下穿长期移动平均线时

　　B.股票价格走在移动平均线之上

C. 短期移动平均线从下方上穿长期移动平均线
D. 股票的市场价格在长期移动平均线之上

18. 按照平方根投资方法，投资人买入一只长期在 24～25 元波动的股票。如果该股票启动一轮上涨行情，则该股票的第一个强阻力位置在（　　）。
    A. 28 元　　　　B. 30 元　　　　C. 33 元　　　　D. 36 元

19. 按照平方根投资方法，某只股票从 16.08 元开始下跌进入熊市，其第一个较强的支撑位可能是（　　）。
    A. 14 元　　　　B. 12 元　　　　C. 10 元　　　　D. 9 元

20. 涨跌比率出现最多的情况是（　　）。
    A. 0.5～1.5　　　B. 小于 0.5　　　C. 大于 1.5　　　D. 大于 2

21. 新高 / 新低指数是（　　）。
    A. 近一年来股价创新高的股票数量 - 股价创新低的股票数量
    B. 近一年来股价创新低的股票数量 - 股价创新高的股票数量
    C. 近一年来股价创新高的股票数量 ÷ 股价创新低的股票数量
    D. 近一年来股价创新低的股票数量 ÷ 股价创新高的股票数量

22. 在技术分析中，一般把股票价格在（　　）之上运行的趋势称为牛市行情。
    A. 90 天平均线　　B. 140 天平均线　　C. 200 天平均线　　D. 250 天平均线

23. 下图是创业板上市公司海默科技 2019 年 2 月 20 日的日 K 线图，最上面一条均线是 250 日线。你认为该股票（　　）。
    A. 有走牛市的可能，须密切关注　　B. 依然熊途漫漫，必须远离
    C. 很可能连续大涨，立即买入　　　D. 技术上没有任何明显信号

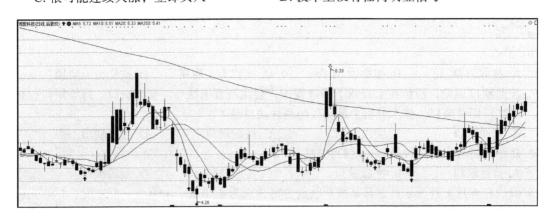

24. 在下面几种组合中，信奉技术分析的投资人会选择（　　）。
    A. 好公司和好股票　　　　　　　　B. 好公司和坏股票
    C. 坏公司和坏股票　　　　　　　　D. 坏公司和好股票

25. 信奉技术分析的投资人最不感兴趣的是（　　）。
    A. 5 日价格移动平均线　　　　　　B. 股票价格波动的相对强度
    C. 公司盈利和现金流增长　　　　　D. 上涨 / 下跌比率的历史数据

三、画图题

1. 在逆时针曲线图中指明买入信号和卖出信号，并说明其具体含义。

逆时针曲线理论的八大循环

（图：纵轴为平均股价，横轴为成交量，八边形上标注⑤静观其变、⑥、④、继续卖出⑦、③继续买进、静观其变⑧、①、②）

2. 东富龙最近3天的交易价格如下：

（单位：元）

日期	开盘价	最高价	最低价	收盘价
2011年6月10日	40.10	41.00	40.00	40.90
2011年6月13日	40.78	41.58	40.10	41.58
2011年6月14日	41.78	42.00	41.19	41.60

请画出东富龙的3日K线图（注意阴线要涂黑）。

3. 下面是两只股票最近半年的月收盘价格，请计算两家公司股价3个月的移动平均价格，并在图上画出：

月份	股票A的月收盘价格（元）	股票B的月收盘价格（元）
1月	51.28	307.65
2月	58.82	338.53
3月	64.79	337.99
4月	73.44	348.06
5月	80.52	395.97
6月	77.99	417.23

4. 下面是某只股票最近3周的股票收盘价格。计算该股票的3日和5日移动平均价格，并画图表示，然后说明该股票的未来走向趋势。

日期	收盘价（元）	日期	收盘价（元）	日期	收盘价（元）
2018/10/26	23.33	2018/11/02	22.44	2018/11/09	23.27
2018/10/27	23.15	2018/11/03	22.51	2018/11/10	23.43
2018/10/28	23.75	2018/11/04	22.55	2018/11/11	23.76
2018/10/29	23.01	2018/11/05	23.24	2018/11/12	23.91
2018/10/30	22.27	2018/11/06	23.34	2018/11/13	23.74

四、分析题

技术分析大师论技术分析

作为全球公认的蜡烛图分析方法的投资权威，今年60岁的莫里斯于2008年11月16日下午在北京接受了《投资者报》专访。

《投资者报》：你特别偏爱技术分析进行投资决策和交易，这是什么原因呢？

莫里斯：基本面分析只是考虑非系统风险，可能只覆盖了市场状况的25%；技术分析是基于价格本身的分析，能够覆盖大部分市场情绪，更好地考虑系统性风险。

《投资者报》：如果说技术分析相对基本面分析有优势，你能举几个例子吗？

莫里斯：技术分析可以克服人们的贪婪、恐惧，能够应用于股票市场、期货市场。

《投资者报》：你在交易时什么投资原则是你一直坚守的？

莫里斯：在交易中我一直坚持的就是止损。我会在交易前就制定规则和控制风险，如果价格达到设定的止损位置，我会毫不犹豫平仓出场。唯一比错误本身更加糟糕的就是死守着错误不放。

《投资者报》：你具体讲讲是如何管理旗下基金的？

莫里斯：首先我们设立初始投入规模以及止损点，然后再通过模型给出的信号决定是否加大投资，直到投入的资产规模达到充分的水平。

《投资者报》：人们都想在股市挣钱，你能给我们一些特别的建议吗？

莫里斯：我的建议是等待时机，等待趋势的形成以及投资信号出现后再开始行动。

《投资者报》：你曾经是战斗机飞行员，现在是基金经理，这两者间有联系吗？

莫里斯：两者都应该敬畏风险，要学很多的东西，做很多准备，这样才能够规避风险。

资料来源：2008年11月21日《投资者报》。

上面的采访虽然短暂，但莫里斯已经谈到了股票投资很多重要的观点和理论，比如如何看待市场运行、投资风险及风险控制、投资人的不良情绪、市场有效假说等方面。请结合上面的谈话，进一步明确莫里斯在股票投资上有哪些重要的观点值得投资人借鉴。

第 12 章
CHAPTER12

期货市场

本章提要

期货交易包括建仓、持仓、平仓或实物交割。期货有避险、价格发现和投机功能。期货价格可能等于、高于或低于未来现货价格期望值。现货－期货平价定理认为，市场均衡时的期货价格等于现货价格加现货持仓成本。套期保值是将未来拟买入或卖出现货的行为，提前在期货上买入或卖出。

重点难点

- 理解期货保证金制度和逐日盯市制度的作用，并能进行相应计算
- 了解期货交易的避险、价格发现和投机功能
- 理解期货价格和将来现货价格期望值的三种关系
- 掌握现货－期货平价定理，能用其进行分析
- 理解套期保值的基本原理，掌握基本的套期保值方法

一、判断题

1. 期货合约价值由交易所规定，是一个不变的金额。(　　)
2. 期货合约到期月份通常是下月、后月、随后两个季月。(　　)
3. 为了活跃期货交易，期货市场所规定的涨跌停幅度通常比股票市场大。(　　)
4. 建仓也称开仓，是指投资者买入或卖出一定数量的期货合约。(　　)

5. 期货结算是通过清算所来进行的。对于多头方（合约买方），清算所是合约的卖方；对于空头方（合约卖方），清算所是合约的买方。（　　）
6. 期货清算所的功能和作用：相对于期货买方（卖方），清算所是期货的卖方（买方）；清算所有义务付钱给卖方，向买方交割商品。所以，期货交易市场属于交易商市场。（　　）
7. 在期货市场，投资者只需要按期货合约价格的一定比率交纳少量资金作为履行合约的财力保证，便可参与期货合约的买卖，这些交纳的资金就是期货保证金。（　　）
8. 期货保证金制度和融资保证金一样，需要向其他人借入资金买卖标的资产。（　　）
9. 期货具有很高的杠杆，当其对应的标的物价格上涨时，期货价格涨幅远远大于标的物价格涨幅。（　　）
10. 逐日盯市制度是指结算部门在每日闭市后计算、检查保证金账户，并适时发出追加保证金通知，以使客户保证金余额维持在一定水平上，从而防止负债现象发生的结算制度。（　　）
11. 限仓制度是期货交易所对期货合约交易的数量进行限制的制度。（　　）
12. 交易所设立限仓制度和大户报告制度，以防止大户利用资金优势操纵期货市场。（　　）
13. 基差是期货价格与现货价格的差额，即基差 = 期货价格 – 现货价格。（　　）
14. 随着期货合约到期日的临近，期货价格和现货价格会有相互趋近的趋势，这被称为价格平行变动性。（　　）
15. 期货是具有极高投资风险的投资产品，一般投资人不应该介入期货投资。（　　）
16. 由于期货价格和现货价格受相同经济因素的影响和制约，因而期货价格和现货价格的变动方向相同，变动幅度也大致相同。这被称为期货的价格的收敛性。（　　）
17. 参与期货交易有大量的投机者。投机者会扭曲价格形成机制，不利于实现期货交易的避险功能和价格发现功能。（　　）
18. 期货市场上有大量的投机者，投机功能是推动期货发展的原动力。（　　）
19. 期货溢价理论认为，在卖方市场上，买方为实现套期保值目标，必须让利给卖方，即保持期货价格高于未来现货价格的期望值。（　　）
20. 现货溢价理论认为，在买方市场上，卖方为实现套期保值目标，必须让利给买方，即保持期货价格低于未来现货价格的期望值。（　　）
21. 相对于现货溢价理论和期货溢价理论，预期假设理论能够更好地解释期货价格的实际变动。（　　）
22. 从公式 $F_0 = P(1+R_f-d)$ 可以看出，期货价格总是会大于现货价格。（　　）
23. 实际投资中，期货价格不能偏离由现货 – 期货平价定理所决定的理论价格，否则就有套利机会。（　　）
24. 股指期货合约中的合约乘数是指指数每点代表的金额。合约乘数变大代表每份合约的价值增加。（　　）
25. 利用沪深300指数和相应的股指期货合约的高度负相关性，可以构造投资组合来套期保值。（　　）
26. 当基金经理持有大量股票且暂时没有卖出计划时，其担心未来市场会下跌，这时可以买入股指期货合约来抵消市场下跌的风险。（　　）
27. 多头套期保值策略，是指在持有现货的情况下，卖出股指期货合约。（　　）

28. 期货套期保值的关键在于将未来需要买卖期货的行为提前到现在买卖现货上。（　　）
29. 当预期市场下跌并被证明是正确的时，卖出沪深300股指期货的效果要好于卖空300ETF基金。（　　）

二、选择题（包括单选和多选）

1. 国债期货TF1709的价格是97.21元，最低保证金是合约价值的1%，则1手国债期货合约（面值为100万元）需要的保证金至少是（　　）。
   A. 1万元　　　　B. 0.9721万元　　　　C. 0.9023万元　　　　D. 0.8568万元
2. 你以每盎司1 300美元卖出10份黄金期货合约，其中合约单位为100盎司。在合约到期日，黄金价格为1 350美元。你的盈亏是（　　）。
   A. -5 000美元　　B. +5 000美元　　C. -50 000美元　　D. +50 000美元
3. 期货合约的购买者被称为（　　），期货合约的出售者被称为（　　）
   A. 空头　多头　　B. 多头　空头　　C. 空头　空头　　D. 多头　多头
4. 5年期国债期货的涨停板是1.2%，最低保证金是合约价值的1%。如果投资人运用了最大杠杆，在国债期货涨停的情况下，他的收益率是（　　）。
   A. 80%　　　　B. 100%　　　　C. 120%　　　　D. 140%
5. 期货合约中，期货价格（　　）。
   A. 由买卖双方在商品交割时确定　　　　B. 由期货交易所确定
   C. 由买卖双方在签订合约时确定　　　　D. 由标的资产提供者独立确定
6. 股指期货的交割方式是（　　）。
   A. 现金交割
   B. 实物交割
   C. 既可以是现金交割，也可以是实物交割
   D. 现金交割还是实物交割取决于交易所的规定
7. 期货交易规定的保证金可以分为（　　）。
   A. 初始保证金　　B. 实际保证金　　C. 维持保证金　　D. 追加保证金
8. 如果棉花期货保证金比率为5%，某投资人卖出棉花期货后棉价下跌了2%，则该投资人最大可能的盈利是（　　）。
   A. 10%　　　　B. 20%　　　　C. 30%　　　　D. 40%
9. 逐日盯市（　　）。
   A. 每日结存盈利或亏损　　　　B. 可能导致要求追加保证金
   C. 仅影响多头头寸　　　　　　D. 仅影响空头头寸
10. 基差＝现货价格－期货价格。当基差小于零时，我们称之为（　　）。
    A. 现货贴水　　B. 期货贴水　　C. 现货升水　　D. 期货升水
11. 随着到期日不断临近，基差会（　　）。
    A. 逐渐缩小　　　　　　　　B. 逐渐扩大
    C. 维持不变　　　　　　　　D. 视情况不同有多种可能

12. 期货具有多种功能，这些功能可以为不同类型、不同需要的投资者所用。期货的功能不包括（　　）。
   A. 投资功能　　　　B. 避险功能　　　　C. 价格发现功能　　D. 投机功能
13. 期货交易中最可能采取实物交割的是（　　）。
   A. 套利交易者　　　B. 套期保值者　　　C. 投机客　　　　　D. 期货空头
14. 在期货交易中，交易最频繁的是（　　）。
   A. 套期保值者　　　B. 投机者　　　　　C. 套利者　　　　　D. 投资者
15. 某机构卖出 20 份 9 月份到期的上证 50 指数期货，买入 20 份 6 月份到期的上证 50 指数期货，则该机构可被称为（　　）。
   A. 投机者　　　　　B. 套期保值者　　　C. 投资者　　　　　D. 套利者
16. 2017 年 6 月 22 日，沪深 300 指数 7 月、8 月、9 月和 12 月 4 个期货合约分别为 3 573.8、3 560、3 550.8 和 3 522.2，当日沪深 300 指数为 3 605，这表明（　　）。
   A. 未来市场可能下跌　　　　　　　　B. 未来市场可能上涨
   C. 未来市场不确定　　　　　　　　　D. 未来市场将进入平衡整理期
17. 投机者利用期货市场而不是现货市场，最主要是因为（　　）。
   A. 期货交易费用低　　　　　　　　　B. 期货交易提供高杠杆
   C. 现货市场的有效性不强　　　　　　D. 期货市场规模小、易于操控
18. 由于期货价格和现货价格受相同经济因素的影响和制约，因而期货价格和现货价格的变动方向相同，变动幅度也大致相同。这被称为期货的（　　）。
   A. 价格平行变动性　B. 价格趋同性　　　C. 价格收敛性　　　D. 价格相关性
19. 期货预期假设理论成立的前提条件是（　　）。
   A. 期货市场供求均衡　　　　　　　　B. 期货市场供大于求
   C. 期货市场供小于求　　　　　　　　D. 期货合约到期时间不能超过 1 个月
20. 期货价格和现货价格的关系可能是（　　）。
   A. 期货价格 > 现货价格　　　　　　　B. 现货价格 > 期货价格
   C. 期货价格 = 现货价格　　　　　　　D. 没有关系
21. 当股价为 5 元时，一年到期的股票期货价格为 5.15 元。第二天股价上涨为 5.15 元时，股票期货的价格是（　　）元。
   A. 5.20　　　　　　B. 5.30　　　　　　C. 5.40　　　　　　D. 5.50
22. 某股票市价为 5 元，预计其不分派股息，其 6 个月后到期的期货价格为 5.075 元，则隐含的无风险利率是（　　）。
   A. 2%　　　　　　　B. 2.5%　　　　　　C. 3%　　　　　　　D. 3.5%
23. 在中国投资市场上，普通投资人投资股指期货，其保证金至少要求有（　　）。
   A. 30 万元　　　　　B. 50 万元　　　　　C. 80 万元　　　　　D. 100 万元
24. 投资人持有 500 000 0 股 50ETF，想构建一个套期保值组合。他应该（　　）。
   A. 买入相应金额的沪深 300 指数期货　　B. 卖出相应金额的中证 500 指数期货
   C. 买入相应金额的上证 50 指数期货　　　D. 卖出相应金额的上证 50 指数期货
25. 实践表明，沪深 300 指数期货合约价格和上证 50 指数期货合约价格存在（　　）。

A. 高度正相关　　　B. 低度正相关　　　C. 高度负相关　　　D. 低度负相关
26. 目前在中国投资市场交易的股指期货有（　　）。
A. 沪深 300 期货　　B. 创业板 100 期货　　C. 中证 500 期货　　D. 上证 50 期货
27. 空头套期保值是指（　　）。
A. 在现货市场做空头，同时在期货市场做空头
B. 在现货市场做多头，同时在期货市场做空头
C. 在现货市场做多头，同时在期货市场做多头
D. 在现货市场做空头，同时在期货市场做多头
28. 当投资者判定未来市场将下跌时，其最优的投资策略是（　　）。
A. 融券卖出　　B. 持币观望　　C. 卖出股指期货　　D. 卖出所持有的股票

三、计算题

1. 某投资人看跌大宗商品棉花，以 19 750 元/吨的价格卖出 1 份期货合约，每份合约为 5 吨棉花。但此后棉花期货价格不跌，反升到 20 090 元/吨。假设投资人账户中的保证金为 5 000 元，初始保证金率为 5%，维持保证金为初始保证金的 75%。问：①该投资人的亏损是多少？相对于其 5 000 元的保证金的亏损率是多少？②投资人此时是否会收到追加保证金通知？至少需要追加多少保证金？

2. 投资人账户中的保证金为 40 000 元，其认为未来棉价会上涨，以 13 580 元/吨的价格买入 11 份期货合约，每份合约为 5 吨棉花。假设期货初始保证金率为 5%，维持保证金为初始保证金的 75%。问：①如果未来棉价期货价格上涨到 15 200 元/吨，该投资人盈利是多少？利润率是多少？②如果未来棉花价格下跌到 13 300 元/吨，投资人此时会否收到追加保证金通知？至少需要追加多少保证金？③在②的情形下，棉花价格下跌的幅度是多少？在棉价微小下跌时投资人发生很大亏损的原因是什么？

3. 假设某商品期货合约的价格为 40 000 元/份合约，投资人卖出 1 份合约，初始保证金率为 5%，维持保证金率为初始保证金的 75%，投资人账户中预先存有资金 2 000（40 000×5%）元。此后 5 天，期货合约价格出现了下表的变化，在逐日盯市制度下，请分析投资人实际保证金和追加保证金情况。

期货保证金变化情况

交易日	期货价格（元/份合约）	每日盈亏（元）	累计盈亏（元）	实际保证金（元）	追加保证金（元）
	40 000			2 000	
1	39 700				
2	39 000				
3	40 560				
4	42 000				
5	40 000				

4. 假设豆油期货每份合约的数量是10吨，最低交易保证金是合约价值的5%，合约涨跌停板为4%。投资人投资期货的最初资金是6万元，最初买入15手豆油期货合约的价格是7 800元/吨，买入后期货价格连续8天大涨，大涨当日盈利都用于当日以收盘价格开新仓，第九天和第十天期货价格大跌。请以下表为基础分析投资人盈亏变化情况。

交易日	期货收盘价格（元/吨）	每日盈亏（元）	累计盈亏（元）	实际保证金（元）	买入合约数量（手）	累计买入数量（手）
	7 800	—	—	60 000	15	15
1	8 112					
2	8 436					
3	8 773					
4	9 123					
5	9 488					
6	9 867					
7	10 262					
8	10 673					
9	10 246					
10	9 836					

5. 假设豆油期货每份合约的数量是10吨，最低交易保证金是合约价值的5%，合约涨跌停板为4%。投资人投资期货的最初资金是6万元，最初卖出15手豆油期货合约的价格是7 800元/吨，卖出后期货价格连续4天大跌，大跌当日盈利都用于当日以收盘价格开新仓，第五天和第六天期货价格涨停。请以下表为基础分析投资人盈亏变化情况。

交易日	期货收盘价格（元/吨）	每日盈亏（元）	累计盈亏（元）	实际保证金（元）	卖出合约数量（手）	累计卖出数量（手）
	7 800			60 000	15	15
1	7 488					
2	7 188					
3	6 900					
4	6 624					
5	6 888					
6	7 163					

6. 收集并计算中证500指数和当月中证500指数期货三个时间段的基差。这三个时间段是：指数期货开始上市的10个交易日，中间交易的10个交易日，到当日为止的最近10个交易日。将这三个时间段的基差列表，并进行分析。

7. 收集并计算沪深300指数和当月沪深300指数期货三个时间段的基差。这三个时间段是：指数期货开始上市的10个交易日，中间交易的10个交易日，到当日为止的最近10个交易日。将这三个时间段的基差列表，并进行分析。

8. 投资者购买了不支付红利的ABC公司的10份期货合约，初始保证金率为10%，每份合约要求一年后买入100股股票，国债年利率为3%。问：①如果ABC股票的价格为120

元，则期货合理价格应为多少？②如果第二天 ABC 股票价格下跌 3%，则期货价格是多少？期货价格下跌幅度是多少？期货价格下跌幅度高于股票吗？③如果投资人账户上有保证金 24 000 元，则投资人的亏损率是多少？为什么不是股票下跌幅度 3%×10？

9. 如果无风险利率为 3%，某股票现价为 90 元，一年内将分红 2 元。问：①该股票一年后到期的期货价格是多少？②如果该股票一年后到期的期货价格为 90.88 元，此时是否有套利空间？若有，应该如何套利？③实际投资中是否可以套利还需要考虑哪些因素？

10. 如果无风险利率为 3%，某股票现价为 100 元，一年内将分红 3 元。问：①该股票一年后到期的期货价格是多少？②如果该股票一年后到期的期货价格为 99.88 元，此时是否有套利空间？若有，应该如何套利？③实际投资中是否可以套利？还需要考虑哪些因素？

11. 某投资人卖出 5 份沪深 300 股指期货合约，卖出价格为 2 380 点，四天后股指期货收盘价格为 2 112 点。问：①该投资人的盈亏是多少？②假设初始保证金为 10%，则投资人理论上最高的收益率是多少？③假设投资人的保证金是 100 万元，该投资人实际收益率是多少？④理论上最高的收益率和实际收益率有较大差异的原因是什么？⑤如果投资人将其 100 万元保证金的杠杆比例放到最大，其当时应该卖出多少份期货合约？实际卖出 5 份合约，表明该投资人使用了多少倍的杠杆？

12. 投资人甲和投资人乙均有本金 500 万元，且他们都在 2017 年 5 月 25 日判断市场要上涨。当日，IF1709 价格波动区间在 3 336～3 426 点，华泰柏瑞沪深 300 交易型开放式指数证券投资基金（简称 300ETF）波动区间在 3.41～3.497 元。假设期货合约最低保证金比例为 12%，融资保证金比例为 100%，投资人甲以 3 400 点的价格买入 20 手 IF1709，投资人乙以 3.45 元的价格买入 289 万股 300ETF。到 2017 年 8 月 31 日，IF1709 价格波动区间在 3 810.4～3 844.8 点，300ETF 波动区间在 3.862～3.901 元，投资人甲以 3 825 点的价格卖出期货合约 20 手，投资人乙以 3.88 元的价格卖出 289 万股 300ETF。问：①以买入和卖出价格计算，投资人甲和投资人乙买入的标的物在此期间上涨幅度分别是多少？②投资人甲和投资人乙在此期间的实际收益率是多少？他们各自使用了多少倍的杠杆？③如果投资人甲使用最大杠杆，则其应该买入多少份 IF1709？理论上最高的收益率是多少？④在判断正确时，买入期货合约效果好于融券卖出的原因是什么？

四、填空并解释

1. 下表是多头套期保值和空头套期保值的比较。请用买进和卖出填空，并结合该表格，全面解释多头套期保值和空头套期保值的策略。

多头套期保值和空头套期保值的比较

	多头套期保值		空头套期保值	
	现货市场	期货市场	现货市场	期货市场
现在	无现货		有现货	
将来	买进		卖出	
将来价格上涨	损失	利得	利得	损失
将来价格下跌	利得	损失	损失	利得

2. 画出无清算所和有清算所的期货交易流程图，并说明清算所的作用。
3. 画出预期假设理论、现货溢价理论和期货溢价理论三种理论下，期货价格和现货价格期望值的关系图形，并简要解释。
4. 画出到期日期货多头和空头的损益，并简要解释。

五、分析和论述题

1. 某日沪深300指数为3 356.59，一个月后到期的股指期货价格为3 318.8。某养老基金持有追踪沪深300指数的指数基金的市值为8 000万元，一个月后需要卖出这些基金。该养老基金担心一个月后股市波动影响其卖出收入。请为该养老基金设计投资策略，保证其卖出基金收入基本不受市场波动影响。假设期货保证金比例为10%，一个月后沪深300指数有下跌5%或上涨5%两种可能，检验该策略在两种情况下的盈亏情况。
2. 某日沪深300指数为3 356.59，一个月后到期的股指期货价格为3 318.8。某企业将在一个月后买入追踪沪深300指数的某指数基金8 000万股，该基金资产净值目前为1元/股。该养老基金担心一个月后股市波动影响其买入指数基金8 000万股的计划。请为该企业设计投资策略，保证其一个月后买入指数基金8 000万股的计划基本不受市场波动影响。假设期货保证金比例为10%，一个月后沪深300指数有下跌5%或上涨5%两种可能，检验该策略在两种情况下每股投资成本情况。
3. "期货是高风险产品，期货是管理风险的工具"是对期货特征的两种描述，你如何看待这两种似乎矛盾的说法？
4. 2019年5月31日，中证500、上证50和沪深300现货和期货价格如下表所示：

(单位：元)

	现货价格	6月期货价格	7月期货价格	9月期货价格	12月期货价格
中证500	4 912	4 808.8	4 746	4 645	4 553.2
上证50	2 728.95	2 707	2 684	2 690	2 689.2
沪深300	3 629.79	3 594.8	3 569.8	3 548.6	3 532.4

根据上述信息，能否对未来股市涨跌趋势进行判断？具体结论是什么？

第 13 章
CHAPTER13

期权市场

本章提要

期权要素有有效期、执行价格、基础资产、期权价格、期权类型等。期权价格由内在价值和时间价值组成。期权价格受股票市价、执行价格、有效期、股价波动性、无风险利率、股票分红等因素影响。布莱克－斯科尔斯模型揭示了欧式看涨期权的价值。配对欧式看涨期权和欧式看跌期权价格之间存在函数关系。股票期权和股票组合可管控股票投资风险。可转换债券、结构性金融产品、权证、股票期权等内嵌某些期权要素。

重点难点

- 掌握期权的主要要素
- 了解期权合约的主要分类
- 理解期权内在价值和时间价值的含义,能画出期权到期时投资人损益图
- 了解影响期权价格的各种因素
- 了解布莱克－斯科尔斯期权定价模型,能进行相应计算
- 掌握看跌－看涨平价定理,并能进行相应计算和分析
- 理解股票期权和标的股票进行组合的主要策略
- 了解可转换债券、结构性金融产品、权证、股票期权等产品内嵌的期权要素

一、判断题

1. 执行价格是期权购买方为了购买期权，或者说为了获得某种权利而向期权出售方所支付的价格，是市场竞争的结果。（　　）
2. 期权价格是期权买方向期权卖方买入或卖出某种特定资产时使用的价格。（　　）
3. 和期货一样，为控制风险，期权规定的涨跌停幅度通常也低于股票的10%。（　　）
4. 50ETF期权价格涨跌幅度可以远高于10%。（　　）
5. 与期货交易一样，期权交易买卖双方都必须存入保证金，以防止买卖双方存在的违约风险。（　　）
6. 看跌期权的卖方可在未来将股票卖给买方。（　　）
7. 在其他条件相同时，美式期权的价值最大，其次是欧式期权，最小的是百慕大期权。（　　）
8. 平值期权指期权买方若立即执行该权利，其净利润为零。（　　）
9. 实值期权指期权买方若立即执行期权，其净利润大于零。（　　）
10. 期权的内在价值是指期权的买方立即履行合约时可以获得的利润。（　　）
11. 对期权卖方来说，期权的时间价值反映了期权内在价值在未来增值的可能性；对期权买方来说，期权的时间价值反映了期权交易期间的时间风险。（　　）
12. 认购期权的买方如果希望购入相应股票，其通常会行权。（　　）
13. 期权内在价值与股票内在价值一样，计算非常复杂。（　　）
14. 实值看涨股票期权的时间价值随着股票价格上升而不断增加。（　　）
15. 当股票价格上涨时，同期限的实值看涨期权价格的涨幅低于虚值看涨期权。（　　）
16. 当股票价格下跌时，相同到期期限的实值看跌期权的价格涨幅高于虚值看跌期权。（　　）
17. 当期权对应的股票价格变动时，期权价格的变动幅度要大很多，这会对投资人的盈亏起放大的作用，被称为期权的杠杆效应。（　　）
18. 期权到期时股价在盈亏平衡点，因无利润，股权买方不会行权。（　　）
19. 当利率上升，看涨期权的买方行权时需要支付一笔现金，该现金经折现后的价值即现值上升，这对买方不利，会使得看涨期权的价格下降。（　　）
20. 随着期权到期日的临近，期权价格会越来越低，因为期权价格中包括的时间价值会越来越小。（　　）
21. 充当期权合约的买方，其风险是有限的，获得的收益却可能相当大，甚至是无限大，而期权合约的卖方恰恰相反，因而投资人都不愿意充当期权合约的卖方。（　　）
22. 期权卖方风险很大，投资实务中期权卖方亏损可能性远远大于买方。（　　）
23. 期权隐含波动率越大，表明市场认为期权合约对应的标的资产的未来价格波动幅度（风险）越大。（　　）
24. 如果投资者想购买某种股票，但又担心其价格下跌，购买该股票后，又购买该股票的看跌期权。该策略被称为抛补的看涨期权。（　　）
25. 保护性看跌期权的投资组合是买进股票的同时卖出该股票的看涨期权。（　　）
26. 可转换债券（条款中有赎回条款、回售条款）包含三种期权合约，其分别以股票市价达到转股价格、低于转股价格的一定比例、高于转股价格的一定比例为要约条件，在股票价格大幅度波动的背景下，灵活地处理投资者和发行人之间的利益关系。（　　）

27. 权证是指基础证券发行人或其以外的第三人发行的，约定持有人在规定期限内或特定到期日有权按照约定价格向发行人购买或出售标的股票，或以现金结算方式收取结算差价的有价证券。（　　）
28. 认购权证是看涨期权，认沽权证是看跌期权。（　　）
29. 股票期权从本质上看是一种看涨期权。（　　）
30. 结构性金融产品是将固定收益证券的特征与衍生产品特征相结合的一类新型金融产品。（　　）

二、选择题（包括单选和多选）

1. 一份50ETF期权合约可以买卖50ETF基金（　　）。
   A. 100股　　　　　　B. 1 000股　　　　　　C. 10 000股　　　　　　D. 100 000股
2. 看涨期权买方（　　）交纳保证金，看跌期权卖方（　　）交纳保证金。
   A. 需要　不需要　　B. 需要　需要　　C. 不需要　需要　　D. 不需要　不需要
3. 相对欧式看跌期权，美式看跌期权（　　）。
   A. 价值较低　　　　B. 价值较高　　　　C. 有同样价值　　　　D. 总是早一些行权
4. 某一看涨期权合约规定，持有者可以按照20元购买某股票100股，目前该股票市价为21元，则该看涨期权的价格最可能为（　　）。
   A. 1元　　　　　　B. 5元　　　　　　C. 18元　　　　　　D. 25元
5. 你以行权价格50元买入一份某股票看涨期权，期权费为5元，该头寸盈亏平衡点所对应的股价为（　　）元。
   A. 50　　　　　　　B. 55　　　　　　　C. 45　　　　　　　D. 40
6. 你以行权价格50元卖出一份某股票看跌期权，期权费为5元，该头寸盈亏平衡点所对应的股价为（　　）元。
   A. 50　　　　　　　B. 55　　　　　　　C. 45　　　　　　　D. 40
7. 当投资人对标的证券价格强烈看涨，希望通过期权杠杆效应最大化证券价格上涨所带来的收益时，可以买入（　　）。
   A. 实值期权　　　　B. 平值期权
   C. 虚值期权　　　　D. 实值、平值或虚值三种中任何一种
8. 投资人卖出行权价格为30元的1份看跌期权，期权费为6元/股，每份期权合约可以买卖股票100股，则该投资人未来承受的最大损失是（　　）。
   A. 600元　　　　　B. 3 000元　　　　　C. 不确定　　　　　D. 2 400元
9. 期权买方一般不行权最主要的原因是（　　）。
   A. 期权是虚值期权　　　　　　　　B. 期权未到期
   C. 不需要或没有期权标的资产　　　D. 收益不是最优
10. 某股票市价为12元，其对应的美式看跌期权和欧式看跌期权的行权价格都是13元，到期期限都是1个月。下面四个价格中包含美式期权和欧式期权。你认为欧式期权的价格最可能是（　　）。
    A. 1元　　　　　　B. 1.1元　　　　　　C. 1.6元　　　　　　D. 1.7元

11. 某行权价格为 10 元的看涨股票期权的期限还有一个月，昨日股票价格为 6 元，今日股票收盘价格为 6.6 元，则该看涨股票期权的价格涨幅最可能为（　　）。
    A. 涨停板 10%　　　B. 18%　　　C. 28%　　　D. 大于 100%

12. 你认为下面图形代表的是到期时（　　）的损益。

    A. 看涨期权空头　　B. 看跌期权空头　　C. 看涨期权多头　　D. 看跌期权多头

13. 当股票预期红利上升时，欧式看涨期权价值（　　），美式看跌期权价值（　　）。
    A. 增加　增加　　B. 降低　增加　　C. 增加　降低　　D. 降低　降低

14. 2017 年 6 月 20 日，50ETF 沽 7 月 2300 暴涨 27.78%，你认为最可能的原因是（　　）。
    A. 央行加息　　B. 沪深 300 指数上涨　　C. 50ETF 价格下降　　D. 价格随机波动

15. 2017 年 6 月 19 日，50ETF 购 7 月 2400 暴涨 40.05%，你认为最可能的原因是（　　）。
    A. 央行降息　　B. 50ETF 价格上升　　C. 沪深 300 指数上涨　　D. 价格随机波动

16. 2017 年 6 月 20 日，50ETF 购 6 月 2 400 价格为 0.086 3 元，50ETF 沽 6 月 2 400 价格为 0.001 5 元。你认为当日 50ETF 收盘价格最可能是（　　）元。
    A. 2.38　　　B. 2.40　　　C. 2.484　　　D. 2.52

17. 当你认为未来股价可能下跌时，你可以选择（　　）。
    A. 买入看涨期权　　B. 卖出看涨期权　　C. 买入看跌期权　　D. 卖出看跌期权

18. 某半年到期的看涨期权行权价格是 20 元，股票价格是 22 元，无风险利率为 3%，则股票看涨期权的价格最可能是（　　）元。
    A. 2.05　　　B. 2.18　　　C. 2.23　　　D. 2.30

19. 国外投资实践表明，大约 75% 的期权到期前的最后三周都变成一张废纸。这说明，期权价格（　　）。
    A. 经常被高估　　B. 经常被低估　　C. 定价合理　　D. 具有随机波动特点

20. 期权投资者适当性管理规定，（　　）可以从事保证金卖出期权合约业务。
    A. 一级投资者　　B. 二级投资者　　C. 三级投资者　　D. 所有投资者

21. 当隐含波动率（　　）外在波动率时，期权价格被高估。
    A. 大于　　　B. 小于　　　C. 等于　　　D. 不等于

22. 无论美式期权还是欧式期权，认购期权还是认沽期权，（　　）均与期权价值呈正相关变动。
    A. 标的资产价格波动率　　　　B. 无风险利率
    C. 预期股利　　　　　　　　　D. 标的资产价格高低

23. 采取抛补的看涨期权策略的主要目的是（　　）。

A. 设定股票的最低卖出价格　　　　B. 避免股价上涨造成的巨大损失
C. 设定股票最高买入价格　　　　　D. 稳定赚取看涨期权的期权费

24. 可转换债券内嵌（　　）期权要素。
A. 一种　　　　B. 二种　　　　C. 三种　　　　D. 四种

三、计算题

1. 某个美式股票看涨期权的交易情况如下表所示：

期权基本情况　（单位：元）

每股市价	执行价格	期权价格
20	50	0.02
30	50	0.25
40	50	1
50	50	6
60	50	15
70	50	23
80	50	32
90	50	41
100	50	50.02

假设投资人买卖期权有四种情况：①在股价为60元时以每股15元的价格买入1份期权，后股价上升到70元，期权价格上升到23元；②在股价为20元时以每股0.02元的价格买入1份期权，后股价上升到30元，期权价格上升到0.25元；③在股价为70元时以每股23元的价格买入1份期权，后股价下跌到60元；④在股价为30元时以每股0.25元的价格买入1份期权，后股价下跌到20元。试分析四种情况下，投资人应该如何操作才能使其利润最大化或亏损最小化，并进行总结。

2. 某个股票看跌期权的交易情况如下表所示：

期权基本情况　（单位：元）

每股市价	执行价格	期权价格
15	30	15.25
20	30	12
25	30	8
30	30	6
35	30	3.5
40	30	1
50	30	—

假设投资人买卖期权有四种情况：①在股价为40元时以每股1元的价格买入1份期权，后股价下跌到35元，期权价格上升到3.5元；②在股价为20元时以每股12元的价格买入1份期权，后股价下跌到15元，期权价格上升到15.25元；③在股价为35元时以每股3.5元的价格买入1份期权，后股价上升到40元；④在股价为15元时以每股15.25

元的价格买入 1 份期权,后股价上升到 20 元。试分析四种情况下,投资人应该如何操作才能使其利润最大化或亏损最小化,并进行总结。

3. 你在 2015 年 6 月 11 日预期市场下跌,卖空 50ETF 或买入 50ETF 沽 9 月。若可用资金为 20 000 元,6 月 11 日和 7 月 9 日,50ETF 基金、50ETF 期权交易价格如下表所示,假设融券保证金比率为 50%,你以股票、期权当天中间价格成交,试分析两种策略从 6 月 11 日到 7 月 9 日的收益率。

(单位:元)

日期	交易价格	
	50ETF 基金	50ETF 期权
6 月 11 日	3.27 ~ 3.345 元	0.467 6 ~ 0.495 7 元
7 月 9 日	2.447 ~ 2.856 元	0.781 9 ~ 1.105 7 元

4. 你在 2016 年 5 月 30 日预期市场上涨,融资买入 50ETF 或买入 50ETF 购 12 月 2050。若可用资金为 20 000 元,5 月 30 日和 7 月 12 日,50ETF、50ETF 期权交易价格如下表所示,假设融资保证金比例为 100%,你以 50ETF 基金、50ETF 期权当天中间价格成交,试分析两种策略从 5 月 30 日到 7 月 12 日的收益率。

	5 月 30 日	7 月 12 日
50ETF 基金	2.065 ~ 2.094 元	2.188 ~ 2.235 元
50ETF 期权	0.086 1 ~ 0.096 元	0.168 8 ~ 0.200 2 元

5. 现在是 6 月 8 日,某股票价格为 65 元,其 3 个月后到期,执行价格为 64 元的看涨期权和看跌期权的价格分别为 5.8 元和 3.8 元。试计算:①当你认为未来 3 个月该股票很可能上涨时,你可以买入 1 份看涨期权或卖出 1 份看跌期权。当股票未来价格达到 66 元、69 元、72 元、75 元和 78 元时,你在两种策略下的利润,并回答两种策略各自适合什么情况。②当你认为未来 3 个月该股票很可能下跌时,你可以卖出 1 份看涨期权或买入 1 份看跌期权。当股票未来价格达到 50 元、53 元、56 元、59 元和 62 元时,两种策略的利润,并回答两种策略各自适合什么情况。

6. 考虑某股票的一年期看涨期权和一年期看跌期权,两者的执行价格都是 100 元。如果无风险收益率为 3%,股票的市场价格为 102 元,看跌期权价格为 6.50 元,问:①看涨期权的价格应该是多少?②如果看涨期权的价格为 11.60 元,是否可以套利?如何套利?③在②的情形下,实际套利还要考虑什么因素?

7. 科大讯飞股票当前价格为 59 元/股。市场上 1 年期的欧式看涨和看跌期权的执行价格均为 60 元/股,看涨期权的价格为 9 元/股,看跌期权的价格为 8.5 元/股,无风险利率为 3%。问:①是否存在套利机会?如何套利?②实际套利还要考虑什么因素?

(单位:元)

日期	交易价格	
	50ETF 基金	50ETF 期权
5 月 30 日	2.065 ~ 2.094	0.086 1 ~ 0.096
7 月 12 日	2.188 ~ 2.235	0.168 8 ~ 0.200 2

8. 2016年11月7日，50ETF购12月2250价格为0.0946元，50ETF沽12月2250价格为0.0248元，当日50ETF收盘价格为2.330元，上海同业拆借年利率为3.04%。用上面数据验证看涨－看跌平价定理，并分析是否可以套利。

9. 在2017年6月20日，50ETF购12月2500价格为0.0999元，50ETF沽12月2500价格为0.0983元，当日50ETF收盘价为2.483元。请问：①期权市场隐含的无风险利率是多少？②当日中国债券信息网显示的无风险收益率为3.5488%，50ETF购12月2500、50ETF沽12月2500中哪一个被高估？哪一个被低估？

10. 投资人以90元／股的价格买入科大讯飞公司股票1 000股。如果打算在100元时卖出，而市场上执行价格为100元的有效期90天的看涨期权的价格是6元，于是其卖出10份看涨期权。问：假设到期时股票价格分别为70元、80元、90元、100元、110元、120元、130元，相应的投资组合的损益是多少？

11. 长春高新股票现价95元，3月后执行价格为100元的看跌期权的价格是15元，投资者购买长春高新股票1 000股，同时买进10份看跌期权合约。问：假设到期时股票价格为80元、90元、100元、110元、120元时，投资组合的损益分别是多少？

12. 某投资机构将100万股50ETF质押在银行。目前50ETF收盘价格为2.55元。该机构认为2.55元是理想的卖出价，担心5个月后质押到期时股价下跌，于是以0.12元／股的价格卖出100份5个月后到期的500ETF购12月2550。①试计算5个月后该机构在下表各种股价下实现其保值目标（实际卖出价格为2.55元）的效果；②写出卖出价格与市场价格的函数表达式；③以50ETF到期时的价格为横坐标，实际卖出价格为纵坐标，画出保值效果图形。

	市价＜2.43	市价＝2.43元	2.43＜市价≤2.55	市价＞2.55元
保值效果				

13. 某机构看好50ETF的未来走势，计划买入100万股，5OETF现价为2.55元。该机构投资需要的资金5个月后才能到账，该机构担心届时股价上涨，故以0.14元／股的价格卖出100份5个月到期的500ETF沽12月2550。①试分析5个月后该机构在各种股价下实现其套期保值（实际买入价格为2.55元）的效果；②写出买入价格与市场价格的函数表达式；③以50ETF到期时的价格为横坐标，实际买入价格为纵坐标，画出保值效果图形。

	市价＞2.69元	市价＝2.69元	2.55≤市价＜2.69元	市价＜2.55元
保值效果				

四、画图及填空题

1. 实值期权、平值期权、虚值期权和看涨期权、看跌期权有着明确的联系。请将"＞""＜"或"＝"填入下表的括号中。

	看涨期权	看跌期权
实值期权	市场价格（　）执行价格	市场价格（　）执行价格
平值期权	市场价格（　）执行价格	市场价格（　）执行价格
虚值期权	市场价格（　）执行价格	市场价格（　）执行价格

2. 下表是某只股票的期权报价，其中有两个期权费不正确，是哪两个？为什么？

收盘价（元）	行权价（元）	到期时间	看涨期权	
			成交量	期权费
20.25	10	9月	29	5.50
20.25	15	9月	333	7
20.25	25	12月	5	2
20.25	30	9月	76	2
20.25	35	11月	89	0.50

3. 根据下列资料，分别画出下面期权到期时的损益图。
   （1）买进一个看跌期权，执行价格为30元，期权费为8元。
   （2）卖出一个看涨期权，执行价格为50元，期权费为15元。

4. 在下表括号内填入"上升"或"下降"，并解释。

影响期权价格的因素分析

影响因素上升	美式看涨期权	美式看跌期权
股票市价	上升	（　）
执行价格	下降	（　）
到期期限	上升	上升
股价波动性	上升	上升
无风险利率	（　）	下降
红利	下降	上升

5. 画出保护性看跌期权的损益并简要解释。
6. 画出抛补的看涨期权的损益图并简要解释。
7. 利用期权可以套期保值。请将相应内容填入下表的括号中，并解释期权套期保值的基本原理。

多头套期保值和空头套期保值的比较

	多头套期保值		空头套期保值	
	现货市场	期权市场	现货市场	期权市场
现在	无现货	（　）	有现货	（　）
将来	买进	（　）	卖出	（　）
将来价格上涨	损失	利得	利得	损失
将来价格下跌	利得	损失	损失	利得

五、分析题

1. 某企业在 2016 年 12 月 30 日将持有的 500 000 股 50ETF 向银行质押，期限为 5 个月。该企业担心 5 个月后（即 2017 年 5 月 31 日到期时）50ETF 价格下跌，拟采用期权进行套期保值。①请帮助企业设计套期保值策略，并说明该策略的基本原理。②根据同期市场实际数据变动，用 50ETF 沽 6 月 2300 验证该策略的有效性。

市场交易数据　　　　　　　　　　　　　　　　（单位：元）

日期	50ETF 收盘价格	50ETF 沽 6 月 2300 价格
2016 年 12 月 30 日	2.287	0.133 0
2017 年 5 月 31 日	2.475	0.002

2. 2017 年 5 月 5 日，某企业计划在 2017 年 7 月 4 日购入 1 000 万股 50ETF。该企业担心 7 月 4 日 50ETF 价格上升，拟采用期权进行套期保值。①请帮助企业设计套期保值策略，并说明该策略的基本原理。②根据同期市场实际数据变动，用 50ETF 购 12 月 2250 验证该策略的有效性。

（单位：元）

日期	50ETF 收盘价格	50ETF 购 12 月 2250 价格
2017 年 5 月 5 日	2.313	0.092 4
2017 年 7 月 4 日	2.52	0.290 3

3. 投资人甲（买房者）和投资人乙（卖房者）在中介公司的帮助下签订了商品房买卖合同，房价约定为 280 万元，投资人甲支付定金 8 万元，其余房款将在一个月后付清。你认为投资人甲和投资人乙的交易是期权交易吗？如果不是，该交易和期权交易的主要区别是什么？

第 14 章
CHAPTER14

投资总评和投资策略选择

本章提要

投资学理论可归纳为四大投资准则。可用詹森指数、夏普指数和特雷诺指数评估投资绩效。影响投资绩效的因素可以分解为资产配置、证券选择和资产配置与证券选择合并三个方面。投资人可采用价值投资策略、成长投资策略、技术分析投资策略和市场组合投资策略等投资策略。对投资策略的滥用破坏了投资策略的一致性,导致投资失败。

重点难点

- 用四大投资准则总揽投资学理论
- 理解詹森指数、夏普指数和特雷诺指数的含义,能用其评估实际投资业绩
- 掌握影响投资组合绩效分解为资产配置、证券选择和资产配置与证券选择合并的方法
- 理解价值投资策略、成长投资策略、技术分析投资策略和市场组合投资策略的基本含义,以及各投资策略对投资人的基本要求
- 了解各种投资策略被滥用的主要表现形式

一、判断题

1. 资本市场线方程、资本资产定价模型和套利定价模型的共同特征是它们都反映了投资风险和投资收益形影相随的投资思想。(　　)

2. 技术分析中的逆时针八大循环图主要反映了投资风险和投资收益形影相随的投资思想。（　　）
3. 夏普指数和特雷诺指数都表示单位风险所获得的风险溢价，区别在于前者的风险用系统性风险来衡量，后者的风险用总风险来衡量。（　　）
4. 价值投资策略着眼于现在，成长投资策略侧重于未来。（　　）
5. 偏好投资新兴行业上市公司股票的投资人，适合采取技术分析投资策略。（　　）
6. 追逐市场热门股票，是价值投资策略失败的主要根源。（　　）
7. 成长股投资策略侧重于未来，因而是最适合长期投资的策略。（　　）
8. 投资人采取价值投资策略，相对于成长投资策略、技术分析投资策略和市场组合投资策略，是一种投资绩效最高的策略。（　　）
9. 在价值投资策略、成长投资策略、技术分析投资策略和市场组合投资策略中，交易成本最高的是市场组合投资策略。（　　）
10. 由于投资市场风向不断变化，其中最明显的变化就是其时而偏好价值股投资，时而又偏向成长股投资。因此，投资人应该顺势而为，在市场偏好价值股投资时采取价值投资策略，在市场偏好成长股投资时采取成长投资策略，这样就能获得远高于市场平均收益的利润。（　　）

二、选择题（包括单选和多选）

1. 体现风险和收益形影相随的投资学理论和观点主要有（　　）。
   A. 资本资产定价模型　　　　　　B. 现货 – 期货平价定理
   C. 市场组合　　　　　　　　　　D. 套利定价模型
2. 资本市场线方程、投资人效用函数等主要表达了（　　）的思想。
   A. 尊重市场、适应市场　　　　　B. 投资收益和投资风险形影相随
   C. 牛熊市周而复始　　　　　　　D. 分散投资降低风险
3. 尊重市场、适应市场的投资思想反映在（　　）等投资学理论和观点之中。
   A. 市场组合　　　B. 有效市场假设
   C. 指数基金　　　D. 股票绝对价值评估模型
4. "价格沿趋势运动""以市场平均市盈率确定股票合理价格"等观点体现了（　　）的思想。
   A. 尊重市场、适应市场　　　　　B. 投资收益和投资风险形影相随
   C. 牛熊市周而复始　　　　　　　D. 分散投资降低风险
5. 体现分散投资降低风险的投资学理论和观点主要有（　　）。
   A. 期货和现货组合进行套期保值　B. 看跌 – 看涨平价定理
   C. 期权和现货组合进行套期保值　D. 最优风险投资组合
6. 评估投资业绩的主要方法有（　　）。
   A. 詹森指数　　　　　　　　　　B. 资本资产定价模型

C. 夏普指数　　　　　　　　　　　　D. 特雷诺指数

7. 下列选项中影响投资组合绩效的主要因素是（　　）。
   A. 市场波动　　　B. 资产配置　　　C. 投资人情绪　　　D. 证券选择

8. 支持市场有效假设的投资策略是（　　）。
   A. 价值投资策略　　　　　　　　　B. 成长投资策略
   C. 技术分析投资策略　　　　　　　D. 市场组合投资策略

9. 无论采用价值投资策略、成长投资策略、技术分析投资策略还是市场组合投资策略，都有很多投资人失败，你认为最主要的原因是（　　）。
   A. 每一种投资策略都很复杂
   B. 每一种投资策略都有不可克服的局限
   C. 投资人对投资策略的调整严重滞后于市场变化
   D. 投资人不能将一种投资策略贯穿于投资活动始终

10. 投资人采取市场组合投资策略可能失败最主要的原因是（　　）。
    A. 市场持续下跌　　　　　　　　　B. 市场非理性
    C. 市场大幅下跌时卖出离开市场　　D. 市场个股频发黑天鹅风险

11. 买入指数基金的投资人采用的投资策略是（　　）。
    A. 价值投资策略　　　　　　　　　B. 成长投资策略
    C. 技术分析投资策略　　　　　　　D. 市场组合投资策略

三、计算题

1. 如果无风险收益率为 3%，某投资组合和市场组合的收益和风险如下表所示：

	收益率（%）	收益率标准差（%）	贝塔系数
投资组合 P	15	20	1.5
市场组合 M	13	15	1

问：①投资组合 P 和市场组合 M 的詹森指数、夏普指数和特雷诺指数分别是多少？②投资组合 P 战胜了市场吗？

2. 景顺长城沪深 300 指数增强基金，其参考的基准收益率为：95% × 沪深 300 指数收益率 + 1.5%（年收益率）。2018 年该基金跌幅为 -23.46%，同期沪深 300 指数跌幅为 -25.31%。2019 年第二季度该基金跌幅为 -0.83%，同期沪深 300 指数跌幅为 -1.21%。问：景顺长城沪深 300 指数增强基金在 2018 年和 2019 年第二季度是否战胜了其参照的市场？

3. 下表是包括美国、日本和英国股票的一个投资组合和相应的基准组合：

	投资组合权重（%）	基准权重（%）	投资组合收益率（%）	基准收益率（%）
美国股票	40	40	20	10
日本股票	30	20	-5	-4
英国股票	30	40	6	8

问：①该投资组合是否战胜了基准组合收益率？②在该投资组合收益率与基准收益率的偏差中，各个影响因素的具体影响是多少？

四、简述题

1. 价值投资策略是最经典的投资策略，价值投资大师巴菲特蜚声中外投资市场，不少投资人研究和模仿巴菲特，但为什么真正做价值投资的投资人很少？
2. 为什么成长投资策略很容易受到市场追捧？为什么成长投资策略的长期业绩劣于价值投资策略？
3. 投资人为什么容易在不同投资策略之间频繁转换？

综合分析题

1. 下面给出了一些资料、数据和图表,请对给出的材料进行分析,预测股市后市走向。

(1) 华尔街日报(2012年6月9日)中国5月CPI升幅低于市场预期

中国国家统计局周六发布的数据显示,中国5月消费者价格指数(CPI)较上年同期上升3.0%,升速较4月的3.4%放慢。

5月CPI升幅低于市场预期。此前接受道琼斯通讯社调查的15位经济学家给出的预期中值为上升3.2%。

5月CPI较前月下降0.3%,4月CPI较前月下降0.1%。

中国5月生产者价格指数(PPI)较上年同期下降1.4%。4月PPI较上年同期下降0.7%。

此前接受道琼斯通讯社调查的15位经济学家给出的预期中值是5月PPI较上年同期下降1.1%。

中国5月PPI较4月下降0.4%。4月PPI较前月上升0.2%。

(2) 2012年1月4日至2012年6月8日上证指数日K线图:

(3) 2012年6月8日股指期货交易情况(当天沪深300指数收盘价为2 524.33):

代码	名称	涨幅%	现价	买价一	卖价一	现量	涨速%	量比	买量一	卖量一	溢价	涨跌	总量	总金额	持仓量	仓差	结算	今开	最高
1	IF1206 沪深1206	-0.67	2513.0	2512.8	2513.2	7	-0.02	1.20	3	3	-11.33	-17.0	40.1万	3044.5亿	35192	-3296	2517.2	2545.2	2548.8
2	IF1207 沪深1207	-0.75	2506.0	2504.8	2506.0	6	-0.06	1.58	2	26	-18.33	-19.0	38020	287.8亿	21397	2299	2510.6	2543.6	2543.6
3	IF1208 沪深1208	—	—	—	—	—	—	—	0	0	0.00	—	0	0.0	0	0	0.0	—	—
4	IF1209 沪深1209	-0.74	2515.2	2515.0	2516.4	1	-0.07	1.29	6	2	-9.13	-18.8	3821	29.0亿	6835	9	2521.0	2547.4	2551.2
5	IF1210 沪深1210	—	—	—	—	—	—	—	0	0	0.00	—	0	0.0	0	0	0.0	—	—
6	IF1211 沪深1211	—	—	—	—	—	—	—	0	0	0.00	—	0	0.0	0	0	0.0	—	—
7	IF1212 沪深1212	-0.62	2544.6	2543.4	2546.0	1	-0.05	1.29	1	1	20.27	-15.8	698	5.4亿	1733	170	2550.4	2573.4	2577.2
8	IF1301 沪深1301	—	—	—	—	—	—	—	0	0	0.00	—	0	0.0	0	0	0.0	—	—
9	IF1302 沪深1302	—	—	—	—	—	—	—	0	0	0.00	—	0	0.0	0	0	0.0	—	—
10	IF1303 沪深1303	—	—	—	—	—	—	—	0	0	0.00	—	0	0.0	0	0	0.0	—	—
11	IF1304 沪深1304	—	—	—	—	—	—	—	0	0	0.00	—	0	0.0	0	0	0.0	—	—
12	IF1305 沪深1305	—	—	—	—	—	—	—	0	0	0.00	—	0	0.0	0	0	0.0	—	—
13	IF300 沪深300	-0.70	2524.33	2524.33	2524.33	—	—	1.08	100	170	0	-17.85	4386万	476.4亿	0	0	0.0	2558.84	2559.13
14	IFL0 当月连续	-0.67	2513.0	2512.8	2513.2	7	-0.02	1.20	3	3	-11.33	-17.0	40.1万	3044.5亿	35192	-3296	2517.2	2545.2	2548.8
15	IFL1 下月连续	-0.75	2506.0	2504.8	2506.0	6	-0.06	1.58	2	26	-18.33	-19.0	38020	287.8亿	21397	2299	2510.6	2543.6	2543.6
16	IFL2 下季连续	-0.74	2515.2	2515.0	2516.4	1	-0.07	1.29	6	2	-9.13	-18.8	3821	29.0亿	6835	9	2521.0	2547.4	2551.2
17	IFL3 隔季连续	-0.62	2544.6	2543.4	2546.0	1	-0.05	1.29	1	1	20.27	-15.8	698	5.4亿	1733	170	2550.4	2573.4	2577.2

2. 2012年12月，中国股市持续下跌，上海市场已经跌破了2 000点，市场笼罩在一片愁云惨雾之中。这时，两个投资者对究竟是否应该在此时投资股票市场产生了争论。

①投资人甲：已经对市场彻底绝望，一旦市场有反弹，就全部清仓，从此不再投资中国股票市场。

②投资人乙：现在离开市场，可能会倒在黎明前的黑暗中，错失一个赚钱的大好机会。

③投资人甲：中国投资市场就是一个坑害中小投资人的市场，现在离开还来得及，不然像一些投资专家所说的，会跌到1 600点。

④投资人乙：专家就没有人能够说对，2007年在上海市场达到6 000多点的时候，有许多所谓的专家还在看10 000点，结果后来下跌到最低1 600多点。而且，现在市场的市盈率水平已经在10倍多一点，是历史上最低的市盈率水平了，投资价值已经非常突出了。

⑤投资人甲：市盈率指标根本没有用，因为一旦未来企业的业绩继续下滑，市盈率水平又会升上去，而且市盈率水平低是众所周知的事情，而众所周知的信息在投资时就是完全无用的信息。

⑥投资人乙：你认为市场总是对的？你没有听说过巴菲特总是在众人恐慌时大量买进股票吗？！你难道没有听说过价值投资策略吗？

⑦投资人甲：当然听说过价值投资策略。但是，价值投资策略中的股票价值本质上很难琢磨，在市场预期彻底变坏的时候，股票价值受投资人心理预期影响也会相应大幅下降。

⑧投资人乙：我没有办法说服你。我们还是各自保留自己的意见吧。

⑨投资人甲：我也无法说服你。我还是要先出来，如果以后市场真正走好了的话，我

再进来也不迟。

上面两个投资人的对话虽然很简单，但支持他们现在应该投资还是不应该投资的结论都有投资学有关理论和观点支撑。现在将一些著名观点排列如下，请从具体对话中分别找出支持投资人甲和投资人乙的观点：

观点1：有效市场假设

观点2：逆向思维

观点3：尊重市场、适应市场是投资人的生存法则

观点4：投资市场总是牛熊市周而复始

观点5：股票有内在价值

观点6：内在价值根本不可测，投资人的心理决定股票价值

第二部分
PART 2

参考答案

第1章　导论
第2章　各具特色的投资产品
第3章　投资市场运行
第4章　投资收益与投资风险
第5章　投资组合
第6章　风险定价理论
第7章　有效市场假设、行为金融学与适应性市场假说

第8章　债券投资分析
第9章　股票投资信息分析
第10章　股票价值分析
第11章　技术分析
第12章　期货市场
第13章　期权市场
第14章　投资总评和投资策略选择

第 1 章

导 论

一、判断题

1. ×
2. ×（主要体现了风险和收益形影相随的思想）
3. ×
4. √
5. ×（风险偏好者在预期收益率一定时，喜欢风险较高的投资产品）
6. √（因为绝大多数投资人都是风险厌恶型投资人）
7. √
8. ×（股票投资适合长期投资而不是短期投资）
9. ×
10. ×（股市上涨刺激消费是财富效应）
11. ×（2 万亿元房产市值直接"蒸发了"）
12. ×
13. ×（牛市时空头亏钱）
14. ×（熊市时空头赚钱）
15. ×（投资人心理变化并不完全随机，如其要受市场行情影响）
16. ×
17. ×
18. ×（泡沫表示股价远远高于股票的内在价值）
19. ×
20. ×（股市牛熊市周期变化受多种因素影响）
21. √
22. ×
23. ×（违背尊重市场、适应市场规律）
24. ×（市场变化时多空阵营会变化）

25. √（房产中介沟通买卖双方、婚姻中介沟通男女双方）
26. ×（分散投资降低风险）
27. ×（全球投资的目的是降低投资风险）
28. ×（应该是 QDII）
29. ×（国外投资者考虑的是分散投资降低风险）
30. ×（少数专业人士才如此认为）
31. √

二、选择题

1. ABD
2. A
3. ABC
4. B
5. B
6. B
7. A
8. A
9. C
10. ABC
11. C
12. C
13. B（牛市会出现全民炒股现象）
14. C
15. B
16. C（基于牛熊市周而复始规律，投资人认为股价涨多了会下跌）
17. C（基于牛熊市周而复始规律，投资人认为股价跌多了会上涨）
18. C（基于牛熊市周而复始规律，股市大热表明市场即将转折）
19. C
20. C（其表明金融产品价格有涨有跌，体现牛熊市周期变化的观点）
21. B
22. C
23. B（这有利于投资资金不再流入房地产市场）
24. B（经济周期、其他投资产品牛熊变化相对需经历较长时间，只有投资人心理和行为变化非常频繁，对股票市场牛熊变化非常敏感）
25. B
26. A
27. A
28. C
29. C
30. AC
31. AB
32. C
33. B
34. D（无法从图中找到不同行业股票涨跌规律，只能分散投资）
35. A
36. ABCD
37. C
38. D

39. C（因为四大投资准则环环相扣、层层递进，使用必须适度，否则过犹不及）

三、连线并解释

答案：

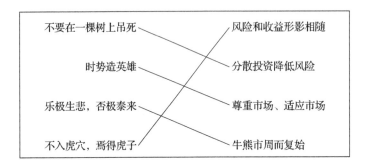

①虎穴可以视为风险，虎子视为收益；②乐极生悲，否极泰来是一种周期循环：乐极即投资人情绪高昂，其往往出现在牛市高潮时，然后就是悲惨的熊市；否极即坏到极限，意味着熊市时投资人的绝望，然后是泰来，即顺境牛市到来；③时势造英雄，意指英雄是顺应时代需要的产物，必须顺应潮流，投资人也必须尊重市场；④不要在一棵树上吊死，意指多准备一些应急方案，以适应不同的情况，类似投资市场分散投资降低风险。

四、计算题

情形	暴跌股票	暴涨股票	投资收益率
情形1	5只股票价格为零	3只10元，2只20元	（10×6 000+20×4 000−100 000）/100 000=40%
情形2	6只股票价格为零	3只10元，1只40元	（10×6 000+40×2 000−100 000）/100 000=40%
情形3	7只股票价格为零	2只15元，1只50元	（15×4 000+50×2 000−100 000）/100 000=60%
情形4	8只股票价格为零	1只20元，1只60元	（20×2 000+60×2 000−100 000）/100 000=60%
情形5	9只股票价格为零	1只80元	（80×2 000−100 000）/100 000=60%

答案： 分散投资降低风险。

五、简述题

1. 巴菲特是价值投资的代表；索罗斯投资最重要的特色是利用金融危机获得暴利；西蒙斯是量化投资的代表。

2. 参考《投资学原理及应用》(第 4 版)。
3. 参考《投资学原理及应用》(第 4 版)。

六、分析题

1. **答案**：①这句话体现了牛熊市周而复始的思想。②市场大涨后下跌的概率大，风险因此加大；市场大跌后上涨可能增加，投资机会因此增加。
2. **答案**：①未来房地产价格将大幅度下跌的观点，其理论依据是投资市场牛熊市周而复始，因为以往房价持续上涨，将来房价应该进入熊市周期。②支持房价将继续上涨的观点，其理论依据是尊重市场、适应市场，因为房价上涨是市场行为，房价上涨与投资人投资房产的信心呈现正循环效应，因而房价上涨本身会进一步刺激房价上涨。
3. **答案**：①相信。这种操作顺应了牛熊市周而复始的投资准则。②"投资人个个满脸苦相"，表明投资人对市场已经绝望，这时投资市场应该是或者非常接近熊市底部区域，老和尚果断买入股票的行为非常明智；"证券公司人山人海"，表明投资人热情高涨，纷纷涌入投资市场，这时投资市场应该是或者非常接近牛市顶部区域，老和尚果断卖出股票的行为同样非常明智。
4. **答案**：总体合理。①因为过去多年房价持续上涨，股价持续下跌，基于牛熊市周而复始的规律，在未来房价上涨可能性较小的情况下，股价上涨可能性相对较大。②"指数也不孚众望，持续逼空"，表明股票市场已经出现由多年熊市转变为牛市的迹象，投资股市也是尊重市场的需要。

第 2 章

各具特色的投资产品

一、判断题

1. ×
2. ×（管理层只在少数特定事项上享有特权）
3. √（10 名小股东可以选举的董事人数 = 11%×9 人 = 0.99 人）
4. ×（直接投票制下每个候选人名下只能投 50 万票，该股东全部投票权仍然是 450 万票）
5. √
6. ×（不是提高，只是保障）
7. √
8. ×
9. ×（配股只针对原股东）
10. ×（因为原有股东认股数量在两种方式下不同）
11. ×（少数情况下定向增发价格可能高于市场价格）
12. ×
13. ×（限售期后可以流通）
14. √
15. ×
16. ×（限售股自然生成，不可能被取消）
17. ×（存托凭证是直接投资外国证券的一种形式）
18. ×（债券流动性普遍低于股票）
19. ×（投资政府债券主要有税收优惠）
20. ×
21. √
22. ×
23. ×
24. ×

25. ×（提前赎回条款是发行人的权利）
26. ×（转股价格确定后除非修改，否则不会变化）
27. ×（通常，转债价格大于转换价值）
28. √
29. ×（这是扬基债券）
30. ×（私募基金有很高的投资门槛）
31. ×
32. ×（开放式基金不会溢价）
33. ×（这是封闭式基金，因为开放式基金价格与净资产值非常接近）
34. ×（封闭式基金价格由市场供求决定）
35. √
36. ×（投资目标不一定能够达到）
37. ×
38. ×（ETF交易价格不一定等于净资产值，只是与基金净资产值非常接近，因为交易成本影响套利）
39. ×
40. ×
41. √
42. ×（FOF的风险应该更低）
43. ×
44. ×
45. √
46. √
47. ×（投资人总体盈亏为零，但不存在一个人盈利对应一个人亏损的一一对应关系）

二、选择题

1. C
2. A
3. C
4. ABD
5. D
6. ABC
7. C
8. A
9. BC
10. A
11. C
12. A
13. A
14. ACD
15. B
16. D
17. C（100元面值转债可转换20股股票，故股债价格不低于104元，但135元过高，不太可能）
18. A
19. C（若市场价格是30元，则转债价格通常大于150元）
20. D
21. A
22. C
23. D（图中两只证券价格走势相似，只能是转债和基准股票这种情形）
24. A

25. C		26. B	
27. C（通常，转股价格略高于市场价格）		28. B	
29. B		30. B	
31. D		32. C	
33. D		34. D	
35. C		36. D	
37. D		38. B	
39. B		40. B	
41. ABC		42. BC	
43. ABC		44. A	
45. A		46. D	
47. C		48. ABCD	
49. BCD		50. ABC	
51. D		52. ABD	

三、填空题

1. 答案：

投资产品	收益	风险	费用	流动性	资金门槛	研究精力
股票	高	高	低	（高）	较低	较高
债券	低	（低）	较低	较低	低	低
基金	较高	较高	较高	较高	低	（较低）
衍生产品	（很高）	很高	低	较高	高	高

2. 答案：

	理由之一	理由之二	理由之三
股民转基民	基金抗风险能力强	专业化优势	有效投资组合
股民不转基民	基金收费高	基金投资风格漂移	基金经理道德风险

3. 答案：

发行人	发行地点	票面货币	债券名称
中国某家公司	美国	美元	扬基债券
		英镑	欧洲债券
	日本	日元	武士债券
		美元	欧洲债券
	英国	英镑	猛犬债券
		美元	欧洲债券
欧洲某家公司	中国	人民币	熊猫债券
		美元	欧洲债券

4. 答案：

直接投票制下的选择结果

	第一大股东	第二大股东	其他中小股东
可投任一候选人最大票数（万票）	6 400	2 300	1 300
拟推选董事候选人数（人）	9	9	9
每位候选人实际得票（万票）	6 400	2 300	1 300
最终由自己选任的董事人数（人）	9	0	0

累积投票制下的选择结果

	第一大股东	第二大股东	其他中小股东
总投票权（万票）	6 400×9=57 600	2 300×9=20 700	1 300×9=11 700
拟推选董事候选人数（人）	9	9	9
实际最大可推选人数（人）	6	2	1
实际每位候选人得票数（票）	9 600	10 350	11 700
由自己选任的董事人数（人）	6	2	1

5. 答案：

直接投票制下的选择结果

	第一大股东	第二大股东	第三大股东	第四大股东
可投任一候选人的最大票数（万票）	3 500	2 000	800	700
拟推选董事候选人数（人）	9	9	9	9
每位候选人实际得票（万票）	3 500	2 000	800	700
最终由自己选任的董事人数（人）	9	0	0	0

累积投票制下的选择结果

	第一大股东	第二大股东	第三大股东	第四大股东
总投票权（万票）	3 500×9=31 500	2 000×9=18 000	800×9=7 200	700×9=6 300
拟推选董事候选人数（人）	9	9	9	9
实际最大可推选人数（人）	5	3	1	1
实际每位候选人得票数（票）	6 300	6 000	7 200	6 300
由自己选任的董事人数（人）	5	2	1	1

四、简述题

1. **答案**：参考《投资学原理及应用》(第 4 版)。
2. **答案**：选择适合自己投资风格的某一股价指数，买入指数中所有股票，且每个股票的投资比例，与该股票市值占全部股票市值的比例相同。选择具体指数基金略。

3. **答案**：参考《投资学原理及应用》(第 4 版)。

五、分析题

1. **答案**：①调查 1 显示，居民投资意向以股票、基金等较高风险产品为首选，且占比分别高达 44.7%、30.30%，表明了国人乐观、激进的投资风格。
②调查 2 显示，居民投资有分散化趋势，黄金、银行理财（类似储蓄）等保守型产品上升为前两位，股票、基金排名及占比均大幅度下降，表明居民投资趋于谨慎、稳健的投资风格。
③调查 1 可能发生在牛市期间，调查 2 可能发生在熊市期间。

2. **答案**：①进可攻，即在股市上涨时，投资人可以将转债转换为股票，获得远远高于债券的投资收益。
②退可守，即在股市下跌时，投资人可持有转债到期，获得债券较稳定的收益。
③即使在股市持续大幅下跌时，投资人还可以利用回售条款向发行人回售债券，获得稳定的收益。

3. **答案**：①两张图最显著的特征是在 2015 年上半年都有非常明显的高点；②两张图基本上同步出现高点，因为在股价大涨之时，可转换债券也会相应大涨。

4. **答案**：保障程度从高到低的排序是：双良转债、圆通转债、国祯转债、歌华转债和平安银行转债。①只要基准股票价格下跌到一定幅度，双良转债很容易触发回售条件；②圆通和国祯相比，多了一个改变募资用途的回售条款，理论上圆通的保障程度更大；③国祯和歌华相比，是最后两年可回售，歌华只是最后一年才可回售，因而国祯保障程度更大；④平安银行转债只有在改变募资用途时才能够回售，基准股票价格下跌这种投资人最担心的情况却无法保证，因而保障程度最低。

第 3 章

投资市场运行

一、判断题

1. ×
2. ×（是普通投资人和专业投资人）
3. ×
4. ×（不总是正确）
5. ×（联系上市公司和投资人）
6. √
7. √
8. ×（新股抑价）
9. ×（这是核准制）
10. √
11. √
12. ×（现代通信技术下，场外交易效率也很高）
13. ×
14. ×（这是市价委托）
15. √
16. √
17. ×（量比是当天交易情况与前5天相比，换手率只考虑当天交易）
18. ×
19. √
20. √
21. √
22. √
23. ×
24. √
25. ×（这时应提高融资的初始保证金比例）
26. ×（股票、债券等要折算为现金）
27. ×（通常不低于130%）
28. √
29. √
30. ×（这是卖空，不是裸卖空）

31. × 32. ×
33. × 34. ×
35. × 36. √
37. ×（此时每股收益同样大幅下降） 38. √
39. × 40. ×（因为退市制度规则落后、执行不严）
41. √ 42. √
43. × 44. ×
45. ×（"二八现象"只能说极少数股票上涨，大多数股票下跌，并不是严格的20%的股票上涨，80%的股票下跌） 46. ×
47. × 48. √

二、选择题（包括单选和多选）

1. C 2. D
3. AB 4. ABD
5. AC 6. CD
7. BC（2014年和2015年行业利润较上年大幅增长，可判定是牛市） 8. D
9. C 10. C
11. C 12. C
13. B（证券公司可以获得更多佣金） 14. B
15. C 16. C
17. BD 18. A
19. AD 20. ABC
21. D 22. ABD
23. D 24. C
25. BC 26. C
27. D 28. A
29. A 30. B
31. B 32. B
33. D 34. AB
35. AD 36. C
37. D（中国投资市场融券受到很多限制，投资人融券通常较为困难） 38. D

39. B	40. B
41. D	42. A
43. A	44. A
45. D	46. D
47. B	48. C
49. ABD	50. ABC
51. AB（退市影响地方经济发展形象，可能减少地方财政收入）	52. B
53. C	54. D
55. BCD	56. C
57. ABC	58. D

三、计算题

1. **答案**：①以每股 4 元向原有股东增发 10 000 万股后，原股东每股收益和净资产收益率分别为：

$$\text{每股收益} = \frac{\text{全部税后利润}}{\text{全部股份}} = \frac{5\,000 + 3\,200}{10\,000 + 10\,000} = 0.41(\text{元})$$

$$\text{净资产收益率} = \frac{\text{全部税后利润}}{\text{总净资产值}} = \frac{5\,000 + 3\,200}{2.5 \times 10\,000 + 4 \times 10\,000} \approx 12.62\%$$

数据较以往大幅降低，故原股东很可能不会同意增发。

②要保证原股东每股收益和净资产收益率不降低，则向新股东发行股票的最低价格应该为 6.25 元，发行股票数量为 6 400 万股，这时原股东每股收益和净资产收益率分别为：

$$\text{每股收益} = \frac{\text{原股东分享的税后利润}}{\text{原股东持有股份}} = \frac{(5\,000 + 3\,200) \times (10\,000/16\,400)}{10\,000} \approx 0.50(\text{元})$$

$$\text{净资产收益率} = \frac{\text{原股东分享的税后利润}}{\text{原股东净资产值}} = \frac{(5\,000 + 3\,200) \times (10\,000/16\,400)}{2.5 \times 10\,000} \approx 20\%$$

当向新股东发行价格超过 6.25 元时，原股东的每股收益和净资产收益率较以往上升。

③因为发行新股的市盈率通常大于 20 倍，即大于 20×0.5=10（元），因而发行新股后原股东净资产收益率不下降，且经常是上升，而新股东净资产收益率大大低于原股东，故发行新股后原股东受益最大。

2. **答案**：

①投资人甲、乙和丙各自收益率为：

$$\text{甲收益率} = \frac{(14-10) \times 10\,000}{100\,000} = 40\%$$

$$\text{乙收益率} = \frac{(14-10) \times 15\,000}{100\,000} = 60\%$$

$$\text{丙收益率} = \frac{(14-10) \times 20\,000}{100\,000} = 80\%$$

②投资人甲、乙和丙各自收益率为：

$$甲收益率 = \frac{(7-10) \times 10\,000}{100\,000} = -30\%$$

$$乙收益率 = \frac{(7-10) \times 15\,000}{100\,000} = -45\%$$

$$丙收益率 = \frac{(7-10) \times 20\,000}{100\,000} = -60\%$$

③设投资人乙和丙收到追加保证金时的股票价格分别为 X_1 和 X_2，则有：

$$130\% = \frac{15\,000 \times X_1}{50\,000} \qquad 130\% = \frac{20\,000 \times X_2}{100\,000}$$

解得 $X_1 \approx 4.33$ 元，$X_2 = 6.5$ 元。

④投资人融资比例越大，在股价上涨时收益率越高；在股价下跌时亏损率越大，越可能被要求追加保证金。

3. **答案：**

当在股价分别为 12 元和 8 元时，实际保证金比例分别为：

$$\frac{12 \times 10\,000}{50\,000} = 240\% \qquad \frac{8 \times 10\,000}{50\,000} = 160\%$$

②收到追加保证金通知时，股票价格为 6.5 元；

③收到追加保证金通知时，收益率为：

$$\frac{(6.5-10) \times 10\,000}{50\,000} = -70\%$$

④不融资时投资人自有资金 50 000 元只能购买 5 000 股，此时收益率为：

$$\frac{(6.5-10) \times 5\,000}{50\,000} = -35\%$$

4. **答案：**

日期	股价（元）	当日盈亏（元）	累计盈亏（元）	当日融资（元）	累计融资（元）	买入（手）	累计买入（手）	实际保证金（元）	实际保证金比率（%）	累计收益率（%）
	10	0	0	100 000	100 000	200	200	100 000	200	0
1	11	20 000	20 000	19 800	119 800	18	218	120 000	200.17	20
2	12	21 800	41 800	21 600	141 400	18	236	141 800	200.28	41.8
3	13	23 600	65 400	23 400	164 800	18	254	165 400	200.36	65.4
4	14	25 400	90 800	25 200	190 000	18	272	190 800	200.42	90.8
5	15	27 200	118 000	27 000	217 000	18	290	218 000	200.46	118
6	16	29 000	147 000	28 800	245 800	18	308	247 000	200.49	147
7	14.4	-49 280	97 720	0	245 800	0	308	197 720	180.44	97.72
8	12.96	-44 352	53 368	0	245 800	0	308	153 368	162.40	53.37
9	11.66	-40 040	13 328	0	245 800	0	308	113 328	146.11	13.33

第 1 天各栏目的计算是：

①当日盈亏＝当日股票数量×（当日股票收盘价－上一日股票收盘价）＝20 000×（11－10）＝20 000（元）；

②累计盈亏＝当日盈亏＋前一交易日累计盈亏＝20 000+0＝20 000（元）；

③当日融资需要根据当日盈亏来计算。当日盈利 20 000 元可以融资 20 000 元，购买股票数量＝20 000/11≈1 818.18（股），取整数融资购买 1 800 股，故当日融资＝1 800×11＝19 800（元）；

④累计融资＝前一日累计融资＋当日融资＝100 000+19 800＝119 800（元）；

⑤（当日）买入手数＝当日融资额/当日股价＝19 800/11＝1 800（股）；

⑥累计买入（手）＝前日累计买入手数＋当日买入手数＝200+18＝218（手）；

⑦（当日）实际保证金＝前一日实际保证金＋当日盈亏＝100 000+20 000＝120 000（元）；

⑧实际保证金比例＝（当日实际保证金＋当日累计融资）/当日累计融资＝（120 000+119 800）/119 800≈200.17%；

⑨累计收益率＝当日累计盈亏/最初保证金 100 000 元＝20 000 元/100 000 元＝20%。

第 2 天到第 9 天的计算与第 1 天完全相同。

因为涨得越高，融资金额就越大，总资金也越大，跌下来亏损就越大，故 6 天盈利只用 3 天基本上就全部消失了。

5. 答案。①在融资保证金比例分别为 100%、50% 和 25% 的情形下，投资人可以运作的总资金为自有资金＋融入资金，分别为：

$$10+\frac{10}{100\%}=10+10=20(万元)$$

$$10+\frac{10}{50\%}=10+20=30(万元)$$

$$10+\frac{10}{25\%}=10+40=50(万元)$$

相应的杠杆倍数即运作总资金/自有资金，分别为 2 倍、3 倍和 5 倍。

②在融资保证金比例分别为 100%、50% 和 25% 的情形下，使用最大杠杆倍数，分别可买股票 20 000 股、30 000 股和 50 000 股。保证金归零，即投资人亏损为 100 000 元，设相应股价为 X_1、X_2、X_3，则有：

$$(X_1-10)\times 20\,000=-100\,000 \Rightarrow X_1=5(元)$$

$$(X_2-10)\times 30\,000=-100\,000 \Rightarrow X_2\approx 6.67(元)$$

$$(X_3-10)\times 50\,000=-100\,000 \Rightarrow X_3=8(元)$$

③在融资保证金比例分别为 100%、50% 和 25% 的情形下，保证金翻倍即投资人盈利为 100 000 元，设相应股价为 X_1、X_2、X_3，则有：

$$(X_1-10)\times 20\,000=100\,000 \Rightarrow X_1=15(元)$$

$$(X_2-10)\times 30\,000=100\,000 \Rightarrow X_2\approx 13.33(元)$$

$$(X_3-10)\times 50\,000=100\,000 \Rightarrow X_3=12(元)$$

④保证金比率越低，即杠杆倍数越高时，投资人盈利和亏损放大的倍数越大，风险越大。

6. **答案：**

①初始保证金比例为：

$$\frac{\text{自有资金}}{\text{融入资金}} = \frac{100\text{万元}}{400\text{万元}} = 25\%$$

②这时买入股票数量为 500 000 股，股价上涨到 15 元时投资人收益率为：

$$\frac{(15-10) \times 500\,000}{1\,000\,000} = 250\%$$

③保证金归零即亏损 100 万元。设相应股价为 X，则有：

$$(X-10) \times 500\,000 = -1\,000\,000 \Rightarrow X = 8(\text{元})$$

④投资人全部用自有资金购买股票 100 000 股，此时收益率为 −20%；

⑤放大倍数为 5 倍，即 −100% = −20% × 5。

7. **答案：**

①设收到追加保证金通知时股价为 X，则有：

$$130\% = \frac{160\,000 + 2\,000 \times 100}{2\,000 \times X} \Rightarrow X \approx 138.46(\text{元})$$

②收到追加保证金通知时，投资人收益率为：

$$\frac{(100-138.46) \times 2\,000}{160\,000} \approx -48.08\%$$

③假定投资人的 160 000 元资金是在该股票价格为 100 元时卖出 1 600 股所得，当股价上涨到 138.46 元时，投资人心理收益率为 −38.46%；

④ −48.08% = −38.46% ÷ 80%。

8. **答案：**

①买入股票共计花费 34×800=27 200（元），其中自有资金 15 000 元，融入资金 12 200 元，这时投资收益中要加上股息、扣减利息费用，总收益率为：

$$\frac{(48-34) \times 800 + 0.64 \times 800 - 12\,200 \times 0.08}{15\,000} \approx 71.57\%$$

②这时投资收益中要扣除股息和利息费用，总收益率为：

$$\frac{(96-86) \times 800 - 0.64 \times 800 - 96 \times 800 \times 0.09}{46\,080} \approx 1.25\%$$

9. 参考《投资学原理及应用》（第 4 版）例 3-4，需要根据 7 次利润分配，由后往前分步计算，复权价格约为 99.75 元。

10. **答案：**

① 5 次 10 送转 10 股后，原有的 100 股股票，变成了 100×2×2×2×2×2=3 200 股，持股市值 = 3 200×20 = 64 000（元）；

② 5 次 10 送转 10 股后，目前 20 元价格的复权价格为 20×2×2×2×2×2=640（元），持股市值 = 640×100 = 64 000（元）；

③复权还原了真实价格。

11. **答案：**

①除权价格为：

$$\frac{180-0.5+0.3\times 48}{1+3+0.3}\approx 45.09(元)$$

②你的成本为：

$$\frac{150-0.5+0.3\times 48}{1+3+0.3}\approx 38.12(元)$$

③你的收益率为：

$$\frac{38-38.12}{38.12}\approx -0.31\%$$

12. **答案**：①经过 8 次 1 股拆分成 4 股后，1 股变成了 4^8 股，故每股价格或除权价格 = 233 750 元 $/4^8 \approx 3.57$ 美元。
②经过 8 次 1 股拆分成 4 股后，除权后总股本为：164 万 $\times 4^8 =$ 10 747 904 万股。
③除权后总市值 = 除权后股价 × 除权后总股本 = (233 750$/4^8$) × 164 × 4^8 = 3 833.50（亿美元）= 除权前总市值。
④除权后市盈率 = 除权价格 / 除权后每股税后利润
     = (233 750$/4^8$)/(15 513$/4^8$)
     = 233 750/15 513
     ≈ 15.07 = 除权前市盈率
⑤除权对于公司和投资人都没有实际价值，或如巴菲特所说，是"无聊的文字游戏"。

13. **答案**：
①对应 29 元的复权价格计算可以分 2 步进行：
第 1 步，2016 年 10 派 1 元，复权价格为 29+0.1=29.10（元）；
第 2 步，2015 年 10 股转增 20 股，派现金 1.5 元，复权价格为 29.10×3+0.15=87.45（元）。
②两次除权后你的每股投资成本为：

$$第一次除权 = \frac{240.71-0.15}{1+2}\approx 80.19(元)$$

第二次除权 = 80.19 − 0.10 = 80.09（元）。
③用复权价格计算的投资收益率为：

$$\frac{87.45-240.71}{240.71}\approx -63.67\%$$

用除权价格计算的投资收益率为：

$$\frac{29-80.09}{80.09}\approx -63.79\%$$

用复权价格计算和用除权价格计算投资收益率，两者存在微小差别是因为计算除权价格有微小误差。
④公司 2015 年股票高送转主要可以用流动性理论解释，因为公司 2015 年及 2014 年经营业绩没有大的增长。

14. **答案**：
①对应 63.37 元的复权价格是 382.3 元。
②除权后你每股投资成本约为 23.04 元。
③用除权价格和复权价格计算的投资收益率分别约为 175.04% 和 172.41%，误差是计算

复权价格四舍五入有微小误差所致。

④该公司股票高送转主要体现了高送转的信号传递理论,因为该公司 2014～2017 年经营业绩持续高增长。

15. **答案:** ①除权价格为 28.3 元;②复权价格为 44.36 元;③投资收益率约为 -1.42%;④创业板市场同期下跌约为 -17.03%,天晟新材表现好于整个创业板市场。

四、画图及说明题

1. **答案:**

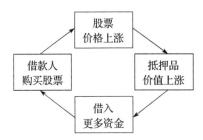

在牛市中,股价呈现上升趋势。从股价上涨开始,股价上涨使得作为抵押品的股票价值上升,保证金增加,从而借入更多资金,购买更多股票,致使股票价格又上升。这种循环将不断持续,直到股价泡沫产生,牛市转为熊市。

2. **答案:**

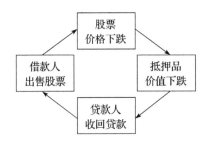

在熊市中,股价呈现下降趋势。从股价下降开始,股价下降使得作为抵押品的股票价值降低,保证金减少,跌破维持保证金比例后,证券公司要收回一部分贷款,迫使投资人出售股票,这又使得股价继续下跌。这种循环将不断持续,直到股价跌无可跌,熊市开始向牛市转变。

3. **答案:** 投资市场发行人、中介机构、投资人和监管机构相互依存、相互制约。图中实线箭头表示实质性制约,虚箭头表示较弱(非对称)制约。牛市投资人盈利概率大,中介机构收入增加,发行人上市更容易,监管机构利用股市推动经济发展的愿望更容易实现。

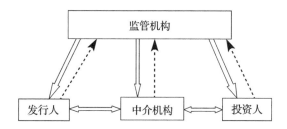

五、简述题

1. **答案**：发行股票上市的好处是：①公司可以获得无须偿还的资本金；②能为公司各项业务活动带来便利；③可以采用股票期权激励计划等措施吸引人才。
   发行股票上市的弊端是：①公司决策复杂，公开信息披露可能会泄漏商业机密；②有可能被敌意收购；③不利于公司技术创新以及追求其他长远经营目标；④股价持续低迷会影响公司形象和资本运作。
2. **答案**：①投资市场上发行人、各类投资人和各种中介机构等市场参与者的利益取向不同，为谋求自身利益最大化而博弈；②发行人希望和中介机构合谋，中介机构也会迎合发行人；③投资人之间也有相互竞争；④所有市场参与者实现其目标，必须以其他市场参与者的合作为基础。
3. 答案参见《投资学原理及应用》(第 4 版)。
4. **答案**：①信号传递理论。高送转是公司管理层对公司未来发展有信心而采取的行动。②流动性理论。高送转后股票除权可以增加股票的流动性。③迎合理论。管理者会迎合投资者对股利政策的非理性偏好进行决策，以实现其自身利益最大化。

六、分析题

1. **答案**：发行股票上市的好处是：①公司可以获得无须偿还的资本金；②能为公司各项业务活动带来便利；③可以采用股票期权激励计划等措施吸引人才。发行股票上市的弊端是：①公司决策复杂，公开信息披露可能会泄漏商业机密；②有可能被敌意收购；③不利于公司技术创新以及追求其他长远经营目标；④股价持续低迷会影响公司形象和资本运作。从材料上看，中概股回归，主要是因为在国外价格较低，已经对公司形象和资本运作产生了负面影响。公司希望在国内上市，获取发行股票上市的三大好处。
2. **答案**：①核准制指证券监管机构除进行注册制所要求的形式审查外，还对发行人财力、素质、发展前景、涉及的伦理问题、股票发行数量和股票发行价格等进行实质审查，并据此做出发行人是否符合发行条件的价值判断，进而是否核准发行申请。②注册制是指发行人申请发行股票时，必须将各种资料完全准确地向证券监管机构申报，证券监管机构对申报文件的全面性、准确性、真实性和及时性做形式审查，而将发行公司股票的良莠留给投资市场判断。③注册制是股票市场市场化改革的必然要求，其强调投资者对其行为负责，管理层因此可以减少对股市的行政干预，有利于股票市场持续健康发展。

3. **答案：**（1）从保证金比例来看：

$$融资保证金比例 = \frac{保证金}{融入资金最高限额} \times 100\%$$

$$融券保证金比例 = \frac{保证金}{融券卖出证券数量 \times 卖出价格} \times 100\%$$

两者都可以视为自有资金与债务的比例，或者从会计学角度看，就是权东权益/负债。

（2）从实际担保比例来看：

$$融资实际保证金比例 = \frac{账户总资产价值}{贷款本金 + 利息及费用} \times 100\%$$

$$融券实际保证金比例 = \frac{保证金 + 卖空证券所得资金}{买回融券证券数量 \times 市价 + 利息及费用} \times 100\%$$

两者都是账户总资产与拟偿还的债务的比例，会计学上就是资产/负债。

（3）从维持担保比例来看：

$$130\% = \frac{账户总资产价值}{贷款本金 + 利息及费用}$$

$$130\% = \frac{保证金 + 卖空证券所得资金}{买回融券证券数量 \times 市价 + 利息及费用} \times 100\%$$

两者都是实际保证金比例下降到130%。

4. **答案：**①融资时收到保证金通知，股票价格从10元下降到6.5元；②融券时收到保证金通知，股票价格从10元上升到约11.54元；③股价由10元下跌到6.5元，跌幅为35%，股价由10元上涨到11.54元，涨幅为11.54%。假设股价涨跌是一种随机行为，则相比跌幅35%，涨幅11.54%发生的概率更大，因此融券的风险也更大。

5. **答案：**

赞成者认为：①融券使投资者在股票下跌时也能够获利，活跃了市场交易；②融券使价值高估股票的价格下跌，利于市场回归理性。

反对者认为：①融券者的盈利建立在更多做多投资者的亏损基础上，有违社会道德；②融券者为使股价下跌可能散布不利于市场及公司的虚假信息；③融券在市场不稳定时会加剧市场下跌，可能对实体经济造成负面影响。

6. **答案：**①该投资人不参与定向增发，其成本仍然为20元/股。

②公开增发。根据原股东股份10 000万股，公开增发中有1 500万股向原股东配售，即配售比例为1:0.15，该投资人配售股份数为5万×0.15=0.75(万股)，公开增发后其投资成本（除权价格）为：

$$\frac{5 \times 20 + 0.75 \times 18}{5 + 0.75} \approx 19.74 (元)$$

③配股。根据原股东股份10 000万股，配股3 000万股，即配售比例为1:0.3，该投资人配售股份数为5万×0.3=1.5(万股)，配股后其投资成本（除权价格）为：

$$\frac{5\times20+1.5\times18}{5+1.5}\approx19.54(元)$$

④综合①②③计算结果，如果不考虑新增股东对公司未来发展可能造成不同影响，公司融资时配股是最有利于中小投资人的方式。

7. **答案：**

（1）高送转有三种理论解释：①信号传递理论，高送转是公司管理层对公司未来发展有信心而采取的行动；②流动性理论，高送转后股票除权可以增加股票的流动性；③迎合理论，管理者会迎合投资者对股利政策的非理性偏好进行决策，以实现其自身利益最大化。巴菲特不送转股票，实际上是认为高送转无助于提升公司价值。

（2）除权效应是指：①股票除权会大大降低原有股票的价格，使得股票价格看起来很低、很便宜；②低价股票总是比高价股票更有吸引力，因为有能力购买低价股票的投资者比有能力购买高价股票的投资者多得多，而且低价股票比高价股票的上涨空间看起来相对要大；③随着市场需求的不断增加，除权后股票价格将不断上涨，投资者获利将不断增加。但从伯克希尔－哈撒韦公司 A 股和 B 股价格来看，B 股价格虽然较低，但并没有超预期大幅度上涨，基本维持在 1 股 A 股 = 1 500 股 B 股的价格水平上，故而除权效应并不存在。

8. **答案：**

①整理公司股票退市前送转股票情况如下表所示：

2011 年 2 月 24 日	10 股转增 8 股
2013 年 8 月 28 日	10 股送 9 股
2015 年 5 月 29 日	10 股转增 6 股
2017 年 7 月 17 日	10 股转增 4 股

②按照由后往前的顺序进行复权，则四步复权后股价为：

$0.22\times1.4=0.308$（元）　$0.308\times1.6=0.4928$（元）

$0.4928\times1.9=0.93632$（元）　$0.93632\times1.8=1.685376\approx1.69$（元）

③ 0.22 元的价格经过四次复权后价格为 1.69 元，因此，若公司没有这四次送转股，股价应该是 1.69 元，可以避免退市厄运。

第 4 章
CHAPTER4

投资收益与投资风险

一、判断题

1. ×（这只是多头而不是空头的资本增值）
2. √
3. ×
4. √
5. ×（价格越高，收益率越低）
6. √
7. √
8. ×（这是时间加权法）
9. √
10. ×（基金通常用时间加权收益率公式计算收益率）
11. ×
12. ×（可以用于投资人收益率比较）
13. ×
14. √
15. ×
16. ×
17. ×（可采用其他投资产品进行组合以规避市场风险）
18. ×
19. ×（对酒类股票都有影响）
20. ×（汇率变动是系统风险，对所有股票都会产生影响）
21. ×（美国加息人民币贬值，是汇率风险）
22. ×（投资外国股票可分散风险）
23. √
24. ×（有些风险因素中同时包含系统风险因素和非系统风险因素，非系统风险可以向系统风险转化）

25. √
26. ×（应该属于政策风险）
27. ×（是偏离平方的平均值）
28. √
29. ×（被称为在险价值）
30. ×（比较不同投资产品时，需要同时考虑风险和收益）
31. ×
32. ×
33. √
34. ×
35. ×（事后风险溢价可能小于零）
36. √
37. ×（预期收益率 ≥ 必要收益率）
38. ×（风险和收益相匹配是市场的总体表现）
39. ×
40. ×（说明股价下跌后风险很大）

二、选择题（包括单选和多选）

1. BC
2. ABD
3. B
4. C
5. B
6. C
7. B
8. CD
9. B
10. D
11. A
12. C
13. AD
14. C
15. C
16. A
17. B
18. CD
19. A
20. B
21. B
22. D
23. B
24. ABCD
25. ABCD
26. A
27. D
28. B
29. B
30. C
31. D
32. B
33. A
34. A
35. C
36. B
37. B
38. D
39. A
40. B
41. ABC

三、计算题

1. 答案：

① 53 年的年平均收益率为：

$$\sqrt[n]{期末股价/期初股价} - 1 = \sqrt[53]{306\,000/16.25} - 1 \approx 20.41\%$$

② 1 万元股票价值到 53 年后价值为：

$$1万 \times (1+20.41\%)^{53} = 18\,841.5(万元)$$

2. 答案：

①当月购买股份数及累计购买股份数如下表所示：

月份	基金价格（元）	当月购买股份数	累计购买股份数	月份	基金价格（元）	当月购买股份数	累计购买股份数
10 月	4.256	234.96	234.96	5 月	4.102	243.78	1 844.48
11 月	4.37	228.83	463.79	6 月	4.109	243.37	2 087.85
12 月	4.344	230.20	693.99	7 月	3.846	260.01	2 347.86
1 月	4.402	227.17	921.16	8 月	3.908	255.89	2 603.75
2 月	4.665	214.36	1 135.52	9 月	3.683	271.52	2 875.27
3 月	4.368	228.94	1 364.46	10 月	3.734		
4 月	4.233	236.24	1 600.7				

累计买入股份 2 875.27 份，在 2018 年 10 月初的价值为 2 875.27×3.734≈10 736.26（元）。

②计算每月收益率：

$$每月收益率 = \frac{当月末(或下月初)净资产值 - 当月初净资产值}{当月初净资产值}$$

将每月收益率总结为下表：

月份	收益率（%）	月份	收益率（%）	月份	收益率（%）
10 月	2.68	2 月	−6.37	6 月	−6.40
11 月	−0.59	3 月	−6.09	7 月	1.61
12 月	1.34	4 月	−3.09	8 月	−5.76
1 月	5.97	5 月	0.17	9 月	1.38

时间加权收益率为：

$$\prod_{i=1}^{12} R_i - 1 = (1+2.68\%) \times (1-0.59\%) \times (1+1.34\%) \times (1+5.97\%) \times (1-6.37\%) \times (1-6.09\%)$$
$$\times (1-3.09\%) \times (1+0.17\%) \times (1-6.40\%) \times (1+1.61\%) \times (1-5.76\%) \times (1+1.38\%) - 1 \approx -14.98\%$$

③计算资金加权收益率。设每月收益率为 r，则有：

$$\frac{10\,736.26}{(1+r)^{12}} = 1\,000 + \frac{1\,000}{(1+r)} + \frac{1\,000}{(1+r)^2} + \cdots + \frac{1\,000}{(1+r)^{11}}$$

用内部收益率解得 $r=-1.725\%$,年化收益率约为 -18.84%。用资金加权收益率计算结果更差,是因为投资中后期(2月、3月、6月和8月)资金量更大时,投资收益率较差。

④沪深300指数同期收益率为:

$$HPR_{沪深300} = \frac{3153.82 - 3910.12}{3910.12} \approx -19.34\%$$

基金定投按照时间加权收益率 -14.98% 和资金加权收益率 -18.84%,均高于基准指数——沪深300指数同期收益率,故此时基金定投效果较好。

3. **答案**:(1)针对表1的计算。

①当月购买股份数及累计购买股份数:

月份	基金价格(元)	当月购买股份数	累计购买股份数	月份	基金价格(元)	当月购买股份数	累计购买股份数
1月	1	1 000	1 000	8月	1.25	800.00	6 933.6
2月	1.05	952.38	1 952.38	9月	1.20	833.33	7 766.93
3月	1.10	909.09	2 861.47	10月	1.15	869.57	8 636.5
4月	1.15	869.57	3 731.04	11月	1.10	909.09	9 545.59
5月	1.20	833.33	4 564.37	12月	1.05	952.38	10 497.97
6月	1.25	800.00	5 364.37	1月	1		
7月	1.30	769.23	6 133.6	10 497.97股的价值为10 497.97元			

②计算每月收益率:

$$每月收益率 = \frac{当月末(或下月初)净资产值 - 当月初净资产值}{当月初净资产值}$$

将每月收益率总结为下表:

月份	收益率(%)	月份	收益率(%)	月份	收益率(%)
1月	5	5月	4.17	9月	-4.17
2月	4.76	6月	4	10月	-4.35
3月	4.55	7月	-3.85	11月	-4.55
4月	4.35	8月	-4	12月	-4.76

时间加权收益率为:

$$\prod_{i=1}^{12} R_i - 1 = (1+5\%) \times (1+4.76\%) \times (1+4.55\%) \times (1+4.35\%) \times (1+4.17\%) \times (1+4\%)$$
$$\times (1-3.85\%) \times (1-4\%) \times (1-4.17\%) \times (1-4.35\%) \times (1-4.55\%) \times (1-4.76\%) - 1 \approx 0$$

③计算资金加权收益率。设每月收益率为 r,则有:

$$\frac{10\,497.97}{(1+r)^{12}} = 1000 + \frac{1000}{(1+r)} + \frac{1000}{(1+r)^2} + \cdots + \frac{1000}{(1+r)^{11}}$$

资金加权月收益率约为 -2.08%,年度收益率约为 -22.29%。

④资金加权收益率小于时间加权收益率，因为随着投资资金不断增加，基金净资产值不断下跌。

（2）针对表2的计算。

①当月购买股份数及累计购买股份数：

月份	基金价格（元）	当月购买股份数	累计购买股份数	月份	基金价格（元）	当月购买股份数	累计购买股份数
1月	1	1 000	1 000	8月	1.35	740.74	6 874.34
2月	1.05	952.38	1 952.38	9月	1.40	714.29	7 588.63
3月	1.10	909.09	2 861.47	10月	1.45	689.66	8 278.29
4月	1.15	869.57	3 731.04	11月	1.50	666.67	8 944.96
5月	1.20	833.33	4 564.37	12月	1.55	645.16	9 590.12
6月	1.25	800.00	5 364.37	1月	1.60		
7月	1.30	769.23	6 133.6	9 950.12 股的价值为 9 590.12×1.6≈15 344.19(元)			

②计算每月收益率：

$$每月收益率 = \frac{当月末(或下月初)净资产值 - 当月初净资产值}{当月初净资产值}$$

将每月收益率总结如下表所示：

月份	收益率（%）	月份	收益率（%）	月份	收益率（%）
1月	5	5月	4.17	9月	3.57
2月	4.76	6月	4	10月	3.45
3月	4.55	7月	3.85	11月	3.33
4月	4.35	8月	3.7	12月	3.23

时间加权收益率为：

$$\prod_{i=1}^{12} R_i - 1 = (1+5\%) \times (1+4.76\%) \times (1+4.55\%) \times (1+4.35\%) \times (1+4.17\%) \times (1+4\%)$$
$$\times (1+3.85\%) \times (1+3.7\%) \times (1+3.57\%) \times (1+3.45\%) \times (1+3.33\%) \times (1+3.23\%) - 1 \approx 60.01\%$$

③计算资金加权收益率。设每月收益率为 r，则有：

$$\frac{15\,344.19}{(1+r)^{12}} = 1\,000 + \frac{1\,000}{(1+r)} + \frac{1\,000}{(1+r)^2} + \cdots + \frac{1\,000}{(1+r)^{11}}$$

解得资金加权月收益率约为 3.73%，年度收益率约为 55.19%。

④资金加权收益率小于时间加权收益率，因为随着投资人不断增加资金，基金净资产值后期涨幅越来越小。

（3）针对表3的计算。

①当月购买股份数及累计购买股份数：

月份	基金价格（元）	当月购买股份数	累计购买股份数	月份	基金价格（元）	当月购买股份数	累计购买股份数
1月	1	1 000	1 000	8月	0.65	1 538.46	9 890.57
2月	0.95	1 052.63	2 052.63	9月	0.6	1 666.67	11 557.24
3月	0.9	1 111.11	3 163.74	10月	0.55	1 818.18	13 375.42
4月	0.85	1 176.47	4 340.21	11月	0.5	2 000	15 375.42
5月	0.8	1 250	5 590.21	12月	0.45	2 222.22	17 597.64
6月	0.75	1 333.33	6 923.54	1月	0.4		
7月	0.7	1 428.57	8 352.11	17 597.64 股的价值为 17 597.64×0.4≈7 039.06（元）			

②计算每月收益率：

$$每月收益率 = \frac{当月末(或下月初)净资产值 - 当月初净资产值}{当月初净资产值}$$

将每月收益率总结如下表所示：

基金每月收益率

月份	收益率（%）	月份	收益率（%）	月份	收益率（%）
1月	−5	5月	−6.25	9月	−8.33
2月	−5.26	6月	−6.67	10月	−9.09
3月	−5.56	7月	−7.14	11月	−10.00
4月	−5.88	8月	−7.69	12月	−11.11

时间加权收益率为：

$$\prod_{i=1}^{12}(1+R_i)-1 = (1-5\%)\times(1-5.26\%)\times(1-5.56\%)\times(1-5.88\%)\times(1-6.25\%)\times(1-6.67\%)$$
$$\times(1-7.14\%)\times(1-7.69\%)\times(1-8.33\%)\times(1-9.09\%)\times(1-10.00\%)\times(1-11.11\%)-1 \approx -60\%$$

③计算资金加权收益率。设每月收益率为 r，则有：

$$\frac{7\ 039.06}{(1+r)^{12}} = 1\ 000 + \frac{1\ 000}{(1+r)} + \frac{1\ 000}{(1+r)^2} + \cdots + \frac{1\ 000}{(1+r)^{11}}$$

资金加权月收益率约为 −8.54%，年度收益率约为 −65.74%。

④资金加权收益率小于时间加权收益率，因为随着投资人不断增加资金，基金净资产值后期跌幅越来越大。

4. **答案**：

（1）用时间加权计算。

①三年收益率分别为：

$$R_{第1年} = \frac{18.5+0.05-20}{20} = -7.25\%$$

$$R_{第2年} = \frac{22+0.05-18.5}{18.5} \approx 19.19\%$$

$$R_{第3年} = \frac{23-22}{22} \approx 4.55\%$$

②三年持有期收益率约为：$(1-7.25\%) \times (1+19.19\%) \times (1+4.55\%) - 1 \approx 15.58\%$。

③三年年平均收益率约为：$\sqrt[3]{(1-7.25\%) \times (1+19.19\%) \times (1+4.55\%)} - 1 \approx 4.94\%$

（2）用资金加权计算。

①画出各个时间点资金流入流出图：

```
-2 000    -3 695    -4 385    11 500
前年初     去年初     今年初     今年末
```

上述各个时间点资金流出、流入以及净流出或净流入的具体计算如下表所示：

	现金流出（-）	现金流入（+）	净现金流出或流入
前年初	买股票 $-20 \times 100 = -2\,000$(元)		$-2\,000$ 元
去年初	买股票 $-18.5 \times 200 = -3\,700$(元)	收到股息 $0.05 \times 100 = 5$(元)	$-3\,700 + 5 = -3\,695$(元)
今年初	买股票 $-22 \times 200 = -4\,400$(元)	收到股息 $0.05 \times 300 = 15$(元)	$-4\,400 + 15 = -4\,385$(元)
今年末		卖出股票 $23 \times 500 = 11\,500$(元)	$+11\,500$ 元

②求解年内部收益率 r：

$$\frac{11\,500}{(1+r)^3} = 2\,000 + \frac{3\,695}{(1+r)} + \frac{4\,385}{(1+r)^2}$$

解得 $r \approx 7.66\%$。相应的持有期收益率为 $(1+7.66\%)^3 - 1 \approx 24.79\%$。

5. **答案：**

（1）用时间加权计算。

①前年末复权价格为 $18.5 \times 1.5 + 0.05 = 27.8$(元)；去年末复权价格为 $22 \times 1.5 + 0.05 = 33.05$(元)；

前年、去年和今年收益率分别为：

$$R_{前年} = \frac{27.8 - 20}{20} = 39\%$$

$$R_{去年} = \frac{33.05 - 18.5}{18.5} \approx 78.65\%$$

$$R_{今年} = \frac{23 - 22}{22} \approx 4.55\%$$

②三年持有期收益率为：$(1+39\%) \times (1+78.65\%) \times (1+4.55\%) - 1 \approx 159.62\%$；

③三年平均收益率约为：$\sqrt[3]{(1+39\%) \times (1+78.65\%) \times (1+4.55\%)} - 1 \approx 37.44\%$

（2）用资金加权计算。

①画出各个时间点资金流入流出图：

```
-2 000    -3 695    -4 382.5    16 675
前年初     去年初     今年初       今年末
```

上述各个时间点资金流出、流入及净流出或净流入的具体计算如下表所示：

	现金流出（-）	现金流入（+）	净现金流出或流入
前年初	买股票 $-20\times100=-2\,000$（元）		$-2\,000$ 元
去年初	买股票 $-18.5\times200=-3\,700$（元）	收到股息 $0.05\times100=5$（元）	$-3\,700+5=-3\,695$（元）
今年初	买股票 $-22\times200=-4\,400$（元）	收到股息 $0.05\times350=17.5$（元）	$-4\,400+17.5=-4\,382.5$（元）
今年末		卖出股票 $23\times725=16\,675$（元）	$+16\,675$ 元

②求解年内部收益率 r：

$$\frac{16\,675}{(1+r)^3}=2\,000+\frac{3\,695}{(1+r)}+\frac{4\,382.5}{(1+r)^2}$$

解得 $r\approx31.40\%$。相应的持有期收益率为 $(1+31.40\%)^3-1\approx126.87\%$。

6. **答案**：（1）用时间加权计算。可将投资期分为上半年和下半年两段计算收益率：

$$R_{上半年}=\frac{1.1\times50\,000+500-1\times50\,000}{50\,000}=11\%$$

$$R_{下半年}=\frac{1.15\times60\,000+510-1.1\times60\,000}{1.1\times60\,000}\approx5.32\%$$

全年收益率约为：$(1+11\%)\times(1+5.32\%)-1\approx16.91\%$。

（2）用资金加权计算。

①画出各个时间点资金流入流出图：

上述各个时间点资金流出、流入及净流出或净流入的具体计算如下表所示：

	现金流出（-）	现金流入（+）	净现金流出或流入
年初	用 $50\,000$ 元买基金 $50\,000$ 股		$-50\,000$ 元
年中	用 $11\,000$ 元买基金 $10\,000$ 股	收到股息 500 元	$-11\,000+500=-10\,500$（元）
年末		收到股息 510 元，卖出基金 $60\,000\times1.15=69\,000$（元）	$510+69\,000=69\,510$（元）

②求解半年内部收益率 r：

$$\frac{69\,510}{(1+r)^2}=50\,000+\frac{10\,500}{(1+r)}$$

解得 $r\approx7.87\%$。相应的年收益率为：$(1+7.87\%)^2-1\approx16.36\%$。

7. **答案：**（1）用时间加权计算。

①计算每年收益率：

$$R_{第1年} = \frac{66\,000 - 60\,000}{60\,000} = 10\% \quad R_{第2年} = \frac{66\,000 - 60\,000}{60\,000} = 10\%$$

$$R_{第3年} = \frac{77\,000 - 70\,000}{70\,000} = 10\% \quad R_{第4年} = \frac{63\,000 - 70\,000}{70\,000} = -10\%$$

②该投资人持有期收益率：$(1+10\%) \times (1+10\%) \times (1+10\%) \times (1-10\%) - 1 = 19.79\%$；

③该投资人四年的年平均收益率为：

$$\sqrt[4]{(1+10\%) \times (1+10\%) \times (1+10\%) \times (1-10\%)} - 1 \approx 4.62\%$$

（2）用资金加权计算。

①画出各个时间点资金流入流出图：

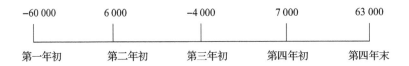

| -60 000 | 6 000 | -4 000 | 7 000 | 63 000 |
| 第一年初 | 第二年初 | 第三年初 | 第四年初 | 第四年末 |

②求解年内部收益率 r：

$$\frac{63\,000}{(1+r)^4} + \frac{7\,000}{(1+r)^3} + \frac{6\,000}{(1+r)} = 60\,000 + \frac{4\,000}{(1+r)^2}$$

解得 $r \approx 4.98\%$。相应的四年持有期收益率为：$(1+4.98\%)^4 - 1 \approx 21.46\%$。

8. **答案：**①用持有期收益率公式计算的收益率为 11%；②用时间加权收益率公式计算的收益率约为 11.05%；③用资金加权收益率公式计算的收益率约为 11.03%。

9. **答案：**解题方法参照《投资学原理及应用》（第 4 版）例 4-6，解得平安银行预期收益率约为 34.15%。

10. **答案：**根据算术平均法，计算宝钢股份在 2012～2018 年的预期收益率，将其和实际收益率一起排列如下表所示：

年份	预期收益率（%）	实际收益率（%）	年份	预期收益率（%）	实际收益率（%）
2012 年	18.27	3.24	2016 年	15.10	9.55
2013 年	17.01	-8.78	2017 年	14.76	26.32
2014 年	15.03	43.82	2018 年	15.44	-14.07
2015 年	17.09	-12.63			

可以发现，预测值比较平稳，波动区间为 [14.76, 18.27]，而实际收益率波动很大，波动区间为 [-14.07, 43.82]。

两者差异还可以用折线图更直观地表示：

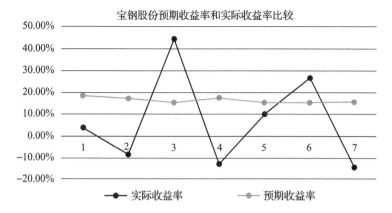

这充分说明了股票投资风险，预期收益率与实际收益率总是有很大偏差。

11. **答案**：①将过去 6 年价格视为未来 6 种可能，计算未来可能收益率如下：

A、B、C 产品未来可能收益率 (%)

A（产品未来可能收益率）	B（产品未来可能收益率）	C（产品未来可能收益率）
−10	−40	−70
0	−30	20
10	−20	20
20	−10	30
30	0	40
40	190	50

②计算 A 产品的预期收益率为：

$$E(R_A) = \frac{\sum_{i=1}^{n} R_i}{n} = \frac{-10\% + 0 + 10\% + 20\% + 30\% + 40\%}{6} = 15\%$$

同样，B 产品和 C 产品的预期收益率也是 15%。

③计算 A 产品收益率标准差为：

A 产品各种收益率（%）	$[R_i - E(R)]$（%）	$[R_i - E(R)]^2$（%）
−10	−25	6.25
0	−15	2.25
10	−5	0.25
20	5	0.25
30	15	2.25
40	25	6.25
合计		17.5
方差和标准差	方差 = 17.5%/(6−1) = 3.5%，标准差 = $\sqrt{3.5\%} \approx 18.71\%$	

同样，可以计算 B 和 C 的标准差为 86.89% 和 43.24%。

④ A、B、C 三种产品的预期收益率一样，A 产品的标准差最低，故应该投资 A 产品。

12. **答案**：计算过程同第 11 题。股票 A 和股票 B 的预期收益率分别为 6% 和 11%，标准差分别为 9.8% 和 19.22%。

13. **答案**：①分析师预测价格、分析师人数所对应的预期收益率和相应概率：

$$预期收益率 = \frac{预期年末价格 - 10}{10}$$

$$概率 = \frac{预测同一价格的分析师人数}{分析师总人数(20)}$$

将计算结果列为下表：

预期年末价格（元）	分析师人数（人）	预期收益率（%）	概率（%）
10	2	0	10
10.5	4	5	20
11	8	10	40
11.5	4	15	20
12	2	20	10

②按照第 11 题的计算过程计算，预期收益率为 10%，标准差约为 5.48%。

14. **答案**：①股票 A 的预期收益率：

$$E(R_A) = \sum_{i=1}^{5} P_i R_{Ai} = 0.1 \times 8\% + 0.2 \times 12\% + 0.4 \times 16\% \\ + 0.2 \times 20\% + 0.1 \times 24\% = 16\%$$

同样，可以计算 B、C 两只股票的预期收益率分别为 16% 和 18%。

②股票 A 的标准差为：

$$\sigma = \sqrt{\mathrm{Var}(R)} = \sqrt{\sum_{i=1}^{5} P_i [R_i - E(R)]^2} = [0.1 \times (8\% - 16\%)^2 + 0.2 \times (12\% - 16\%)^2 \\ + 0.4 \times (16\% - 16\%)^2 + 0.2 \times (20\% - 16\%)^2 \\ + 0.1 \times (24\% - 16\%)^2]^{1/2} \approx 4.38\%$$

同样，可以求得 B、C 两只股票的标准差分别为 1.84% 和 4.38%。

③ A、B、C 三只股票的变异系数分别为 0.273 8、0.11 5 和 0.243 3，B 股票的变异系数最小，故投资人应投资 B 股票。

15. **答案**：按照第 11 题的方法计算：①德赛电池、五粮液和新和成的季度预期收益率分别为 4.77%、3.98% 和 2.85%；②德赛电池、五粮液和新和成的风险（标准差）分别是 25.72%、14.92% 和 14.68%；③德赛电池、五粮液和新和成的变异系数分别为 5.39、3.75 和 5.15，故投资五粮液效果最好。

16. 答案略。

17. **答案**略。
18. **答案**略。
19. **答案**：①年末资产期望现金流为 2 000 元，可以将其视为年末价格。当投资人要求 8% 的风险溢价，即投资收益率为 8%+3%=11% 时，设期初资产价格为 X，则有：

$$11\% = \frac{2\,000 - X}{X} \Rightarrow X \approx 1\,801.80\,(元)$$

②当投资人必须获得 13% 的收益率，设期初资产价格为 X，则有：

$$13\% = \frac{2\,000 - X}{X} \Rightarrow X \approx 1\,769.91\,(元)$$

③投资人要求的收益率越高，购买资产的价格必须越低。

四、简述题

1. **答案**：参考《投资学原理及应用》（第 4 版）例 4-6。
2. **答案**：①系统风险和非系统风险名义上泾渭分明；②现实中有些非系统风险不断累计后可能向系统风险转化；③有些风险融合了系统和非系统双重风险。

五、画图题

答案：①未来收益率区间为 [8.35%，15.65%] 的可能性是 68%；②未来收益率区间为 [4.7%，19.3%] 的可能性是 95%。

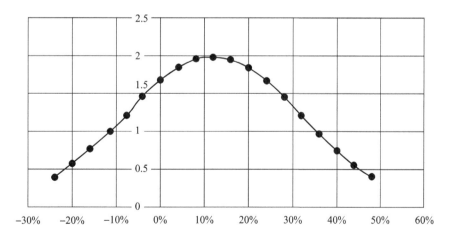

六、分析题

答案：①风险溢价理论认为，有风险投资产品的必要收益率＝无风险收益率＋风险溢价，风险溢价理论上必须大于零。

②企业债、商业行业股票、消费行业股票的实际风险溢价分别为：

$$\text{风险溢价}_{\text{企业债}} = 6.07\% - 4.09\% = 1.98\%$$

$$\text{风险溢价}_{\text{商业}} = 0.28\% - 4.09\% = -3.81\%$$

$$\text{风险溢价}_{\text{消费}} = 19.63\% - 4.09\% = 15.54\%$$

总体上看，实际风险溢价大于零的情况居多，但是也有实际风险溢价小于零的情况。风险溢价必须大于零，是从事前角度和长期角度所得到的判断，并不否定在短期或一段时间内出现风险溢价小于零的情况。

第 5 章

投资组合

一、判断题

1. ×（投资组合既考虑微观也考虑宏观投资问题）
2. ×
3. ×（投资于股票的比例是 70%，投资于债券的比例是 30%）
4. √
5. ×
6. ×（还有协方差为零的情形）
7. √
8. √
9. ×（相关性不是因果关系）
10. ×（相关系数为零只能表明两种证券收益率变动没有线性相关性，可能还有其他的相关性）
11. √（同行业股票相关性更强）
12. ×（很难找到，因为股票间相关系数通常大于零）
13. √
14. ×（投资组合收益率可以高于其中一只证券的收益率）
15. ×
16. √
17. √
18. ×
19. ×（只要各证券收益率相关系数不完全正相关就可以降低风险）
20. √
21. ×（不需要这么多证券）
22. √
23. ×
24. √

25. √
26. ×
27. ×（最小方差组合收益率高于其中一只收益率较低的证券）
28. ×（应该是风险一定时收益最大，收益一定时风险最小）
29. ×（是一条直线）
30. √
31. √
32. √
33. ×
34. ×
35. ×（因为边际效用递减，增加的收益必须越来越大）
36. ×（应该是效用函数和最优风险投资组合不相关，因为最优投资组合中包括最优风险投资组合）
37. ×

二、选择题（包括单选和多选）

1. B
2. C
3. C
4. C
5. B
6. D
7. C
8. A
9. A
10. D
11. B
12. D
13. C
14. A
15. D
16. C（因为中国股票、德国股票和美国股票构建组合降低风险的效果相对更好）
17. D
18. C
19. D
20. A
21. C
22. C（因为AB两种情况均不可能）
23. C
24. ABC
25. C
26. D
27. A
28. B
29. C
30. BCD（甲和丁相比，其风险高、收益低，不可能在有效边界上）
31. AB
32. B
33. AB
34. C
35. A
36. D
37. B
38. B

39. D 40. C
41. D 42. A

三、计算题

1. **答案**：①根据成本价和预期年末价格，各只证券的预期收益率：

$$E(R_A) = \frac{13-10}{10} = 30\%$$

$$E(R_B) = \frac{18-15}{15} = 20\%$$

$$E(R_C) = \frac{25-20}{20} = 25\%$$

②各只证券的资金比例：

$$W_A = \frac{10 \times 5\,000}{10 \times 5\,000 + 15 \times 2\,000 + 20 \times 1\,000} = 50\%$$

$$W_B = \frac{15 \times 2\,000}{10 \times 5\,000 + 15 \times 2\,000 + 20 \times 1\,000} = 30\%$$

$$W_C = \frac{20 \times 1\,000}{10 \times 5\,000 + 15 \times 2\,000 + 20 \times 1\,000} = 20\%$$

③组合的预期收益率为：$0.5 \times 30\% + 0.3 \times 20\% + 0.2 \times 25\% = 26\%$。

2. **答案**：（1）计算沪深 300 指数和上证 50 指数的相关系数。

①沪深 300 指数和上证 50 指数的预期收益率分别为：

$$E(R_{沪深}) = \frac{-65.95+96.71-12.51-25.01+7.55-7.65+51.66+5.58-16.63}{9} \approx 3.75\%$$

$$E(R_{上证}) = \frac{-67.23+84.40-22.57-18.19+14.84-15.23+63.93-6.23-13.16}{9} \approx 2.28\%$$

②沪深 300 指数和上证 50 指数收益率的标准差：

(%)

沪深 300 收益率	沪深 300 对均值的偏差	沪深 300 对均值的偏差的平方	上证收益率	上证对均值的偏差	上证对均值的偏差的平方
-65.95	-69.7	48.580 9	-67.23	-69.51	48.316 4
96.71	92.96	86.415 6	84.40	82.12	67.436 9
-12.51	-16.26	2.643 9	-22.57	-24.85	6.175 2
-25.01	-28.76	8.271 4	-18.19	-20.47	4.190 2
7.55	3.8	0.144 4	14.84	12.56	1.577 5
-7.65	-11.4	1.299 6	-15.23	-17.51	3.066 0
51.66	47.91	22.953 7	63.93	61.65	38.007 2
5.58	1.83	0.033 5	-6.23	-8.51	0.724 2
-16.63	-20.38	4.153 4	-13.16	-15.44	2.383 9
合计		174.496 4			171.877 7
标准差	$\sqrt{174.496\,4\%/(9-1)} \approx 46.70\%$		标准差	$\sqrt{171.877\,7\%/(9-1)} \approx 46.35\%$	

③计算沪深 300 指数和上证 50 指数的协方差：

(%)

沪深 300 对均值的偏差	上证对均值的偏差	沪深 300 对均值的偏差（%）× 上证对均值的偏差
-69.7	-69.51	48.45
92.96	82.12	76.34
-16.26	-24.85	4.04
-28.76	-20.47	5.89
3.8	12.56	0.48
-11.4	-17.51	0.02
47.91	61.65	29.54
1.83	-8.51	-0.16
-20.38	-15.44	3.15
合计		169.72
协方差		169.72%/（9-1）≈21.22%

④计算沪深 300 指数和上证 50 指数的相关系数：
$$\rho_{AB} = \mathrm{Cov}(R_A, R_B)/\sigma_A\sigma_B = 21.22\%/(46.7\% \times 46.35\%) \approx 0.98$$

（2）按照上面的方法计算，得到沪深 300 指数和中证 500 指数收益率变动的相关系数约为 0.94。

（3）指数之间的相关性都是高度正相关，非常接近完全正相关，且前者明显高于后者，表明大盘股指数之间相关度更高。

3. **答案：**
按照第 2 题的计算方法得到：①上证指数收益率均值和标准差分别为 14.19%、52.62%，巴黎 CAC 指数收益率均值和标准差分别为 0.71%、20.76%；②上证指数收益率和巴黎 CAC 指数收益率协方差为 5.81%，相关系数约为 0.53。

4. **答案：** ①证券 A 和证券 B 的收益率均值分别为 20% 和 15%；②证券 A 和证券 B 收益率标准差分别约为 7.91% 和 7.91%；③协方差约为 0.63%；④相关系数为 1。

5. **答案：**（1）计算协方差和相关系数。
①证券 A 和证券 B 的收益率均值都为 20%；②证券 A 和证券 B 收益率标准差都是 7.91%；③协方差约为 -0.63%；④相关系数为 -1。

（2）组合 C 的收益率分布如下表所示：

证券 A 的收益率（%）	证券 B 的收益率（%）	组合 C 的收益率 = 0.5× 证券 A + 0.5× 证券 B
30	10	20
25	15	20
20	20	20
15	25	20
10	30	20

(3) 组合 C 的预期收益率为 20%，标准差为零。
6. **答案**：预期收益率是 12%，收益率标准差是 0。
7. **答案**：①证券 A 和证券 B 的预期收益率分别为 10.5%、6%，标准差分别为 18.90%、14.73%；②协方差为 −2.41；③两只证券等比例构建组合的预期收益率和标准差为 8.25%、4.83%；④计算证券 A、证券 B 和组合的变异系数分别为 1.8、2.46 和 0.5855，故组合效果最佳。
8. **答案**：①组合预期收益率和风险（标准差）分别是 6% 和 8.44%；②组合预期收益率和风险分别是 6% 和 7.73%；③后面组合风险较低，因为股票 C 与股票 A 和股票 B 的相关系数很低，提高股票 C 的比重就能降低组合的风险。
9. **答案**：①组合的预期收益率为 8%，标准差为 11.02%；②组合的预期收益率为 7.8%，标准差为 10.61%；③在②情形下，风险比①低，原因在于后者增加了低风险股票 A 和低相关系数 B 的权重。
10. **答案**：①在相关系数为 1 时，组合的标准差为 30%，是两只证券风险的平均值；②在相关系数为 0.4 时，组合的标准差为 25.69%，小于两只证券风险的平均值；③在相关系数为 −1 时，组合的标准差为 10%，小于相关系数为 0.4 时的标准差，也小于两只证券的风险；④相关系数越小，构建投资组合降低风险的效果越好。
11. **答案**：①组合的预期收益率为 24.49%，标准差约为 61.68%；②约为 13.06%，标准差约为 26.99%；③两个组合收益率变异系数分别为 2.518 6 和 2.07，故上海市场、法国市场、德国市场组合的效果更好。
12. **答案**：①经计算，两只证券的收益率完全负相关，故可以构建无风险组合；②由于在第二种情形下，两只证券的收益率都是 10%，故构建无风险组合的收益率必然是 10%，这时投资在股票 A 和股票 B 的资金比例分别为 0.8 和 0.2。
13. **答案**：①两只股票收益率变动的相关系数为 −1；②可以构建无风险组合，具体方法是将资金的 1/3 和 2/3 分别投资在股票 A 和股票 B 上构建投资组合。
14. **答案**：①配置在债券和股票上的资金比例分别为 82% 和 18%；②最小标准差组合的预期收益率为 8.9%，标准差为 11.45%。
15. **答案**：①预期收益率为 6%，标准差为 10.63%；②预期收益率为 4%，标准差为 5.315%；③按照投资者自有资金等额向银行借款，标准差为 21.26%。
16. **答案**：①华宝添益、国债 ETF、黄金基金和中小 300 的收益率均值分别为 −0.01%、3.19%、2.40% 和 9.59%，也是各投资产品的预期收益率；
②华宝添益、国债 ETF、黄金基金和中小 300 收益率标准差分别为 0%、3.61%、9.66% 和 32.06%；③组合的预期收益率为 3.79%；④组合收益率标准差为 7.17%；⑤四个投资产品和投资组合的收益率变异系数。华宝添益的收益率均值是负数，故不予考虑。计算得到：$CV_{国债ETF} \approx 1.13$，$CV_{黄金基金} \approx 4.03$，$CV_{中小300} \approx 3.34$，$CV_{组合} \approx 1.89$。因此，就风险投资产品而言，组合的效果最好。
17. **答案**：①按照 8 种资产 2010～2017 年共计 8 年的数据，可计算每种投资产品的预期收益率、收益率标准差和变异系数如下表所示：

	房价	黄金	原油	定期存款	企债指数	上证50	沪深300	创业板
预期收益率（%）	26.21	3.51	2.26	2.44	6.06	4.51	3.77	14.67
标准差（%）	38.61	16.91	32.35	0.81	2.5	29.07	24.16	45.94
变异系数	1.47	4.82	14.31	0.33	0.41	6.45	6.41	3.13

②计算组合的预期收益率、标准差和变异系数分别为 7.93%、6.11% 和 0.77。
③投资组合相对于风险较高的房产、黄金、原油、股票来说，以变异系数为衡量标准，其风险有了较大幅度的下降。相对于定期存款和企业债券，虽然风险较大，但是预期收益率又有了较大的提升。因此，对 8 种投资产品进行组合，能够达到较好的分散投资降低风险的效果。

四、画图和填空题

1. 答案：

投资产品间相关系数	解释	对投资组合风险的影响
相关系数 = +1	完全正相关	（不能）降低投资组合风险
0 < 相关系数 < 1	部分正相关	（可小幅）降低投资组合风险
相关系数 = 0	完全不相关	（可较大幅度）降低投资组合风险
−1 < 相关系数 < 0	部分负相关	（可大幅度）降低投资组合风险
相关系数 = −1	完全负相关	（可完全）消除投资组合风险

2. 答案：

投资组合权重		组合预期收益率（%）	组合标准差（%）
股票	债券		
1.00	0	12	21
0.80	0.2	11	17.67
0.60	0.4	10	15.01
0.40	0.6	9	12.60
0.20	0.8	8	11.58
0.00	1	7	12

3. 答案：

年份	股票 A 收益率（%）	股票 B 收益率（%）	组合 AB 收益率（%）
2014	11	21	17
2015	37	−38	−8.00
2016	−21	48	20.40
2017	26	16	20.00
2018	13	24	19.60
平均收益率（%）	13.2	14.2	13.8
标准差（%）	21.82	31.67	12.26

4. **答案**：①最初增加少量股票（2～30只），降低风险效果很好；②当股票数量为30～50只时，效果不太明显；③当股票数量超过50只时，组合风险与市场平均风险非常接近。
5. 答案略。
6. 答案略。
7. **答案**：参考《投资学原理及应用》（第4版）例5-11。
8. **答案**：投资人甲是高风险厌恶型投资者，其投资组合中一部分是无风险产品，另一部分是最优风险投资组合；投资人乙是中等风险厌恶型投资者，其投资组合全部由最优风险投资组合构成；投资人丙是低风险厌恶型投资者，其用无风险利率借贷后，用超过其自有资本的更多资金全部投资在最优风险投资组合上。
9. **答案**：

投资组合	预期收益率（%）	收益率标准差（%）	是否在有效边界上，以及原因简析
A	5.30	9.30	×（比C收益低、风险高）
B	13.50	11.40	×（比D收益低、风险高）
C	14.63	8.47	√（风险和收益基本匹配）
D	37.47	9.40	√（风险和收益基本匹配）
E	7.90	47.20	×（比C收益低、风险高）
F	3.83	1.25	√（风险和收益基本匹配）

10. 画图略。

五、论述题

1. **答案**：①投资多个投资产品，进行组合；②各个投资产品的相关系数应该尽可能小；③最好是投资不同类型的投资产品。
2. **答案**：每次下小赌注，可以视为将一次投资分散为多次投资，其运用了分散投资的思想，可降低赌博完全失败的风险。

第 6 章
CHAPTER6

风险定价理论

一、判断题

1. ×
2. √
3. ×
4. ×（现实投资中不可能）
5. ×
6. √
7. √
8. √
9. ×（这是不可能的投资）
10. ×（这是无效的投资组合）
11. ×（资本市场线不能表示单个证券的均衡预期收益率）
12. ×
13. √
14. √
15. ×
16. √
17. ×（这种情况很少发生）
18. ×
19. √
20. ×（个股系统风险的相对大小将趋近于1，高的贝塔值会向下趋近于1，低的贝塔值会向上趋近于1）
21. ×
22. ×
23. √
24. ×（实际投资的预期收益率经常偏离资本资产定价模型确定的预期收益率）
25. ×
26. ×（资产价格被低估）

27. × 28. ×（还有非系统风险）
29. √ 30. ×（受多个系统风险影响）
31. √ 32. ×
33. √ 34. √

二、选择题（包括单选和多选）

1. D
2. C（因为投资人丙投资了市场组合）
3. ABD
4. B（根据 $5\% = R_f + \dfrac{E(R_M)-R_f}{\sigma_M}\times 10\%$ 可以得到：$10\%=2R_f+\dfrac{E(R_M)-R_f}{\sigma_M}\times 20\%$，即 $10\%-R_f=R_f+\dfrac{E(R_M)-R_f}{\sigma_M}\times 20\%$，故预期收益率为 10%、预期风险为 20% 的组合在资本市场线上方，但这实际上是不可能的投资组合）
5. C
6. D
7. B
8. A
9. B
10. A
11. C
12. C
13. D
14. A
15. B
16. A
17. ABC
18. C
19. C
20. ABCD
21. B
22. C
23. AC
24. B（假设证券 X 处于均衡状态，则市场收益率为 13%，市场均衡时证券 Y 的收益率为 5.5%，故证券 Y 不可能同时处于均衡状况，故只可能出现第二种情况）
25. D
26. C
27. C
28. C
29. C
30. A
31. D
32. CD
33. ABC

三、计算题

1. 答案:

①组合的预期收益率约为 18.6%,标准差为 46.44%。

②因为股票 X 和股票 Y 构建的投资组合是有效组合,其在资本市场线上。你要构建的投资组合必须在资本市场线上,一定是股票 X 和股票 Y 构建的投资组合 P 和无风险证券构建的组合。要获得 12% 的收益率,必须将一部分资金投资在投资组合 P 上,另一部分资金投资在无风险产品上。假设投资在投资组合 P 上的资金比例为 W,投资在无风险资产上的资金比例为 $1-W$,则有:$W \times 18.6\% + (1-W) \times 2\% = 12\%$,解得 $W \approx 60.24\%$。

60.24% 的资金为 $0.6024 \times 50000 = 30120$(元),投资在投资组合 P 上,其中 30% 的资金投资 X,70% 投资 Y,即 $30120 \times 0.3 = 9036$(元)投资 X,$30120 \times 0.7 = 21084$(元)投资 Y。另外,$1-W=39.76\%$ 的总资金,即 $0.3976 \times 50000 = 19880$(元)以无风险利率 2% 融出。

2. 答案:

① $\dfrac{E(R_M)-R_f}{\sigma_M} = \dfrac{12\%-3\%}{20\%} = 0.45$,故收益率标准差每增加 1%,投资者要求增加的预期收益率为 0.45%。

②设投资在市场组合上的资金比例为 W,则根据教材式(5-14)有 $W \times 20\% = 10\%$,$W=0.5$,即投资在市场组合的资金比例为 50%,预期收益率 $= 0.5 \times 12\% + 0.5 \times 3\% = 7.5\%$。

③设投资在市场组合上的资金比例为 W,则有:

$$12\% \times W + 3\%(1-W) = 21\%$$

解得 $W=2$,即投资人需要以无风险利率借款 100 万元。

3. 答案:

①该项目的预期收益率为:

$$\frac{P_1-P_0}{P_0} = \frac{1000-875}{875} \approx 14.29\%$$

投资该项目要求的收益率为:

$$E(R_P) = R_f + \frac{E(R_M)-R_f}{\sigma_M} \times \sigma_P = 3\% + \frac{13\%-3\%}{20\%} \times 25\% = 15.5\%$$

投资该项目的预期收益率低于必要收益率,故该项目不值得投资。

②设价格为 P 时值得投资,则有:

$$\frac{1000-P}{P} = 15.5\%$$

解得 $P=865.80$ 元,即当该项目的价格小于或等于 865.80 元时,该项目才值得投资。

4. 答案:

①市场组合的预期收益率为 13%,标准差约为 20.66%;

②资本市场线方程为:

$$E(R_P) = R_f + \frac{E(R_M) - R_f}{\sigma_M} \times \sigma_P = 3\% + \frac{13\% - 3\%}{20.66\%} \times \sigma_P = 3\% + 0.48\sigma_P$$

5. **答案：**

①由 $E(R_i) = R_f + [E(R_M) - R_f]\beta_i$ 得到：

$$13\% = 3\% + [E(R_M) - 3\%] \times 1$$

解得 $E(R_M) = 13\%$。

②贝塔值为零的股票的预期收益率是 3%。

③投资该股票的实际投资预期收益率为：

$$\frac{41 + 3 - 40}{40} = 10\%$$

投资该股票的合理收益率为：

$$E(R_i) = R_f + [E(R_M) - R_f]\beta_i = 3\% + (13\% - 3\%) \times (-0.1) = 2\%$$

实际收益率高于合理收益率，故该股票被低估。

④该股票价格变动后为 P，则：

$$\frac{41 + 3 - P}{P} = 2\%$$

解得 $P \approx 43.14$，即该股票价格将从 40 元迅速上涨到 43.14 元附近。

6. **答案：**

①该股票的合理收益率为：

$$E(R_i) = R_f + [E(R_M) - R_f]\beta_i = 3\% + (9\% - 3\%) \times 1.2 = 10.2\%$$

②设该股票期末价格为 P，则有：

$$\frac{P + 6 - 50}{50} = 10.2\%$$

解得 $P = 49.10$。

7. **答案：**

①根据已知条件有：

$$6\% = R_f + [E(R_M) - R_f] \times 0.5$$

$$12\% = R_f + [E(R_M) - R_f] \times 1.5$$

解上述方程组得到 $R_f = 3\%$，$E(R_M) = 9\%$。

②贝塔系数为 2 的证券 C 的预期收益率为：

$$3\% + (9\% - 3\%) \times 2 = 15\%$$

8. **答案：**

①不允许卖空时，由于新建组合的贝塔值介于构建该组合的两个组合的贝塔值之间，故只能用 A 和 B 构建组合。设投资在组合 A 上的资金比例为 W，则有：

$$1.8W + 0.9 \times (1 - W) = 1.2$$

解得 $W = 1/3$，即新组合投资在组合 A 上的资金比例为 1/3，投资在组合 B 上的资金比例为 2/3。

②新组合的预期收益率为：11%×(1/3)+5%×(2/3)=7%。

9. **答案**：①四只股票的预期收益率分别为 11%、17%、21% 和 23%；②组合的贝塔系数为 1.22，组合的预期收益率为 15.2%；③组合的贝塔系数为 1.78，组合预期收益率为 20.8%；④应该购买 A、B、C 三只股票构建的组合。

10. **答案**：①根据公式 $\text{Cov}(R_i,R_j)=\beta_i\beta_j\sigma_M^2$，股票 A 和市场指数的协方差为：$0.9\times1\times25\%^2=5.625\%$；②股票 B 和股票 C 的协方差为：$0.2\times1.7\times25\%^2=2.125\%$；③根据公式 $\sigma_i^2=\beta_i^2\sigma_M^2+\sigma_{\varepsilon_i}^2$，股票 C 的系统性风险为 $1.7^2\times25\%^2=18.0625\%$，非系统风险为 $50\%^2-18.0625\%=6.9375\%$。系统风险和非系统风险占总风险的比重分别为：

$$18.0625\%\div50\%^2=72.25\% \quad 6.9375\%\div50\%^2=27.75\%$$

11. **答案**：

①先计算各股票方差。根据公式 $\sigma_i^2=\beta_i^2\sigma_M^2+\sigma_{\varepsilon_i}^2$ 有：

$$\sigma_A^2=\beta_A^2\sigma_M^2+\sigma_{\varepsilon_A}^2=1.2^2\times18\%^2+5\%^2=0.049\,156$$

$$\sigma_B^2=\beta_B^2\sigma_M^2+\sigma_{\varepsilon_B}^2=1.05^2\times18\%^2+8\%^2=0.042\,121$$

$$\sigma_C^2=\beta_C^2\sigma_M^2+\sigma_{\varepsilon_C}^2=0.9^2\times18\%^2+2\%^2=0.026\,644$$

②计算三只股票相互之间的协方差。根据公式 $\text{Cov}(R_i,R_j)=\beta_i\beta_j\sigma_M^2$ 有：

$$\sigma_{AB}=1.2\times1.05\times18\%^2=0.040\,824$$

$$\sigma_{AC}=1.2\times0.9\times18\%^2=0.034\,992$$

$$\sigma_{BC}=1.05\times0.9\times18\%^2=0.030\,618$$

③计算投资组合的方差。

$$\sigma_P^2=\sum_{i=1}^3\sum_{j=1}^3 W_iW_j\sigma_{ij}=W_1^2\sigma_1^2+W_2^2\sigma_2^2+W_3^2\sigma_3^2+2W_1W_2\sigma_{12}+2W_1W_3\sigma_{13}+2W_2W_3\sigma_{23}$$

$$=0.3^2\times0.049\,156+0.5^2\times0.042\,121+0.2^2\times0.026\,644+2\times0.3\times0.5\times0.040\,824$$

$$+2\times0.3\times0.2\times0.034\,992+2\times0.5\times0.2\times0.030\,618=0.038\,589\,89$$

因此，$\sigma_P\approx19.64\%$。

12. **答案**：设三只证券的资金比例改变量分别为 W_1、W_2 和 W_3，根据资金比例增减为零，对风险因素的敏感度不变即资金增减变动对因素的敏感度为零两个条件，则有：

$$0.2+W_2+W_3=0$$

$$0.2\times0.9+3\times W_2+1.8\times W_3=0$$

解上述方程组得 $W_2=0.15$，$W_3=-0.35$。

13. **答案**：

①构建套利组合须满足三个条件：不增加资金，不增加风险，需增加收益。设套利组合投资在 A、B、C 三只股票上的资金比例分别为 W_1（0.2）、W_2 和 W_3，按照不增加资金和不增加风险条件，则有：

$$0.2+W_2+W_3=0$$

$$0.2\times2+3.5\times W_2+0.5\times W_3=0$$

解上述方程组得：$W_2=-0.1$ 和 $W_3=-0.1$。
②套利组合的收益为：
$$W_1E(R_1)+W_2E(R_2)+W_3E(R_3) = 0.2\times 20\% - 0.1\times 10\% - 0.1\times 5\% = 2.5\%$$
③如果每个人都跟随小张操作，则被买入的证券 A 的价格会上涨，买入的证券 A 的投资收益率会下降，被卖出的证券 A 和证券 C 的价格会下跌，相应的投资收益率会上升。

14. **答案略。**

15. **答案：**
①构建套利组合须满足三个条件：不增加资金，不增加风险，需增加收益。设套利组合投资在 W、X、Y、Z 四个组合上的资金比例分别为 W_1、W_2、W_3 和 W_4，按照不增加资金和不增加风险条件，则有：
$$W_1+W_2+W_3+W_4=0$$
$$4W_1+2W_2+W_3+3W_4=0$$
$$3W_1+1.5W_2+2W_3+2W_4=0$$
解上述方程组得到：$W_1=0.5W_2$，$W_3=-0.25W_2$，$W_4=-1.25W_2$。令 $W_2=-2$，则可以得到 $W_1=-1$，$W_3=0.5$，$W_4=2.5$。
②套利组合的收益率为：
$$W_1E(R_1)+W_2E(R_2)+W_3E(R_3)+W_4E(R_4)$$
$$=-1\times 40\%-2\times 20\%+0.5\times 15\%+2.5\times 30\%=2.5\%$$

16. **答案：**
根据套利零投资和零风险两个条件，得到如下方程组：
$$W_1+W_2+W_3=0$$
$$2W_1+W_2+3W_3=0$$
$$1.5W_1+2W_2+2W_3=0$$
该方程组只有零解，故不能构造套利组合。

17. **答案：**
①根据多因素模型公式知道，投资该股票的预期收益率是 10%。
②应该获得预期收益率为：
$$E(R) = R_f +\left[E(R_{P1})-R_f\right]\beta_1+\left[E(R_{P2})-R_f\right]\beta_2+\left[E(R_{P3})-R_f\right]\beta_3$$
$$=3\%+5\%\times 1.5+3\%\times 1.1+6\%\times(-0.8)=9\%$$
实际收益率高于应该获得的预期收益率，故该股票被低估。
③三种风险因素意外变化时股票的收益率为：
$$R_i = E(R_i)+\beta_{i1}F_1+\beta_{i2}F_2+\beta_{i3}F_3$$
$$=10\%+1.5\times(-2\%)+1.1\times 2\%+(-0.8)\times 4\%=6\%$$

18. **答案：**
①用套利定价公式计算各资产的合理收益率分别为：26%、25% 和 24%。
②比较各资产的实际收益率和合理收益率相对大小，得到资产 A 被低估，资产 B 定价合理，资产 C 被高估。

四、画图并说明

1. **答案：**

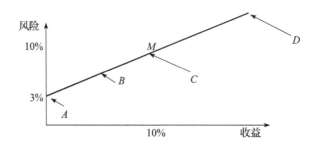

2. **答案：** 股票 1、股票 2 分别在 C 点和 D 点，股票 3、股票 4 分别在 B 点和 A 点。因为均衡定价时股票 1 和股票 2 的收益率都应该是 11%，但股票 1 和股票 2 实际投资的预期收益率分别为 19.05% 和 5.26%；均衡定价时股票 3 和股票 4 的收益率都应该是 15%，但股票 3 和股票 4 实际投资的预期收益率分别为 12.96% 和 18.18%。

3. **答案：** 画图略。当某项资产收益率和风险对应的点落在证券市场线上方时，表明该资产被低估，应该买入；当某项资产收益率和风险对应的点落在证券市场线下方时，表明该资产被高估，应该卖出；当某项资产收益率和风险对应的点落在证券市场线上时，表明该资产被合理定价。

五、分析题

1. **答案：** 证券公司经营状况好坏和证券市场行情变化密切相关：牛市中证券公司业务火爆，经营业绩良好，反之，熊市中则经营状况惨淡；当市场上涨时，证券公司股票涨幅更高，市场下跌时，证券公司股票跌幅更大。故证券公司股票的贝塔值大于 1，适合在牛市投资，不适合在熊市投资。

2. 答案参考《投资学原理及应用》(第 4 版) 例 6-5。

第 7 章

有效市场假设、行为金融学与适应性市场假说

一、判断题

1. ×（有效市场可能只是市场形态的一种）
2. √
3. ×（可获得正常利润）
4. ×
5. ×
6. ×（主要是理解错误）
7. √
8. ×
9. ×（投资人不相信有效市场，只有积极交易，市场才能有效）
10. ×（这种股票的信息未能被市场充分理解）
11. ×（只能说有效市场假设并不总是成立）
12. ×
13. √
14. ×
15. ×
16. √
17. √
18. ×
19. ×
20. ×
21. ×（否定了完全理性）
22. √
23. √
24. ×
25. √
26. ×
27. ×（是归因偏差）
28. √
29. ×（是本土偏好）
30. √
31. √
32. √

33. √

二、选择题

1. A
2. D
3. A
4. B
5. D
6. C（市场对于降息已经有预期，前期上涨幅度大，对利好信息反应过度）
7. A
8. D
9. AC
10. A
11. D（连续成功的概率为 0.5^4）
12. D
13. A（这并非利空，股价不可能大跌）
14. C（在有效市场上，这是利好消息，故股价可能大涨）
15. C（市场将净利润增长 50% 视为利空，因为市场预期净利润增长更多）
16. D（业绩增长大幅度低于以往，故市场视其为利空消息）
17. CD（两种方法可以持续获得超额利润）
18. A
19. CD
20. D
21. A
22. A
23. D
24. B
25. CD
26. BD
27. B
28. C
29. B
30. C
31. C
32. A
33. D
34. D
35. A
36. ABCD
37. D
38. BC

三、画图并解释

1. 答案略。
2. 答案参考《投资学原理及应用》(第 4 版)。
3. 答案参考《投资学原理及应用》(第 4 版)。
4. 答案参考《投资学原理及应用》(第 4 版)。
5. **答案：**
   解释：①有效市场的四个支持论据表明，投资人不能持续获得超额利润；②反对有效市场的四个论据表明，价格并不是价值的最好体现，出现了偏离，或者可以获得超额利润。

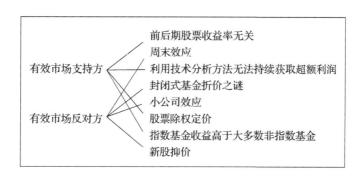

四、分析和论述题

1. **答案**：①有效市场假设；②货品好坏已经在价格信息中得到充分的反映；③投资人能够获得所需各种价格信息，并能正确解读；④适合股票市场，不适合房地产市场、收藏品市场。
2. **答案**：①有效市场假设是指证券价格迅速地、充分地反映了与该证券价值相关的所有信息，价格是证券内在价值的最真实体现，投资者无法通过某种既定的分析模式或操作方式始终如一地获得超额利润。②有效市场假设建立的主要前提：没有交易成本、税负和其他交易障碍；每个投资者都是市场价格的接受者，其交易无法影响证券价格；每个投资者都积极参与市场交易，追求利润最大化；每个投资者能同时免费获得市场的相关信息，并能正确地解读这些信息。③有效市场假设的争论——赞成者和反对者。④现实投资中市场有效和市场无效都是一种极端情况，真正的市场处于有效和无效之间的某一状况。既要尊重市场，又要对市场时时保持警惕。
3. **答案**：该故事体现了有效市场假设，也就是说，路边的李子无人摘吃，体现了李子是苦的这一信息。
4. **答案**：不是错杀。最近公司经营发展与市场以往预期公司持续高成长不相符，公司股价调整以适应市场新的预期，即公司业绩今后将缓慢增长。
5. **答案**：利用T形账户，投资人分析影响股票买进与卖出的各种因素，就不会犯过度自信、证实偏差、羊群效应等错误，决策失误的概率大幅度降低。
6. **答案**：该故事体现了行为金融学中证实偏差思想，因为乡下人认为邻居儿子偷了他的斧子后，邻居儿子的行为都被其视为贼的行为。
7. **答案**：该寓言体现了行为金融学中羊群效应思想，因为该大亨也跑到地狱去了，根本不顾及地狱是否有石油的事实。
8. **答案**：神州泰岳股价在2018～2019年的表现反映了有效市场思想。股价长期下跌反映了公司业绩持续下降的信息。管理层的信心缺少基本面支撑，可能并不是其真实意愿的表达。

第 8 章

债券投资分析

一、判断题

1. √
2. √
3. ×（甲风险小，折现率应该更低）
4. ×
5. ×
6. ×
7. ×（折价债券价格随着时间推移上升）
8. √
9. ×（永久债券的价格与有期限债券价格相比，其高低受债券票面利率和市场利率何者更高的影响）
10. √
11. ×（当债券没有应计利息时，全价价格等于净价价格，否则全价价格大于净价价格）
12. ×（应该是定理一）
13. ×
14. ×（债券期限越长，收益增加的相对幅度越来越小，但是增加的风险越来越大）
15. √
16. √
17. ×（不一定）
18. √
19. √（市场均衡时，两者应该非常接近）
20. √
21. ×（经常意味经济衰退）
22. ×（这是流动性偏好假设）

23. ×（按照流动性偏好假设，收益率曲线总是向上倾斜，但不意味未来利率一定上升）
24. ×（权数是现金流现值除以债券价格）
25. √
26. ×（其久期等于债券期限）
27. ×
28. ×
29. √
30. ×（只能是近似计算）
31. √
32. √
33. ×

二、选择题（包括单选和多选）

1. B
2. A（该债券是折价债券）
3. CD
4. C
5. A（折价债券价格向上回归面值）
6. BC（120.20元与净价差别太大，应计利息不太可能有这么高）
7. BD（刚付息完后全价等于净价）
8. D
9. B（根据债券六大定理中的定理二）
10. A（因为10年期债券较5年期债券多涨了3.69%（8.18%−4.49%），15年期债券较10年期债券涨幅不会超过3.69%，即15年期债券涨幅不会超过11.87%（8.18%+3.69%））
11. C（根据债券六大定理中的定理六）
12. ABC
13. AD
14. D
15. D
16. B
17. A
18. C
19. A
20. ACD
21. A
22. D
23. A
24. ABC
25. A
26. CD
27. D
28. A
29. D
30. C（10年期零息债券的久期是10年）
31. C
32. A（久期近似计算债券价格会低估债券价格涨幅）
33. B（利用久期近似计算债券价格会高估债券价格跌幅）
34. C（因为10年期债券较5年期债券久期长了2.59年（6.76−4.17），15年期债券久期较10年期债券久期长不应该超过2.59年，故15年期债券久期不超过9.35年（6.76+2.59））

35. D 36. AC

三、计算题

1. 答案： ①计算三种债券的价格。

$$零息债券价格 = \frac{1\,000}{(1+8\%)^{10}} \approx 463.19(元)$$

$$息票率为10\%的债券价格 = \frac{100}{(1+8\%)} + \frac{100}{(1+8\%)^2} + \cdots + \frac{1\,100}{(1+8\%)^{10}} \approx 1\,134.20(元)$$

息票率为 8% 的债券的价格为 1 000 元。

②一年后在到期收益率仍然为 8% 时债券价格分别为：

$$零息债券价格 = \frac{1\,000}{(1+8\%)^9} \approx 500.25(元)$$

$$息票率为10\%的债券价格 = \frac{100}{(1+8\%)} + \frac{100}{(1+8\%)^2} + \cdots + \frac{1\,100}{(1+8\%)^9} \approx 1\,124.94(元)$$

息票率为 8% 的债券的价格为 1 000 元。

③一年后，当到期收益率为 7% 时，债券价格分别为：

$$零息债券价格 = \frac{1\,000}{(1+7\%)^9} \approx 543.93(元)$$

$$息票率为10\%的债券价格 = \frac{100}{(1+7\%)} + \frac{100}{(1+7\%)^2} + \cdots + \frac{1\,100}{(1+7\%)^9} \approx 1\,195.46(元)$$

$$息票率为8\%的债券价格 = \frac{80}{(1+7\%)} + \frac{80}{(1+7\%)^2} + \cdots + \frac{1\,080}{(1+7\%)^9} \approx 1\,065.15(元)$$

④三只债券一年后的收益率分别为：

$$零息债券收益率 = \frac{500.25 - 463.19}{463.19} \approx 7.95\%$$

$$息票率为10\%的债券收益率 = \frac{1\,124.94 + 100 - 1\,134.20}{1\,134.20} \approx 8\%$$

$$息票率为8\%的债券收益率 = \frac{1\,000 + 80 - 1\,000}{1\,000} = 8\%$$

2. 答案： ①债券的合理价格（发行价格）为：

$$债券价格 = \frac{30}{(1+4\%)} + \frac{30}{(1+4\%)^2} + \cdots + \frac{1\,030}{(1+4\%)^{10}} \approx 918.89(元)$$

② 2019 年 7 月 1 日，该债券的合理价格是：

$$债券价格 = \frac{30}{(1+4\%)} + \frac{30}{(1+4\%)^2} + \cdots + \frac{1\,030}{(1+4\%)^9} \approx 925.65(元)$$

③ 2019 年 9 月 30 日，该债券的净价价格为：

$$净价价格 = \frac{15}{(1+4\%)^{1/2}} + \frac{30}{(1+4\%)^{(1/2)+1}} + \cdots + \frac{1\,030}{(1+4\%)^{(1/2)+8}} \approx 929.27(元)$$

$$全价价格 = 929.27 + 15 = 944.27(元)$$

3. **答案**：①

债券价格随到期期限缩短的变动规律

剩余到期年限（年）	票面利率为4%的债券价格（元）	票面利率为6%的债券价格（元）	票面利率为8%的债券价格（元）
3	94.65	100	105.35
2	96.33	100	103.67
1	98.11	100	101.89
0	100	100	100

②折价债券随着到期日临近价格不断上升，到期时等于债券面值；平价债券价格始终等于债券面值；溢价债券随着到期日临近价格不断下降，到期时等于债券面值。这说明债券有向面值回归的趋势，债券笼中鸟由此可见一斑。

4. **答案**：①

债券价格变动规律

债券期限（年）	4%时债券价格（元）	5%时债券价格（元）	5%时价格绝对跌幅（元）	长期相对短期跌幅（元）
1	100	99.047 6	-0.952 4	
2	100	98.140 6	-1.859 4	-0.907[-1.859 4-(-0.952 4)]
3	100	97.276 8	-2.723 2	-0.863 8[-2.723 2-(-1.859 4)]

②期限越长债券价格绝对跌幅越大；
③期限越长债券价格相对跌幅越小；
④在票面利率相同时，长期债券价格绝对跌幅高于短期债券；在票面利率相同时，长期债券高于短期债券价格的相对跌幅越来越小。

5. **答案**：①到期收益率公式为：

$$985 = \sum_{t=1}^{2} \frac{70}{(1+r^*)^t} + \frac{1\,000}{(1+r^*)^2}$$

解得 $r^* \approx 7.84\%$。

②因为到期收益率7.84% > 借款利率7.5%，故借款投资明智。
③第二年末，小张持有的债券价值为：

$$70 \times (1+10\%) + 70 + 1\,000 = 1\,147(元)$$

两年投资的实际收益率为：

$$\sqrt[2]{1\,147/985} - 1 \approx 7.91\%$$

6. **答案**：①不考虑货币时间价值，则期末现金流为 $100+100+100+995=1\,295$（元），持有期收益率 $=(1\,295-950)/950 \approx 36.32\%$。

②考虑货币时间价值，$950=\sum_{i=1}^{3}\dfrac{100}{(1+r^*)^i}+\dfrac{995}{(1+r^*)^3}$，求得 $r^* \approx 11.93\%$，换算成三年的持有期收益率约为 40.23%。

③考虑货币时间价值后，持有期收益率更高。

7. **答案**：①计算三种零息债券的到期收益率分别为：

$$96=\dfrac{100}{(1+r^*)^1} \quad 94=\dfrac{100}{(1+r^*)^2} \quad 93=\dfrac{100}{(1+r^*)^3}$$

解得三种零息债券的到期收益率约为 4.17%、3.14% 和 2.45%，显示出利率曲线向下倾斜。

②设未来第一年、第二年和第三年的利率分别为 r_1、r_2、r_3，则根据预期假设理论有：

$$(1+r_1)\times(1+r_2)=(1+3.14\%)^2$$

将 $r_1=4.17\%$ 代入，可解得 $r_2 \approx 2.12\%$。

$$(1+3.14\%)^2 \times (1+r_3)=(1+2.45\%)^3$$

解得 $r_3 \approx 1.08\%$。

综上，未来第一年、第二年和第三年的利率分别为 4.17%、2.12% 和 1.08%。

8. **答案**：①用表格计算久期：

时间	现金流	现值(现金流/$(1+6\%)^t$)	权重(现值/1 000)	权重 × 时间
1	60	56.603 8	0.056 6	0.056 6
2	60	53.399 8	0.053 4	0.106 8
3	1 060	889.996 4	0.89	2.67
久期				约为 2.83 年

②此时债券价格发生了变化，不是 1 000 元，经计算是 900.53 元。用表格计算久期：

时间	现金流	现值(现金流/$(1+10\%)^t$)	权重(现值/900.53)	权重 × 时间
1	60	54.545 5	0.060 6	0.060 6
2	60	49.586 8	0.055 1	0.110 2
3	1 060	796.393 7	0.884 4	2.653 2
久期				约为 2.82 年

③当到期收益率是 6%，每半年付息一次时，用表格计算久期：

时间	现金流	现值(现金流/$(1+3\%)^t$)	权重(现值/1000)	权重 × 时间
1	30	29.126 2	0.029 1	0.029 1
2	30	28.277 9	0.028 3	0.056 6

（续）

时间	现金流	现值（现金流/(1+3%)^t）	权重（现值/1000）	权重 × 时间
3	30	27.454 2	0.027 5	0.082 5
4	30	26.654 6	0.026 7	0.106 8
5	30	25.878 3	0.025 9	0.129 5
6	1 030	862.608 8	0.862 6	5.175 6
久期				2.79 年

注意：权重 × 时间求和后，需要除以 2，才得到久期。

当到期收益率是 10%，每半年付息一次时，经计算债券价格是 898.49 元，用表格计算久期：

时间	现金流	现值（现金流/(1+5%)^t）	权重（现值/898.49）	权重 × 时间
1	30	28.571 4	0.031 8	0.031 8
2	30	27.243 0	0.030 3	0.060 6
3	30	25.945 7	0.028 9	0.086 7
4	30	24.710 2	0.027 5	0.110 0
5	30	23.533 5	0.026 2	0.131 0
6	103 0	769.509 2	0.856 4	5.138 4
久期				2.78 年

每半年付息一次的久期，较每年付息一次的久期要小，主要是因为半年付息一次收到债券现金流的时间较每年付息一次提前，故相应的久期较短。

9. **答案**：（1）采用同第 8 题的表格方法，可以用久期定义计算债券甲、债券乙和债券丙的实际久期，分别为 4.51 年、4.31 年和 4.2 年。

（2）用久期公式计算久期：

$$D_{债券甲} = \frac{(1+r)}{r} - \frac{(1+r)+T(c-r)}{r+c[(1+r)^T-1]} = \frac{(1+8\%)}{8\%} - \frac{(1+8\%)+5\times(5\%-8\%)}{8\%+5\%\times[(1+8\%)^5-1]} \approx 4.51 (年)$$

$$D_{债券乙} = \frac{1+r}{r} \times [1-\frac{1}{(1+r)^T}] = \frac{1+8\%}{8\%} \times [1-\frac{1}{(1+8\%)^5}] \approx 4.31 (年)$$

$$D_{债券丙} = \frac{(1+r)}{r} - \frac{(1+r)+T(c-r)}{r+c[(1+r)^T-1]} = \frac{(1+8\%)}{8\%} - \frac{(1+8\%)+5\times(10\%-8\%)}{8\%+10\%\times[(1+8\%)^5-1]} \approx 4.20 (年)$$

10. **答案**：（1）市场利率上升 20 个基点时，用债券价格公式直接计算涨跌幅度。

① 计算债券甲和债券乙在市场利率为 8% 时的价格：

$$债券甲的价格 = \frac{12}{(1+8\%)} + \frac{12}{(1+8\%)^2} + \cdots + \frac{112}{(1+8\%)^{15}} \approx 134.24 (元)$$

债券乙的价格为 100 元。

② 在市场利率上升 20 个基点时，债券甲和债券乙的价格分别为：

$$债券甲的价格 = \frac{12}{(1+8.2\%)} + \frac{12}{(1+8.2\%)^2} + \cdots + \frac{112}{(1+8.2\%)^{15}} \approx 132.13(元)$$

$$债券乙的价格 = \frac{8}{(1+8.2\%)} + \frac{8}{(1+8.2\%)^2} + \cdots + \frac{108}{(1+8.2\%)^{15}} = 98.67(元)$$

③债券甲和债券乙的跌幅分别是：

$$债券甲的跌幅 = \frac{132.13 - 134.24}{134.24} \approx -1.57\%$$

$$债券乙的跌幅 = \frac{98.67 - 100}{100} = -1.33\%$$

（2）市场利率上升20个基点时，用久期公式计算涨跌幅度。

$$债券甲的跌幅 = \frac{\Delta P}{P} \approx -\frac{D}{1+r} \times \Delta r = -\frac{8.57}{1+8\%} \times 0.2\% \approx -1.59\%$$

$$债券乙的跌幅 = \frac{\Delta P}{P} \approx -\frac{D}{1+r} \times \Delta r = -\frac{7.24}{1+8\%} \times 0.2\% \approx -1.34\%$$

用久期计算的债券甲、债券乙的跌幅，分别为1.59%和1.34%，非常接近于用债券价格直接计算的跌幅1.57%和1.33%。

（3）当市场利率上升100个基点时，用债券价格直接计算的债券甲和债券乙的跌幅分别为7.49%和6.42%，用久期计算的跌幅分别为7.94%和6.70%，两者偏差已经明显加大。

11. **答案**：①当市场利率下降10个基点时，直接计算法下债券价格为：

$$债券价格 = \frac{1\,000}{(1+9.9\%)^{10}} \approx 389.07(元)$$

利用公式 $P(r+\Delta r) \approx P - D_m \times P \times \Delta r$，可以得到久期计算法下债券价格为：

$$385.54 - \frac{10}{(1+10\%)} \times 385.54 \times (-0.1\%) \approx 389.04(元)$$

直接计算和久期计算的误差 = 389.07 - 389.04 = 0.03 元。

②当市场利率下降100个基点时，直接计算法下债券价格为：

$$债券价格 = \frac{1\,000}{(1+9\%)^{10}} \approx 422.21(元)$$

久期计算法下债券价格为：

$$385.54 - \frac{10}{(1+10\%)} \times 385.54 \times (-1\%) \approx 420.59(元)$$

直接计算和久期计算的误差 = 422.21 - 420.59 = 1.62 元。

③误差从0.03元增加到1.62元，是因为市场利率下降幅度由10个基点增加为100个基点，久期计算误差必然加大。

12. **答案**：①当市场利率在第二年下降50个基点时，5年期债券在5年后的现金流为：

$$8 \times (1+7.5\%)^4 + 8 \times (1+7.5\%)^3 + 8 \times (1+7.5\%)^2 + 8 \times (1+7.5\%) + 108 \approx 146.47(万元)$$

6年期债券在5年后的现金流为：

$$8 \times (1+7.5\%)^4 + 8 \times (1+7.5\%)^3 + 8 \times (1+7.5\%)^2 + 8 \times (1+7.5\%) + 8 + 100.47 \approx 146.93(万元)$$

故买入 5 年期债券届时有资金缺口 146.93－146.47＝0.46（万元），买入 6 年期债券刚好达到预期目标。

②当市场利率在第二年上升 50 个基点时，5 年期债券在 5 年后的现金流约为 147.40 万元，有 0.47 万元的资金剩余；6 年期债券在 5 年后的现金流约为 146.94 万元，达到预期目标后略有结余。

③不论利率是上升还是下降，6 年期债券都能达到预期目的，而 5 年期债券则会出现不达目标的情况，因此，投资人应该投资 6 年期债券。

13. **答案：**①构建组合的年收益率至少应为：$\sqrt[5]{100/68.06}-1\approx 8.00\%$。甲、乙、丙三只债券的到期收益率分别为 8%、6.79% 和 8%。债券乙的收益率低于 8%，故投资人应以债券甲和债券丙构建免疫组合。

②组合久期应该等于投资期限 5 年，其是各个债券久期的加权平均。设投资在债券甲上的资金比例为 $W_甲$，投资在债券丙上的资金比例为 $1-W_甲$，则组合久期应该等于投资期限 5 年，即：

$$5 = 3.58 \times W_甲 + 6.21 \times (1-W_甲) \Rightarrow W_甲 \approx 0.46$$

投资在债券甲的资金比例为 0.46，即投资债券甲的资金为 68.06×0.46≈31.31（万元），相应地投资在债券丙的资金比例为 0.54，即投资债券乙的资金为 68.06×0.54≈36.75（万元）。

③债券甲 100 万元在第 4 年末到期，其总的现金流包括利息及利息再投资、债券面值偿还等为：

$$8(1+10\%)^3 + 8(1+10\%)^2 + 8(1+10\%) + 8 + 100 \approx 137.13（万元）$$

再投资 1 年得到的现金流为：

$$137.13 \times (1+10\%) \approx 150.84（万元）$$

债券甲的年实际收益率为：

$$\sqrt[5]{150.84/100}-1 \approx 8.57\%$$

债券丙第 5 年末的全部现金流，包括利息再投资、第 5 年年末出售债券的收入，共计为：

$$8(1+10)^4 + 8(1+10\%)^3 + 8(1+10\%)^2 + 8(1+10\%) + 8 + 95.03 \approx 143.87（万元）$$

债券甲的年实际收益率为：

$$\sqrt[5]{143.87/100}-1 \approx 7.55\%$$

组合年收益率为：0.46×8.57%＋0.54×7.55%≈8.02%，其免疫效果较好。

14. **答案：**将有关计算结果总结如下表所示：

①年	②现金流	③贴现系数 [1/(1+9%)^t]	④现金流现值	⑤ $t(t+1)$	④×⑤
1	120	0.917 4	110.088	2	220.176
2	120	0.841 7	101.004	6	606.024
3	1 120	0.772 2	864.864	12	10 378.368
合计					11 204.568
凸性	11 204.568/ 债券价格 ×(1+9%)^2＝11 204.568/1 075.95×(1+9%)^2≈8.75				

15. **答案:** ①根据久期法则,到期收益率从 8% 下跌到 7% 时,债券价格为:

$$P(r+\Delta r) \approx P - D_m \times P \times \Delta r = 1\,450.31 - (11.54/1.08) \times 1\,450.31 \times (-0.01) \approx 1\,605.28(元)$$

用久期法则计算的债券价格为 1 605.28 元,相对于用债券公式直接计算的价格 1 620.45 元的误差是: 1 605.28 - 1 620.45 = -15.17(元)。

②根据久期法则,到期收益率从 8% 上升到 9% 时,债券价格为:

$$P(r+\Delta r) \approx P - D_m \times P \times \Delta r = 1\,450.31 - (11.54/1.08) \times 1\,450.31 \times 0.01 \approx 1\,295.34(元)$$

用久期法则计算的债券价格为 1 295.34 元,相对于用债券公式直接计算的价格 1 308.21 元的误差是: 1 295.34 - 1 308.21 = -12.87(元)。

③根据久期—凸性法则,到期收益率从 8% 下跌到 7% 时,债券价格为:

$$P(r+\Delta r) = P - D_m P \Delta r + \frac{PC}{2}(\Delta r)^2 =$$

$1\,450.31 - (11.54/1.08) \times 1\,450.31 \times (-0.01) + [(1\,450.31 \times 192.4)/2] \times 0.01^2 \approx 1\,619.23(元)$

用久期-凸性法则计算的债券价格为 1 619.23 元,相对于用债券公式直接计算的价格 1 620.45 元的误差是: 1 619.23 - 1 620.45 = -1.22 元。相对用久期法则计算的误差 -15.17 元小,久期-凸性法则提高了债券价格计算的准确性。

④根据久期-凸性法则,到期收益率从 8% 上涨到 9% 时,债券价格为:

$$P(r+\Delta r) = P - D_m P \Delta r + \frac{PC}{2}(\Delta r)^2$$

$=1\,450.31 - (11.54/1.08) \times 1\,450.31 \times 0.01 + [(1\,450.31 \times 192.4)/2] \times 0.01^2 \approx 1\,309.29(元)$

用久期-凸性法则计算的债券价格为 1 309.29 元,相对于用债券公式直接计算的价格 1 308.21 元的误差是: 1 309.29 - 1 308.21 ≈ 1.08(元)。这比用久期法则计算的误差 -12.87 元小很多,提高了债券价格计算的准确性。

16. **答案:** ①当到期收益率由 10% 上升到 10.5% 时:

$$\Delta P = -D_m P \Delta r + \frac{PC}{2}(\Delta r)^2$$

$$= -7.44 \times 100 \times 0.5\% + \frac{100 \times 68.77}{2} \times (0.5\%)^2 \approx -3.63(元)$$

即新的价格为 100 - 3.63 = 96.37(元)。

②当到期收益率由 10% 下降到 9.5% 时:

$$\Delta P = -D_m P \Delta r + \frac{PC}{2}(\Delta r)^2$$

$$= -7.44 \times 100 \times (-0.5\%) + \frac{100 \times 68.77}{2} \times (-0.5\%)^2 \approx 3.81(元)$$

即新的价格为 100 + 3.81 = 103.81(元)。

四、画图并解释

1. 答案略。
2. 答案略。

3. 答案略。
4. **答案**：①当市场利率变化幅度越大时，两者误差越大；②市场利率下降时，久期计算低估了债券价格上涨幅度；③市场利率上升时，久期计算高估了债券价格下降幅度。

五、论述题

1. 要点：①两者的计算是互逆过程；②债券合理价格计算公式相对简便，但折现率获得并不容易；到期收益率具有众多应用价值，但其有较为严格的假设前提。
2. 要点：①久期是债券现金流 CF_t 到达时间的加权平均，其权重是各期现金流现值占债券价格的比例。久期综合反映了债券利率风险的大小。②回避利率风险，持有债券期限与债券久期相等，可以避免市场利率波动的影响。③根据债券久期大小可近似估算债券价格变化。

第 9 章

股票投资信息分析

一、判断题

1. ×（股票投资信息涵盖内容更广，股票投资风险是特殊的股票投资信息）
2. ×
3. ×
4. ×
5. ×
6. ×
7. ×（不是利空，在一定程度上可认为是利好）
8. ×（是否利好要和市场预期相比，不能孤立看待）
9. ×（市场已有预期，不算利好）
10. √
11. ×
12. √
13. ×（A 行业更稳健）
14. ×（说明中国钢铁业的供货方太强大）
15. ×
16. ×（钢铁业属于周期性行业）
17. ×（这种投资策略不一定成功）
18. √
19. ×（科技进步是影响行业兴衰的首要因素）
20. ×
21. √
22. √
23. √
24. ×
25. √
26. ×（有制度性因素）
27. ×
28. √

29. √   30. ×（成本是被套牢）
31. ×   32. √
33. √   34. √

二、选择题（包括单选和多选）

 1. ABCD   2. C
 3. C   4. D
 5. B   6. AB
 7. D   8. CD
 9. A   10. D
11. C   12. B
13. D   14. D
15. A   16. B
17. C   18. C
19. A   20. D
21. ABD   22. AB
23. ABC   24. AB
25. D   26. ABD
27. ACD   28. ABC
29. B   30. C

三、画图并解释

1. 答案略。
2. 答案略。

四、分析题

1. **答案**：①以波特五力模型为基础，海越股份异辛烷项目的客户只有中石油和中石化，海越股份没有话语权；②新能源汽车的迅速发展，造成海越股份项目的发展前景越来越暗淡。
2. **答案**：①银行业内部竞争日趋激烈；②互联网金融作为替代品的影响越来越大；③民营银行等新进入者的影响。
3. **答案**：①大型超市是充分竞争的市场，同行业内部竞争是最重要的因素；②网上购物是其重要的替代品。

第 10 章
CHAPTER10

股票价值分析

一、判断题

1. ×（是某一时点不是某一段时间） 　　2. √
3. ×（是某一段时间不是某一时点） 　　4. ×
5. √ 　　6. ×
7. × 　　8. ×
9. ×（是静态市盈率） 　　10. √
11. √（这是市盈率的一种解释） 　　12. ×
13. × 　　14. ×
15. ×（与同行业平均水平相比才能发现公司的优势与不足） 　　16. √
17. √ 　　18. ×
19. √ 　　20. ×
21. × 　　22. √
23. √ 　　24. ×
25. ×（是因为股利和折现率难以估计） 　　26. ×（股票价值最终必须得到市场认同）
27. × 　　28. ×
29. √ 　　30. ×（不可能相等，只是非常接近）
31. √ 　　32. √
33. × 　　34. √

35. ×（最困难的是，相似公司定价的合理性）　　36. ×
37. ×（最大风险是对两只股票高估低估判断错误）

二、选择题（包括单选和多选）

1. B
2. B
3. ABCD
4. ABCD
5. ACD
6. B
7. BC
8. ABC
9. B
10. AD
11. B
12. B
13. D
14. B
15. A
16. BC
17. C
18. D
19. C
20. B
21. C
22. CD
23. B
24. BCD
25. BC
26. C
27. BC
28. CD
29. ABC
30. D
31. ABC

三、计算题

1. **答案**：根据两阶段模型有：

$$V_0 = \sum_{t=1}^{n} \frac{D_0(1+g_1)^t}{(1+r)^t} + \frac{D_{n+1}}{(1+r)^n(r-g_2)}$$

$$= \frac{1}{(1+8\%)^1} + \frac{0.9}{(1+8\%)^2} + \frac{0.85}{(1+8\%)^3} + \frac{0.85\times(1-2\%)}{(1+8\%)^3\times(8\%+2\%)} \approx 8.98（元）$$

2. **答案**：①计算公司股利增长比率 $g = b \times ROE = (2/3) \times 9\% = 6\%$，依据戈登模型，公司股票的合理价格为：

$$V = \frac{D_0(1+g)}{r-g} = \frac{1\times(1+6\%)}{12\%-6\%} \approx 17.67（元）$$

②其静态和动态市盈率分别为：

$$\text{静态市盈率} = \frac{\text{股价}}{\text{去年每股收益}} = \frac{17.67}{3} = 5.89(\text{倍})$$

$$\text{动态市盈率} = \frac{\text{股价}}{\text{今年每股收益}} = \frac{17.67}{3 \times (1+6\%)} \approx 5.56(\text{倍})$$

③公司股票非增长价值为：

$$\text{非增长价值} = \frac{\text{今年每股收益}}{\text{要求收益率}} = \frac{3 \times (1+6\%)}{12\%} = 26.5(\text{元})$$

$$\text{增长机会价值} = 17.67 - 26.5 = -8.83(\text{元})。$$

④再投资比例下降到 1/3 时，$g = b \times ROE = (1/3) \times 9\% = 3\%$，公司股票的合理价格为：

$$V = \frac{D_0(1+g)}{r-g} = \frac{2 \times (1+3\%)}{12\% - 3\%} \approx 22.89(\text{元})$$

3. **答案**：①两只股票股利增长率分别为：

$$g_{\text{风光}} = b \times ROE = 0.5 \times 14\% = 7\% \qquad g_{\text{山水}} = b \times ROE = 0.5 \times 12\% = 6\%$$

②两只股票的内在价值分别为：

$$V_{\text{风光}} = \frac{D_1}{r-g} = \frac{E_1 \times (1-b)}{r-g} = \frac{2 \times (1-50\%)}{10\% - 7\%} \approx 33.33(\text{元})$$

$$V_{\text{山水}} = \frac{D_1}{r-g} = \frac{E_1 \times (1-b)}{r-g} = \frac{1.65 \times (1-50\%)}{10\% - 6\%} = 20.625(\text{元})$$

③广州风光公司股票的内在价值 33.33 元高于其目前的市场价格，应该买进；广州山水公司股票的内在价值 20.625 元低于其目前的市场价格，应该卖出或卖空。

4. **答案**：①投资人要求的收益率 r 可以由戈登模型推出，即：

$$10 = \frac{1 \times (1-50\%)}{r - 10\% \times 50\%}$$

解得 $r = 10\%$。

②所有收益均用于分红，则：

$$V = \frac{E_1}{r-g} = \frac{1}{10\% - 10\% \times 0\%} = 10(\text{元})$$

③分红率降到 30% 时，股票价值为：

$$V = \frac{E_1 \times (1-b)}{r-g} = \frac{1 \times (1-70\%)}{10\% - 10\% \times 70\%} = 10(\text{元})$$

5. **答案**：①列出今后 5 年各种指标变化表：

时间	每股收益（元）	留存收益率 b
目前	1	1
1 年后	1.2	1
2 年后	1.44	1
3 年后	1.728	1
4 年后	2.073 6	1
5 年后	2.384 64	0.5

公司股票价格在第 4 年末的价格为：

$$P_4 = \frac{D_5}{r-g} = \frac{1.19232}{15\% - 15\% \times 50\%} \approx 15.90(元)$$

公司股票当前合理价格为：

$$P_0 = \frac{P_4}{(1+r)^4} = \frac{15.90}{(1+15\%)^4} \approx 9.09(元)$$

②明年价格是 $9.09 \times (1+15\%) \approx 10.45(元)$，后年价格是 $10.45 \times (1+15\%) \approx 12.02(元)$。

③第 5 年分红率为 20% 时，股票在第 4 年末的内在价值为：

$$P_4 = \frac{D_5}{r-g} = \frac{2.38464 \times 20\%}{15\% - 15\% \times 80\%} \approx 15.90(元)$$

公司股票当前合理价格为：

$$P_0 = \frac{P_4}{(1+r)^4} = \frac{15.90}{(1+15\%)^4} \approx 9.09(元)$$

6. **答案**：①广州风光要求的收益率为：

$$E(R_i) = R_f + [E(R_M) - R_f]\beta_i = 3\% + (10\% - 3\%) \times 1.5 = 13.5\%$$

根据两阶段模型，广州风光股票的合理价格为：

$$V_0 = \sum_{t=1}^{n} \frac{D_0(1+g_1)^t}{(1+r)^t} + \frac{D_{n+1}}{(1+r)^n(r-g_2)}$$

$$= \sum_{t=1}^{3} \frac{1}{(1+13.5\%)^t} + \frac{1 \times (1+6\%)}{(1+13.5\%)^3(13.5\% - 6\%)} \approx 12.01(元)$$

广州风光股票市场价格为 10 元，低于股票的合理价格 12.01 元，故该股票值得投资。

7. **答案**：①可计算公司股票价值及其构成如下表所示：

各种留存收益率下股票价值及其构成

留存收益率（%）	股票价值（元）	NGV（元）	PVGO（元）
0	111.11	111.11	0
20	114.29	111.11	3.18
40	120	111.11	8.89
60	133.33	111.11	22.22

②可计算公司股票价值及其构成如下表所示：

各种留存收益率下股票价值及其构成

留存收益率（%）	股票价值（元）	NGV（元）	PVGO（元）
0	90.91	90.91	0
20	88.89	90.91	-2.02
40	85.71	90.91	-5.2
60	80	90.91	-10.91

③前面两种情况差异巨大的原因在于投资人要求的必要收益率是大于还是小于公司的净

资产收益率。

8. **答案**：①利用 CAPM 模型，投资贵州茅台要求获得的收益率为：

$$E(R_i) = R_f + [E(R_M) - R_f]\beta_i = 3.3883\% + (12.33\% - 3.3883\%) \times 0.67 \approx 9.38\%$$

②共有 23 次预测，扣除中泰证券、安信证券的两次预测，共有 21 次预测，预测 2017 年贵州茅台每股收益的平均值为 17.17 元。

③贵州茅台的非增长价值约为：

$$非增长价值 = \frac{今年每股收益}{要求收益率} = \frac{17.17}{9.38\%} \approx 183.05(元)$$

增长价值为 491.15 - 183.05 = 308.1(元)。

④贵州茅台增长价值占股价的比重为 62.73%（308.1/491.15），相对于传统的蓝筹股，该比重已经不低。

⑤贵州茅台 2016 年每股收益为 13.31 元，2014～2016 年净利润增长率为 1.4083%、0.9986% 和 7.8389%，三年复合增长率为 3.37%。按照机构预测均值计算 2018 年、2019 年贵州茅台每股收益分别为 21.77 元和 26.13 元，三年的复合增长率为 25.21%。贵州茅台的静态市盈率 = 491.15/13.31 = 36.90（倍），PEG = 36.90/25.21 = 1.4637，高于一般蓝筹股要求的 1 倍。实际上，机构预测三年复合增长率 25.21%，显然超过贵州茅台的历史表现。

⑥从股价结构中增长价值部分占比较高，到较高的 PEG 都表明，贵州茅台目前的价格已经不低，不太符合蓝筹股大多具有稳健表现的性质。

9. **答案**：①用行业市盈率分析。用 2016 年预期每股收益计算，贵阳银行的合理价格 = $1.53 \times 6.45 \approx 9.87$ 元。

②按照 2015 年每股税后利润 1.40 元和 2018 年每股收益 2.03 计算，2016～2018 年三年每股税后利润复合增长率为：

$$\sqrt[3]{2.03/1.40} - 1 \approx 13.19\%$$

PEG = 11.23/13.18 ≈ 0.8514。

③设 PEG = 1，则按照税后利润复合增长率 11.23% 计算，贵阳银行 2016～2018 年每年税后利润率应该为：

$$EPS_{2016} = 1.4 \times (1 + 11.23\%) \approx 1.56(元)$$
$$EPS_{2017} = 1.4 \times (1 + 11.23\%)^2 \approx 1.73(元)$$
$$EPS_{2018} = 1.4 \times (1 + 11.23\%)^3 \approx 1.93(元)$$

④以 PEG 判断，贵阳银行定价基本合理。但从相对整体银行业价值分析，贵阳银行定价被明显高估。

10. **答案**：①按照 2015 年每股税后利润 0.29 元和 2018 年每股收益 0.99 计算，2016～2018 年三年每股税后利润复合增长率为：

$$\sqrt[3]{0.99/0.29} - 1 \approx 50.57\%$$

乐视网 PEG = 132.34/50.57 ≈ 2.62。

②按照 2 倍 PEG 计算的复合增长率为 132.34/2 = 66.17%，即市场预期乐视网年复合增长

率要达到 66.17%。

③市场预期未来三年复合增长率为 66.17%，比过往三年的复合增长 43.43% 高出 52.36%，显示市场对乐视网未来过于乐观，实现可能性较小。

11. **答案**：①机构预测 2019 年每股收益均值为 2.62 元，2017～2019 年三年每股税后利润复合增长率为：

$$\sqrt[3]{2.62/0.75} - 1 \approx 50.57\%$$

静态市盈率 = 65.17/0.75 ≈ 86.89 倍。

$$PEG = 86.89/50.57 \approx 1.72。$$

②以成长股 2 倍 PEG 估算，未来三年税后利润复合增长率：86.89/2 ≈ 43.45%。

③以 2015 年税后利润增长 59.4% 和 2016 年税后利润增长 70.58%，可得两年税后利润复合增长率为：

$$\sqrt{(1+59.4\%) \times (1+70.58\%)} - 1 \approx 64.9\%$$

复合增长率为约为 64.9%。无论是根据机构预测，还是以 PEG=2 作为成长股合理估价的标准，星云股份的定价都在合理区间。

④2017 年和 2018 年星云股份的每股收益分别为 0.93 元和 0.30 元，与当时证券公司分析师的预测差异巨大，故而所有分析出现极大误差。其原因是，星云股份的业绩预测本质上非常困难，因为该公司在行业内是一家小公司，并且所在行业——仪器仪表制造业产品更新换代快，属于小公司+公司产品稳定性低的经典组合。

12. **答案略**。

四、填表题

答案：依照股利支付率 = 每股派息 / 每股收益，股息收益率 = 每股派息 / 股票价格，总结如下表：

公司名称	价格（元）	每股收益（元）	股息派发	股利支付率（%）	股息收益率（%）	市盈率
万科	24.30	2.54	10 股派 9 元	35.43	3.7	9.57
宝钢	7.85	0.86	10 股派 4.5 元	52.33	5.73	9.13
中国平安	68.50	4.99	10 股派 10 元	20.04	1.46	13.73
科大讯飞	28.57	0.33	10 股派 1 元	30.30	0.35	86.58
中科曙光	46.88	0.48	10 股派 1 元	20.83	0.21	97.67

五、分析和论述题

1. **答案**：预期的合理市盈率倍数取决于留存收益率、必要收益率和净资产收益率。具体来说：①当必要收益率 r 越高，合理的市盈率倍数就越低。这就可以解释，当市场利率上升，致使必要收益率提高时，股票价格通常会下跌，股票市盈率相应下降。②当净资产收益率（ROE）越高时，合理的市盈率倍数就越高。净资产收益率高，意味着公司发展前景看好，而发展前景看好的公司通常处于高速发展的新兴行业，这就解释了为什么新兴产业上市公司常常被市场给予较高市盈率倍数。③至于收益留存比率 b 的大小，其影响取决于必要收益率 r 和净资产收益率的大小比较。

2. **答案**：绝对价值评估有较强的主观色彩，不同评估人对未来预期不一样。应该谨慎使用绝对价值评估方法。

3. **答案**：①相对价值评估方法不同于绝对价值评估方法，其理论基础是套利定价理论，即相似公司股票价格应该基本接近，否则就有套利机会。判断相似公司定价的合理性有许多指标，包括市盈率、市净率、股价与销售额比率等，其中应用最广泛的是市盈率。②优势是简单易行，只要找到相似公司即可，相似公司可从行业、规模、发展前景等方面进行判断。③缺点是参照公司如果定价错误，则该方法也会导致错误的结论。

4. **答案**：在中兴通讯股价低位发布卖出的评级报告，应更多持有谨慎态度，不能盲目跟风，因为这时不排除发布者也有道德风险。

5. **答案**：略。

6. **答案**：①在 2018 年 5 月 18 日到 2019 年 5 月 17 日一年间，沪深 300 指数的下跌幅度为：

$$\frac{3\,648.76 - 3\,903.06}{3\,903.06} \approx -6.52\%$$

西部证券和光大证券的涨跌幅度分别为：

$$西部涨跌 = \frac{9.45 - 9.30}{9.30} \approx 1.61\% \quad 光大涨跌 = \frac{10.73 - 12.67}{12.67} \approx -15.31\%$$

故配对套利交易在市场下跌的情况下，并没有出现预设的卖空西部证券价格跌幅大于光大证券跌幅的情况，因而没有盈利，而是出现了较大幅度的亏损。

②配对套利交易出现亏损的原因主要有两点：一是 2018 年光大证券业绩大幅度下滑，每股 0.02 元的税后利润大幅度低于前期市场预期的每股 0.72 元，相对西部证券每股税后利润 0.057 2 元反而显示业绩较差，相对业绩优势荡然无存；二是 2019 年 5 月 17 日光大证券的动态市盈率为 9.41 倍，仍然大幅度低于西部证券的 14.32 倍，显示市场定价有效性可能还有欠缺。如果光大证券也以 14.32 倍市盈率定价，则其在 2019 年 5 月 17 日的价格应为 $0.286 \times 4 \times 14.32 \approx 16.38$ (元)，以此计算光大证券的涨跌幅度为：

$$光大涨跌 = \frac{16.38 - 12.67}{12.67} \approx 29.28\%$$

如果这样，则配对套利交易可以盈利。

第 11 章
CHAPTER11

技术分析

一、判断题

1. ×
2. ×（上升趋势中应该买入）
3. ×
4. √
5. ×（市场普遍认为要上涨时大量人买进、少数人卖出，市场普遍认为要下跌时大量人卖出、少数人买进，两种情况下的成交量都比较小）
6. ×（是时空关系的描述）
7. ×（阳线不一定代表当天股价上涨）
8. ×（多方获胜）
9. ×（空方获胜）
10. ×
11. ×（应该买入股票）
12. ×（这是支撑线）
13. ×（应该卖出股票）
14. ×（这是买入股票的信号）
15. √
16. ×
17. √
18. ×（应该卖出）
19. ×
20. √
21. ×
22. ×（这是空头市场）
23. √
24. √
25. ×
26. √
27. √
28. √
29. ×
30. √

二、选择题（包括单选和多选）

1. AC
2. A
3. B
4. B
5. ABD
6. A
7. ABCD
8. A
9. B
10. B
11. A
12. D
13. B
14. BD
15. BD
16. A
17. A
18. D
19. D
20. A
21. A
22. D
23. A（股价站上250日线上，开始有走好的迹象）
24. AD
25. C

三、画图题

1. 参考《投资学原理及应用》(第4版)。
2. 答案略。
3. ①股票A按照顺序计算的3个月移动平均价格分别为：58.30元、65.68元、72.92元和77.32元。股票B按照顺序计算的3日移动平均价格分别为：328.06元、341.53元、360.67元和387.09元。

②图形分别为：

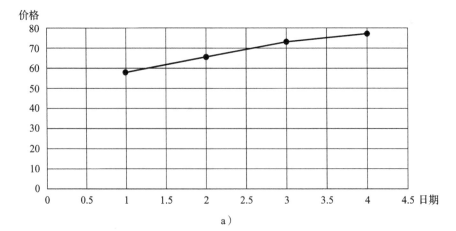

a)

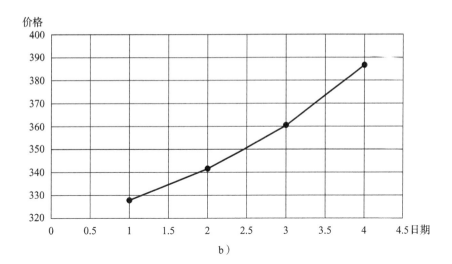

b)

4. 答案：

日期	3日移动平均价（元）	5日移动平均价（元）	日期	3日移动平均价（元）	5日移动平均价（元）
2018/10/26			2018/11/05	22.77	22.60
2018/10/27			2018/11/06	23.04	22.82
2018/10/28	23.41		2018/11/09	23.28	22.98
2018/10/29	23.30		2018/11/10	23.35	23.17
2018/10/30	23.01	23.10	2018/11/11	23.49	23.41
2018/11/02	22.57	22.92	2018/11/12	23.70	23.54
2018/11/03	22.41	22.80	2018/11/13	23.80	23.62
2018/11/04	22.50	22.56			

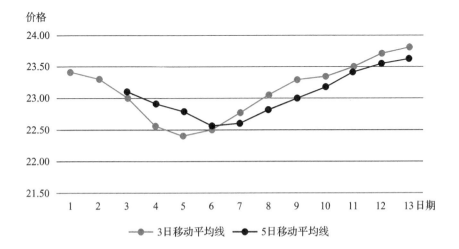

图形显示：3日移动平均线在5日移动平均线之上，显示股价可能继续上涨。

四、分析题

答案：①要尊重市场,当市场证明你错误时必须要立刻改正即止损,不要死守着错误不放;要等待市场趋势出现。②重视投资风险尤其是系统风险。③技术分析以行为金融学为基础。④不认同有效市场。

第 12 章
CHAPTER12

期货市场

一、判断题

1. ×（会随着标的资产价格变动而变化）
2. ×
3. ×
4. √
5. √
6. ×（清算所并不与买方和卖方直接交易，只是起着担保作用）
7. √
8. ×（不是借入资金，而是只需要支付合约价值很低的比例）
9. ×（期货价格涨幅有限制，期货价格涨幅通常与标的物价格涨幅非常接近）
10. √
11. ×（合约交易数量不能限制，只要买卖双方达成交易即可）
12. √
13. ×
14. ×（这是价格收敛性）
15. ×（期货功能有多种）
16. ×（这是价格平行变动性）
17. ×（期货交易中投机者不可或缺）
18. ×（避险是原动力）
19. √
20. √
21. ×
22. ×（期货和现货价格有三种可能关系）
23. ×（考虑交易成本，期货价格会偏离现货-期货平价定理）
24. √

25. ×（两者是正相关） 26. ×（应卖出股指期货）
27. ×（这是空头套期保值） 28. ×
29. √

二、选择题（包括单选和多选）

1. B 2. C
3. B 4. C
5. C 6. A
7. ACD 8. D
9. AB 10. D
11. A 12. A
13. B 14. B
15. D 16. A
17. AB 18. A
19. A 20. ABC
21. B 22. C
23. B 24. D
25. A 26. ACD
27. B 28. C

三、计算题

1. **答案**：①浮动亏损 =（19 750－20 090）×5＝－1 700(元)，亏损率 ＝－1 700/5 000＝－34%。

②按照卖出价格计算，投资人初始保证金至少应该有：
$$19\,750×5×0.05=4\,937.5(元)$$

亏损 1 700 元后，投资人实际保证金 ＝5 000－1 700＝3 300(元)。

而维持保证金是：19 750×5×0.05×75%＝3 703.125(元)。

这时实际保证金低于维持保证金，需要至少追加保证金 4 937.5－3 300＝1 637.5(元)。

2. **答案**：①盈利＝(15 200－13 580)×5×11＝89 100(元)，利润率是 89 100/40 000＝222.75%。

②棉价下跌到 13 300 元时，投资人的亏损 ＝(13 300－13 580)×5×11＝－15 400(元)。

按照买入价格计算，投资人初始保证金至少应该有：
$$13\,580×5×11×0.05=37\,345(元)$$

亏损 15 400 元后，投资人实际保证金 ＝40 000－15 400＝24 600(元)。

而维持保证金是：13 580×5×11×0.05×75%＝28 008.75(元)。

这时实际保证金低于维持保证金，需要至少追加保证金 37 345－24 600＝12 745(元)。

③棉价下跌了（13 300－13 580）/13 580≈－2.06%。在棉价下跌 2.06% 的情况下，投资人

的亏损率＝－15 400/40 000＝－38.5%，大幅高于棉价下跌幅度，原因是期货的高杠杆，这里的杠杆倍数是20倍。

3. **答案：**

期货保证金变化情况

交易日	期货价格（元/份合约）	每日盈亏（元）	累计盈亏（元）	保证金余额（元）	追加保证金（元）
	40 000			2 000	
1	39 700	300	300	2 300	
2	39 000	700	1 000	3 000	
3	40 560	－1 560	－560	1 440	560
4	42 000	－1 440	－2 000	560	1 440
5	40 000	2 000	0	4 000	

4. **答案：**

投资人期货保证金变化

交易日	期货价格（元/吨）	每日盈亏（元）	累计盈亏（元）	保证金余额（元）	买入合约数量（手）	累计合约
	7 800			60 000	15	15
1	8 112	46 800	46 800	106 800	11	26
2	8 436	84 240	131 040	191 040	19	45
3	8 773	151 650	282 690	342 690	34	79
4	9 123	276 500	559 190	619 190	60	139
5	9 488	507 350	1 066 540	1 126 540	106	245
6	9 867	928 550	1 995 090	2 058 190	188	433
7	10 262	1 710 350	3 705 440	3 768 540	333	766
8	10 673	3 148 260	6 853 700	6 916 800	590	1 356
9	10 246	－5 790 120	1 063 580	1 126 680	－1 145	211
10	9 836	－865 100	198 480	261 580	－162	49

5. **答案：**

交易日	期货收盘价格（元/吨）	每日盈亏（元）	累计盈亏（元）	实际保证金（元）	卖出合约数量（手）	累计卖出数量（手）
	7 800			60 000	15	15
1	7 488	46 800	46 800	106 800	12	27
2	7 188	81 000	127 800	187 800	22	49
3	6 900	141 120	268 920	328 920	40	89
4	6 624	245 640	514 560	574 560	74	163
5	6 888	－430 320	84 240	144 240	－120	43
6	7 163	－118 250	－34 010	25 990	－36	7

6. **答案略。**
7. **答案略。**
8. **答案：**①现货价格为 120 元时，期货价格 =120×(1+3%)= 123.6(元)。

②现货价格下降 3% 为 116.4 元时，期货价格 =116.4×(1+3%)=119.892(元)，期货价格下跌幅度也是 3%，期货价格下跌幅度等于股票下跌幅度。

③投资人亏损率为 (119.892-123.6)×1 000/24 000=-15.45%。因为投资人没有使用最大的杠杆，所以亏损率不是 30%。实际上，投资人买入 10 份期货合约时，需要保证金 12 000 元，投资人使用杠杆较最大的 10 倍缩小了一半，故最后亏损约为 3%×5= 15%。

9. **答案：**①期货合理价格为 90×(1+3%)-2=90.7(元)。

②因为期货价格 90.88 元大于合理价格 90.7 元，故可以套利。套利策略如下：

策略	期初现金流	一年后现金流
借入 9 000 元，一年后还本付息 用 9 000 元买 100 股股票 以每股 90.88 元卖出期货	+9 000 -9 000 0	-9 000×(1+3%)=-9 270 $100S_T+200$ $(90.88-S_T)×100$
总计	0	18

经过上述套利策略，套利收益为 18 元。

③实际投资中是否可以套利，还需要考虑买卖股票、期货等交易费用，即各种费用之和应该小于 18 元。

10. **答案：**①期货合理价格为 100(1+3%)-3=100(元)。

②因为期货价格 99.88 元小于合理价格 100 元，故可以套利。套利方法如下：

策略	期初现金流	一年后现金流
卖空股票 100 股股票 借出资金 以每股 99.88 元买入期货	+10 000 -10 000 0	$-100S_T-300$ 10 000×(1+3%)=10 300 $(S_T-99.88)×100$
总计	0	12

③实际投资中是否可以套利，还需要考虑买卖股票、期货等交易费用，即各种费用之和应该小于 12 元。

11. **答案：**①盈利 (2 380-2 112)×300×5=402 000(元)。

②期货价格跌幅为 (2 112-2 380)/2 380=-11.260 5%。由于杠杆倍数为 10 倍，故投资人理论上最高收益率约为 112.61%。

③投资人实际收益率为 402 000/1 000 000=40.2%。

④理论上最高收益率和实际收益率有较大差异的原因是，理论最高收益率假定投资人使用了最高杠杆，即投资人只有保证金 35.7 万元，而投资人实际有保证金 100 万元，故其

杠杆并没有放大 10 倍。

⑤使用 100 万保证金可以卖出合约 = 1 000 000/(2 380×300×10%)≈14(份) 合约。5 份合约只释放了 10 倍杠杆的比例为 5/14=0.357 14，实际杠杆比例为 3.571 4 倍，实际收益率也就是 11.260 5%×3.571 4≈40.22%。

12. **答案**：① 300ETF 上涨幅度为（3.88−3.45)/3.45≈12.46%，IF1709 上涨幅度为（3 825−3 400）/3 400=12.5%。

②计算收益率和杠杆倍数。

$$投资人甲收益率 = \frac{(3\,825 - 3\,400) \times 300 \times 20}{5\,000\,000} = 51\%$$

$$投资人乙收益率 = \frac{(3.88 - 3.45) \times 2\,890\,000}{5\,000\,000} \approx 24.85\%$$

$$投资人甲杠杆倍数 = \frac{投资人甲实际收益率}{买入标的物收益率} = \frac{51\%}{12.5\%} \approx 4.08(倍)$$

$$投资人乙杠杆倍数 = \frac{投资人乙实际收益率}{买入标的物收益率} = \frac{24.85\%}{12.46\%} \approx 1.99(倍)$$

③投资人甲使用最大杠杆可以买入合约 = 5 000 000/3 825×300×0.12≈40.85(份)，取整数 40 份，这时理论上最大收益率为 102%。

④判断正确时期货投机效果远远好于融券，因为期货杠杆倍数远高于融资杠杆倍数。

四、填空并解释

1. **答案**：

	多头套期保值		空头套期保值	
	现货市场	期货市场	现货市场	期货市场
现在	无现货	(买进)	有现货	(卖出)
将来	买进	(卖出)	卖出	(买进)
将来价格上涨	损失	利得	利得	损失
将来价格下跌	利得	损失	损失	利得

①目前持有现货并拟在将来卖出的投资人，由于担心未来现货价格下跌，现在就卖出相应数量期货合约，届时卖出现货、买入期货对冲交易风险，此即为空头套期保值策略。

②目前没有现货且未来拟买入现货的投资人，因担心未来现货价格上涨，现在就买入相应数量期货合约，届时买入现货、卖出期货对冲交易风险，此即为多头套期保值策略。

2. **答案**：
有无清算所的差别如下：

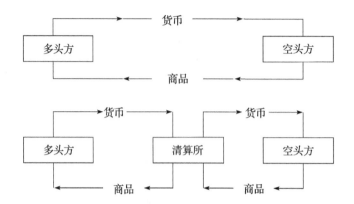

①无清算所时,一旦对方违约,则买卖双方面对的投资风险很大。

②有清算所时,清算所起着重要的担保作用,买卖双方的违约行为导致的损失都由清算所承担。

3. **答案**:①画图如下:

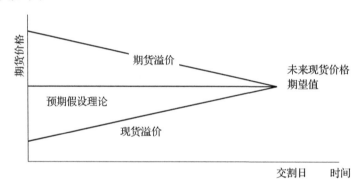

②预期假设理论认为,市场均衡时期货价格等于未来现货价格的期望值,期货合约买卖双方的预期收益率都是零。

③现货溢价理论认为,买方市场下卖方为实现套期保值目标,必须保持期货价格低于未来现货价格期望值,在合约有效期内期货价格逐渐上升,直至最后等于现货价格。

④期货溢价理论认为,卖方市场下买方为实现套期保值目标,必须保持期货价格高于未来现货价格的期望值,在合约有效期内期货价格逐渐下降,直至最后等于现货价格。

4. **答案**:①到期时多头和空头损益如下:

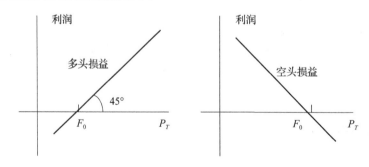

②到期时多头和空头的计算公式为：

多头利润 = 到期时现货价格（最后交易日结算价格）- 建仓时期货价格

空头利润 = 建仓时期货价格 - 到期时现货价格（最后交易日结算价格）

当到期时现货价格高于买入时的期货价格，多头盈利，空头亏损；当到期时现货价格低于买入时的期货价格，空头盈利，多头亏损；多头和空头的总盈亏为零。

五、分析和论述题

1. **答案**：（1）需要采取套期保值策略，在目前卖出与8 000万元股票市值相对应的期货合约，卖出数量为：

$$\frac{8\,000万}{1份合约的价格} = \frac{8\,000万}{3\,318.8 \times 300} \approx 80(份)$$

（2）一个月后买入股指期货、卖出指数基金。①在沪深300指数由3 356.59点下跌5%即3 188.76点时，卖出基金亏损8 000×5%=400（万元），买回80手期货合约盈利=（3 318.8-3 188.76）×300×80≈312.1万元，总收益率=（312.1-400）/8 000≈-1.1%。②在沪深300指数由3 356.59点上涨5%即3 524.42点时，卖出基金盈利8 000×5%=400万元，买回80手期货合约亏损=（3 318.8-3 524.42）×300×80≈493.49（万元），总收益率=（400-493.49）/8 000≈-1.17%。③故在1个月内市场剧烈波动10%（-5%，+5%）的情况下，养老基金能够将亏损限制在-1.1%～-1.17%，较好地规避了市场大幅波动的风险。

2. **解答**：（1）需要采取套期保值策略，即在目前买入与8 000万元股票市值相对应的期货合约，买入数量为：

$$\frac{8\,000万}{1份合约的价格} = \frac{8\,000万}{3\,318.8 \times 300} \approx 80(份)$$

（2）一个月后卖出股指期货、买入指数基金。①在沪深300指数由3 356.59点下跌5%即为3 188.76点时，基金单位净值=0.95（元），买入8 000万股指数基金成本降低了0.05×8 000=400（万元），卖出期货亏损=（3 188.76-3 318.8）×300×80≈-312.1（万元），基金最终每股成本=（8 000-400+312.1）/8 000≈0.989（元），比原定1元降低了0.011元。②在沪深300指数由3 356.59点上涨5%即为3 524.42点时，基金净资产值=1.05（元），买入8 000万股指数基金成本增加了0.05×8 000=400（万元），卖出期货盈利=（3 524.24-3 318.8）×300×80≈493.06（万元），基金最终每股成本=（8 000+400-493.06）/8 000≈0.988（元），比原定的1元降低了0.012元。③故在1个月内市场剧烈波动10%（-5%，+5%）的情况下，该企业都能将购买8 000万股指数基金的成本控制在0.988～0.989元，较好地完成了原定计划。

3. **答案**：①单从期货来看，是高风险产品；②期货与现货进行组合，可以降低投资风险。

4. **答案**：①根据期货价格发现功能，利用期货价格可以发现现货市场未来变化趋势。

②三个指数期货都处于贴水状态，预示股票市场未来可能下跌。

③以12月期货价格为基础，各期货贴水幅度分别为：

$$中证500期货贴水幅度 = \frac{4\,553.2 - 4\,912}{4\,912} \approx -7.30\%$$

$$上证50期货贴水幅度 = \frac{2\,689.2 - 2\,728.95}{2\,728.95} \approx -1.46\%$$

$$沪深300期货贴水幅度 = \frac{3\,532.4 - 3\,629.79}{3\,629.79} \approx -2.68\%$$

故在市场整体下跌背景下，投资市场预期未来中小企业股票（中证500为其代表）下跌幅度可能更大。

第 13 章
CHAPTER13

期权市场

一、判断题

1. ×
2. ×
3. ×
4. √
5. ×
6. ×
7. ×
8. ×（会亏损期权费）
9. ×（考虑期权费，不一定盈利）
10. ×
11. ×
12. ×
13. ×（期权内在价值计算简单）
14. ×（下降）
15. √（虚值期权绝对价格低，相对涨幅大）
16. ×
17. √
18. ×（不行权会亏期权费）
19. ×
20. ×（这没考虑标的资产价格变动）
21. ×（当期权价格较高时，投资人愿意卖出）
22. ×（实际投资中卖方亏损可能性小于买方）
23. √
24. ×（是保护性看跌期权）
25. ×
26. √
27. √
28. ×（只是类似，还有较大差异）
29. √
30. √

二、选择题（包括单选和多选）

1. C
2. C
3. B（不一定行权，更多是卖出期权）
4. B（因为C和D太高了）
5. B
6. C
7. C
8. D
9. D
10. C
11. D（因为是虚值期权，价格很低，涨幅会很大）
12. B
13. B
14. C
15. B
16. C
17. BC
18. D（根据看涨 – 看跌公式可以推导）
19. A
20. C
21. A
22. A
23. D
24. C

三、计算题

1. **答案：** 投资人在各种情形下的总盈亏如下表所示：

盈亏情况一览表 （单位：元）

股价变化		期权价格变化		行权与否总收益		卖出期权收益
期初	期末	期初价格	期末价格	行权	不行权	
60	70	15	23	500	−1 500	800
20	30	0.02	0.25	−2 000	−2	23
70	60	23	15	−1 300	−2 300	−800
30	20	0.25	0.02	−3 000	−25	−23

综上四种情况，投资人实现利润最大化或亏损最小化的方法都是卖出股票期权，而不是行权，或者放弃行权。

2. **答案：** 投资人在各种情形下的总盈亏如下表所示：

盈亏情况一览表 （单位：元）

股价变化		期权价格变化		行权与否总收益		卖出期权收益
期初	期末	期初价格	期末价格	行权	不行权	
40	35	1	3.5	−600	−100	250
20	15	12	15.25	300	−1 200	325
35	40	3.5	1	−1 350	−350	−250
15	20	15.25	12	−525	−525	−325

综上四种情况，投资人实现利润最大化或亏损最小化的方法都是卖出股票期权，而不是行权，或者放弃行权。

3. **答案**：① 6 月 11 日卖空 50ETF，可以卖出价值 40 000 元的 50ETF，卖出价格为 3.307 5 元，卖出数量为 12 000 股（取整数）。7 月 9 日，以 2.666 5 元的价格买回 12 000 份 50ETF，盈利为：

$$\frac{(3.307\,5 - 2.666\,5) \times 12\,000}{20\,000} = 38.46\%$$

② 6 月 11 日以 0.481 7 元的价格买入 4 份 50ETF 看跌期权，7 月 9 日以 0.943 8 元的价格卖出 4 份 50ETF 看跌期权，盈利为：

$$\frac{(0.943\,8 - 0.481\,7) \times 10\,000 \times 4}{20\,000} = 92.42\%$$

故买看跌期权较卖空 50ETF 盈利更高。

4. **答案**：① 5 月 30 日融资后有资金 40 000 元，以 2.079 5 元的价格买入 19 200 股 50ETF，7 月 12 日以 2.211 5 元的价格卖出，盈利为：

$$\frac{(2.211\,5 - 2.079\,5) \times 19\,200}{20\,000} \approx 12.67\%$$

② 5 月 30 日以 0.091 05 元买入 21 份 50ETF 看涨期权，7 月 9 日以 0.184 5 元的价格卖出，盈利：

$$\frac{(0.184\,5 - 0.091\,05) \times 10\,000 \times 21}{20\,000} \approx 98.12\%$$

故买看涨期权较融资买入 50ETF 盈利更高。

5. **答案**：①根据看涨期权买方利润＝股票市价－执行价格－看涨期权费用，看跌期权卖方利润＝看跌期权费用，可将两种策略在不同市场价格下的利润用下表表示：

不同市场价格下两种策略利润

	股票市价				
	66 元	69 元	72 元	75 元	78 元
买入看涨期权盈利（元）	-380	-80	220	520	820
卖出看跌期权盈利（元）	380	380	380	380	380

因此，股票价格小幅上涨时卖出看跌期权赚取期权费最优，股价大幅上涨时买入看涨期权最优。

②根据看跌期权买方利润＝执行价格－股票市价－看跌期权费用，看涨期权卖方利润＝看涨期权费用，可将两种策略在不同市场价格下的利润用下表表示：

不同市场价格下两种策略利润

	股票市价				
	50 元	53 元	56 元	59 元	62 元
买入看跌期权盈利（元）	1 020	720	420	120	-180
卖出看涨期权盈利（元）	580	580	580	580	580

因此，股票价格小幅下跌时卖出看涨期权赚取期权费最优，股价大幅下跌时买入看跌期权最优。

6. **答案**：①根据看跌 – 看涨平价定理，可以计算看涨期权的合理价格为 11.41 元。
②由于看涨期权市场价格不等于合理价格，故可以套利。方法是：

	期初现金流量	到期日现金流量	
		$S_T > 100$	$S_T \leq 100$
卖出一份看涨期权	1 160	$(100 - S_T) \times 100$	0
借入资金	$\dfrac{10000}{(1+3\%)}$	−10 000	−10 000
买入一份看跌期权	−650	0	$(100 - S_T) \times 100$
买入 100 股股票	−10 200	$100 S_T$	$100 S_T$
净现金流量	约为 18.74	0	0

套利收益来源于看涨期权的定价错误，即 $18.74 \approx (11.60 - 11.41) \times 100$
③要考虑买卖期权和股票的交易成本，不一定能够套利。

7. **答案**：①因为 $8.5 + 59 > 9 + \dfrac{60}{(1+3\%)}$，故可以套利。方法是：

	期初现金流量	到期日现金流量	
		$S_T > 60$	$S_T \leq 60$
卖出一份看跌期权	850	0	$(S_T - 60) \times 100$
卖空 100 股股票	5 900	$-100 S_T$	$-100 S_T$
借出资金	$-\dfrac{6000}{(1+3\%)}$	6 000	6 000
买入一份看涨期权	−900	$(S_T - 60) \times 100$	0
净现金流量	约为 24.76	0	0

②实际套利时需考虑买卖股票和期权的交易费用等，这时不一定可以套利。

8. **答案**：看跌 – 看涨平价公式为：$P + S = C + \dfrac{X}{(1+r)^T}$

$$P + S = 0.0248 + 2.330 = 2.3548$$

$$C + \dfrac{X}{(1+r)^T} = 0.0946 + \dfrac{2.25}{(1+3.04\%)^{1/6}} \approx 2.3334$$

由于 $P + S > C + \dfrac{X}{(1+r)^T}$，可以套利。但实际是否可以套利，还要扣除各种交易费用。

9. **答案**：①假定看跌 – 看涨平价定理成立，则有：

$$0.0983 + 2.483 = 0.0999 + \dfrac{2.5}{(1+r)^{1/2}}$$

解得隐含的无风险利率约为 1.5%。

②隐含的无风险利率大幅低于市场无风险利率 3.548 8%，故根据看涨期权、看跌期权和无风险利率关系，即无风险利率越高看涨期权价格越高，可以得出看跌期权被高估、看涨期权被低估的结论。

10. **答案**：

组合到期时的损益　　　　　　　　　　　　　　（元）

股价	股票损益	期权损益	组合总损益
70	−20 000	6 000	−14 000
80	−10 000	6 000	−4 000
90	0	6 000	6 000
100	10 000	6 000	16 000
110	20 000	−4 000	16 000
120	30 000	−14 000	16 000
130	40 000	−24 000	16 000

11. **答案**：

组合到期时的损益　　　　　　　　　　　　　　（元）

股价	股票损益	期权损益	组合总损益
80	−15 000	5 000	−10 000
90	−5 000	−5 000	−10 000
100	5 000	−15 000	−10 000
110	15 000	−15 000	0
120	25 000	−15 000	10 000

12. **解答**：（1）计算保值效果。①当市价＜2.43 元时，期权买方不会行权，该机构以市价卖出 50ETF，加上前期 0.12 元的期权费，每股实际卖出价格 = 市价 +0.12＜2.43+0.12=2.55（元），未能达到保值目标（2.55 元卖出）。但若前期没有卖出看涨期权，则保值目标将更加难以达到。

②当市价为 2.43 元时，买方不会行权，该机构以市价 2.43 元卖出，加上前期 0.12 元的期权费，每股实际卖出价格 =2.43+0.12=2.55（元），正好达到卖出价格为 2.55 元的保值目标。

③当 2.43 元＜市价≤2.55 元，买方不行权，机构按市价卖出，加上期权费 0.12 元，则有：

$$2.43+0.12-2.55(\text{元})<\text{每股实际卖出价格}\leq 2.55+0.12=2.67(\text{元})$$

这时不仅保值，而且有额外盈余。

④当市价＞2.55 元，买方行权，机构必须以 2.55 元的价格卖出，则有：

$$\text{每股实际卖出价格} =2.55+0.12=2.67(\text{元})$$

这时不仅保值，而且还有固定每股 0.12 元的盈余。

根据上面计算，保值效果表格如下：

	市价 < 2.43 元	市价 = 2.43 元	2.43 元 < 股价 ≤ 2.55 元	市价 > 2.55 元
保值效果	未能保值	正好保值	保值且有额外盈余	保值后有固定盈余 0.12 元

（2）将实际卖出价格记为 Y，市场价格记为 X，则卖出价格与市场价格的函数表达式为：

$$Y = \begin{cases} 0.12 + X & (X \leq 2.55) \\ 2.67 & (X > 2.55) \end{cases}$$

（3）

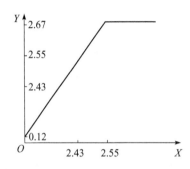

13. 解答：（1）计算保值效果。①当市价 > 2.69 元时，期权买方不会行权，该机构只能以市价买入，每股实际买入价格 = 市价 -0.14>2.55 元，没有达到保值目标（2.55 元买入）。但若前期没有卖出看跌期权的期权费收入，保值目标将更加难以达到。

②当市价 = 2.69 元时，买方不行权，该机构以市价买入后每股成本 = 2.69 - 0.14 = 2.55 元，达到买入价格 2.55 元的保值目标。

③当 2.55 元 ≤ 市价 < 2.69 元时，买方不行权，机构按照市价买入，减去期权费，则有：
2.55 - 0.14 = 2.41（元）≤ 每股实际买入价格 < 2.69 - 0.14 = 2.55（元）
这时不仅保值，而且有额外盈余。

④当市价 < 2.55 元时，买方行权，该机构以每股 2.55 元买入后每股成本 = 2.55 - 0.14 = 2.41（元）。这时不仅保值，而且每股有固定的 0.14 元盈余。

根据上面计算，保值效果表格如下：

	市价 > 2.69 元	市价 = 2.69 元	2.55 ≤ 市价 < 2.69 元	市价 < 2.55 元
保值效果	未能保值	正好保值	保值且有额外盈余	保值后有固定盈余 0.14 元

（2）将实际买入价格记为 Y，市场价格记为 X，则实际买入价格与市场价格的函数表达式为：

$$Y = \begin{cases} 2.41 & (X \leq 2.55) \\ -0.14 + X & (X > 2.55) \end{cases}$$

（3）

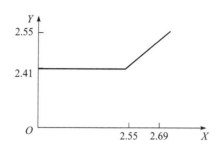

四、画图及填空题

1. 答案：

	看涨期权	看跌期权
实值期权	市场价格（>）执行价格	市场价格（<）执行价格
平值期权	市场价格（=）执行价格	市场价格（=）执行价格
虚值期权	市场价格（<）执行价格	市场价格（>）执行价格

2. 答案：

收盘价（元）	行权价（元）	到期时间	看涨期权	
			成交量	期权费
20.25	10	9月	29	5.50
20.25	15	9月	333	7
20.25	25	12月	5	2
20.25	30	9月	76	2
20.25	35	11月	89	0.50

①比较第3行和第4行两个期权，第3行的行权价格低、期限长，其价格应该高于而不是等于第4行期权。

②比较第1行和第2行两个期权，第1行的行权价格低，其价格应该高于而不是小于第2行期权。而且，第1行期权至少应该高于20.25-10=10.25（元）。

3. 答案：画图略。

4. 答案：

影响因素上升	美式看涨期权	美式看跌期权
股票市价	上升	（下降）
执行价格	下降	（上升）
到期期限	上升	上升
股价波动性	上升	上升
无风险利率	（上升）	下降
红利	下降	上升

解释略。
5. 答案略。
6. 答案略。
7. **答案：**

	多头套期保值		空头套期保值	
	现货市场	期权市场	现货市场	期权市场
现在	无现货	(买进看涨期权)	有现货	(买入看跌期权)
将来	买进	(卖出看涨期权)	卖出	(卖出看跌期权)
将来价格上涨	损失	利得	利得	损失
将来价格下跌	利得	损失	损失	利得

①目前持有现货并需要在将来卖出的投资人，担心未来现货价格下跌，现在就买入相应数量看跌期权合约，届时卖出现货、卖出看跌期权对冲交易风险，此即空头套期保值。

②目前没有现货且未来需要买入现货的投资人，担心未来现货价格上涨，现在就买入相应数量看涨期权合约，届时买入现货、卖出看涨期权对冲交易风险，此即多头套期保值。

五、分析题

1. 解答：（1）可以买入看跌期权。原理是：①未来股价下跌，股票亏损，看跌期权价格上升、期权盈利；②未来股价上升，股票盈利，看跌期权价格下跌、期权亏损。

（2）对应 500 000 股 50ETF，需要买入 50 份 50ETF 沽 6 月 2 300。到 2017 年 5 月 31 日，500 000 股 50ETF 盈利 = (2.475 − 2.287) × 500 000 = 94 000(元)，50 份 50ETF 沽 6 月 2 300 亏损 = (0.002 − 0.133) × 500 000 = −65 500(元)，现货和期权盈亏相抵后净盈利 28 500 元。

2. 解答：（1）可以买入看涨期权。原理是：①未来股价上升，高价买入股票亏损，看涨期权价格上升、期权盈利；②未来股价下跌，低价买入股票盈利，看涨期权价格下跌、期权亏损。

（2）对应 1 000 万股 50ETF，在 5 月 5 日买入 1 000 份 50ETF 购 12 月 2 250，到 7 月 4 日高价买入 1 000 万股 50ETF 多支出（或亏损）= (2.52 − 2.313) × 1 000 万股 = 207(万元)，卖出看涨期权盈利 = (0.2 903 − 0.092 4) × 10 000 × 1 000 = 197.9(万元)，现货和期权盈亏相抵后亏损 −9.1 万，基本达到套期保值的效果。

3. 解答：不是，投资人双方都有可能在未来一个月房价发生不利于自己的情况下违约，如房价大涨时卖方违约，房价大跌时买方违约。买卖双方都有两种选择，违约还是执行合同。

第 14 章
CHAPTER14

投资总评和投资策略选择

一、判断题

1. √
2. ×（主要反映牛熊市周而复始）
3. ×
4. √
5. ×（技术分析投资策略不选择行业）
6. √
7. ×
8. ×（不一定）
9. ×（交易成本最高的是技术分析投资策略）
10. ×（这犯了策略之间频繁转换的错误，收益率很可能更低）

二、选择题（包括单选和多选）

1. AD
2. B
3. ABC
4. A
5. ACD
6. ACD
7. BD
8. D
9. D
10. C
11. D

三、计算题

1. **答案**：①组合和市场的夏普指数分别为：

$$S_P = (15\% - 3\%)/20\% = 0.6 , \quad S_M = (13\% - 3\%)/15\% \approx 0.67$$

②组合和市场的特雷诺指数分别为：
$$T_P = (15\% - 3\%)/1.5 = 8\%，T_M = (13\% - 3\%)/1 = 10\%$$
③组合的詹森指数为 $J_P = 15\% - [3\% + (13\% - 3\%) \times 1.5] = -3\%$

由于 $S_P < S_M$，$T_P < T_M$，$J_P < 0$，因此投资组合 P 没有战胜市场。

2. **答案**：①参照市场收益率为：95%×沪深300指数收益率+1.5%=95%×（-25.31%）+1.5%≈-22.54%，而基金2018年实际收益率-23.46%<-22.54%，故基金没有战胜市场。
②参照市场收益率为：95%×沪深300指数收益率+（1.5%/4）=95%×（-1.21%）+0.375%≈-0.77%，而基金2019年第2季度实际收益率-0.83%<-0.77%，故基金没有战胜市场。

3. **答案**：①投资组合收益率=40%×20%+30%×（-5%）+30%×6%=8.3%
参考基准收益率=40%×10%+20%×（-4%）+40%×8%=6.4%
投资组合收益率超过了基准收益率1.9%，战胜了参考基准收益率，或打败了市场。
②资产配置对投资组合的影响：

	（1）实际权重（%）	（2）基准权重	（3）=（1）-（2）超额权重	（4）基准收益率（%）	（5）=（3）×（4）对业绩影响（%）
美国	0.4	0.4	0	10	0
日本	0.3	0.2	0.1	-4	-0.4
英国	0.3	0.4	-0.1	8	-0.8

资产配置对投资组合的总影响=0+（-0.4%）+（-0.8%）=-1.2%

③证券选择对投资组合的影响：

	（1）实际收益率（%）	（2）基准收益率（%）	（3）=（1）-（2）超额收益（%）	（4）基准权重	（5）=（3）×（4）对业绩影响（%）
美国	20	10	10	0.4	4
日本	-5	-4	-1	0.2	-0.2
英国	6	8	-2	0.4	-0.8

证券选择的影响=4%+（-0.2%）+（-0.8%）=3%

④资产配置和证券选择的合并影响=8.3%-6.4%-（-1.2%）-3%=0.1%。
⑤资产配置、证券选择和资产配置与证券选择的合并影响对投资组合的影响分别约为 -63.16%（=1.2%/1.9%）、157.89%（=3%/1.9%）和 5.26%（=0.1%/1.9%）。

四、简述题

1. **答案**：价值投资成功至少要：①独立思考；②远离羊群效应干扰；③坚持长期投资。
2. **答案**：①成长股往往是市场热门股票，投资人往往陷入羊群效应之中；②容易形成对利好消息的过度反应，导致成长股价值被明显高估。
3. **答案**：①追逐市场热点；②过度自信。

综合分析题

1. **答案**：①对市场分析要从技术面和基本面等方面入手，要将两者结合。②从上证指数 K 线图来看，有构筑大双头的可能，均线系统全部空头排列，显示市场有可能继续下跌。③从股指期货来看，当日（6月8日）现货价格 2 524.33 点，高于6月份期货价格 2 513 点，7月份期货价格 2 506，也显示市场可能下行。④CPI 虽然较去年同期上涨，但涨幅低于预期，且环比下降明显。PPI 同比下降明显。这些显示宏观经济有继续低迷的可能。⑤综上，市场下行的可能性比较大。

2. **答案**：
（1）支持投资人甲有观点1、观点3和观点6；支持投资人乙有观点2、观点4和观点5。
（2）支持甲观点1、3和6对应的对话为⑤⑨⑦，支持乙观点的对话为：⑥②④。

第三部分
PART 3

案例研究

案例一　格力电器大股东提名董事候选人未能当选
案例二　伯克希尔-哈撒韦A股、B股股价关系与股票高送转
案例三　KODA协议中的期权因素
案例四　海越股份的异辛烷投资
案例五　中国中车合并前后的市场有效性
案例六　方大集团半价增发风波
案例七　股灾后重启新股发行
案例八　乐视网估值
案例九　中国式熔断机制
案例十　期市"四万到千万"的梦幻

案例一 CASE1

格力电器大股东提名董事候选人未能当选

内容提要：2012年5月25日，格力电器召开股东大会选举公司董事，第一大股东格力集团提名的候选人周少强未能当选，中小投资人提名的候选人冯继勇成功当选。冯继勇之所以能够当选公司董事，一方面在于公司股权较为分散，另一方面在于选举董事采取了较利于中小股东的累积投票制度。累积投票制度有助于中小股东尤其是机构投资者发挥其在公司治理中的积极作用。

关键词：格力电器；股东大会；累积投票制；机构投资者

一、案情简介

2012年5月，格力空调创始人、格力集团兼格力电器董事长朱江洪年近七旬，即将退出格力电器。2012年5月11日，格力集团通知格力电器管理人员的变动情况：在保留董明珠领导决策地位的同时，"空降"一名国资委领导周少强。而更早一些的时候，即5月3日在格力电器召开的第八届董事会上，各大股东分别提名了第九届董事会换届选举的董事候选人。除董明珠、鲁君四和黄辉这三名原已就职于格力电器的管理层，格力集团还提名了周少强，并且提名顺序仅居于董明珠之后。

格力集团对格力电器董事会换届董事候选人的提名说明，格力电器的实际控制人——珠海市国有资产监督管理委员会（简称珠海市国资委）对格力电器未来掌舵人的确定具有较大的话语权，周少强就是格力集团推出的与董明珠共同经营管理格力电器的核心管理层人员之一。

周少强较擅长经济相关事务，有近13年在国资委工作的背景，但没有企业实际管理的经验。格力集团意欲将此次格力电器的董事会换届作为他进入格力电器高层的机会，并且将其作为格力电器的下一代接班人培养。然而，一方面，周少强对格力电器的经营管理情况等不了解，在企业管理方面亦无实际经验；另一方面他对格力电器这种管理风格类似"私企"的公司一时难以适应。面对这样的未来董事长或总裁，格力电器的众多中小股东是否会认同？

2012年5月25日，格力电器2011年年度股东大会如期举行，大会对公司第九届董事会换届选举的议案进行了表决，结果显示，在大股东提名董事中，周少强的支持率仅为36.60%，选举其为公司董事的议案未能获得股东大会审议通过。由于董事会选举采用了累积投票制度，董明珠和由两家机构投资者提名的冯继勇得票率均超过100%，成功当选为公司董事。

二、原因

（1）格力电器第一大股东格力集团持有上市公司股权比例日益减少，其他股东如机构投资者所持股权比例日益增加。如在2011年度股东大会上，出席股东大会的股东占公司总股份的66%，其中格力集团持股数量占总股份的20%左右，其余部分则为基金公司和QFII持股。这是此次案例代表中小股东的机构投资者提名的董事候选人成功当选并否决第一大股东议案的根本原因。

（2）利益冲突。大股东和小股东间存在对立问题，第一大股东提名的董事候选人周少强不符合中小股东的利益，这是促使中小股东联合对抗大股东并提名候选人冯继勇的主要动机所在。

（3）累积投票制。在格力电器股东大会中，董事、监事的选举实施的就是累积投票制。这允许中小股东给自己支持的董事候选人更多的选票，这是中小股东能够利用的可以联合在一起使用表决权、传达声音、共同维护权益的必要途径。

三、涉及知识点回顾

（1）公司股权结构。股权即股票持有者所具有的与其拥有的股票比例相应的权益及承担一定责任的权力。基于股东地位而可对公司主张的权利是股权。股权结构是指股份公司总股本中，不同性质的股份所占的比例及其相互关系。股权结构是公司治理结构的基础，公司治理结构则是股权结构的具体运行形式。不同的股权结构决定了不同的企业组织结构，从而决定了不同的企业治理结构，最终决定了企业的行为和绩效。

（2）委托代理关系。委托代理关系是指市场交易中，由于信息不对称，处于信息劣势的委托方与处于信息优势的代理方，相互博弈达成的合同法律关系。

（3）股东积极主义。股东积极主义是一种通过行使股东权利而向公司管理层施压的一种投资策略，行使股东积极主义的股东就被称为积极股东。股东积极主义最早出现在20世纪70年代的美国资本市场，近年来机构投资者在行使股东积极主义方面不乏新鲜案例。

（4）累积投票制。累积投票制是一种表决权。它是上市公司股东大会在投票表决一些重要事项时，实践中主要是在选举董事或监事时，给予全体股东的一种与表决公司的其他一般事项所不同的特别表决权利。累积投票制指股东大会选举两名以上的董事时，股东所持的每一股份拥有与待选董事总人数相等的投票权，股东既可用所有的投票权集中投票选举一人,也可分散投票选举数人,按得票多少依次决定董事入选的表决权制度。

四、案例使用说明与启示

(1)教学目的和用途:理解公司治理中大股东和中小股东的利益冲突,机构投资者在公司治理中的积极作用,累积投票制的具体操作和重要意义。

(2)课堂案例分析计划:本案例在课程第2章"各具特色的投资产品"中讲授,计划通过案情陈述和小组讨论等多种形式来进行。

(3)案例启示:通过对格力电器股东大会董事选举的案例进行分析,以机构资者为代表的小股东联合起来可以发挥积极的治理作用,从而保护小股东的利益。但在中国上市公司中,机构投资者参与公司治理的情形仍然较少,积极行为只是个例。案例显示,在有带头进行积极行为的机构股东出现之后,国内机构投资者会积极响应,共同维护自身权益。其中,QFII由于成长环境的不同,投资理念和行为更为积极,对国内机构投资者尤其是基金公司有着积极的影响。

此外,机构投资者积极行为的成功受到上市公司相应制度及其实施、股权结构、股东结构、公司环境和大股东的态度等各种因素的影响。一般而言,股权结构较分散、非"一股独大"的公司更吸引机构投资者持股,从而更能促使机构投资者积极行为的发生。

案例二 CASE2

伯克希尔-哈撒韦A股、B股股价关系与股票高送转

内容提要：上市公司在利润分配时采取股票高送转形式，实质上只是股东权益内部结构的调整，并不会增加股东权益。但高送转在中国股市一直被视为公司积极回馈投资者的重要方式，高送转股票不时受到市场追捧。巴菲特执掌的上市公司——伯克希尔-哈撒韦，其发行有A股和B股两种股票，其比价长期保持在相应的转换比率上，这显示高送转只是一种文字游戏。

关键词：高送转；股东权益；伯克希尔-哈撒韦；套利

一、案情简介

在投资市场，当公司股票价格过高并影响其正常流通性之后，公司一般会将1股拆分为若干股，或称1股送转若干股，以方便中小投资人购买。但投资大师巴菲特执掌的伯克希尔哈撒韦公司，长期坚持不拆股，因为巴菲特一直恪守"价值投资，要投资就应该考虑10年或者更长；不希望投机者们来BRK上赚快钱"。

在不拆股的情况下，伯克希尔-哈撒韦股价越来越高，致使一些想要投资巴菲特公司的中小投资人越来越难以企及。为满足想要投资伯克希尔-哈撒韦但买不起该公司A股的投资者的需求，1996年公司发行B股，并规定1股伯克希尔-哈撒韦A股可转换成30股B股，但B股不能转换成A股。此后，伯克希尔-哈撒韦B股价格从未高于A股价格的1/30，因为如果突破该临界点，投资者就会买入伯克希尔-哈撒韦A股然后换成B股卖出，打压B股价格回落。

2010年1月22日，伯克希尔-哈撒韦按1:50的比例拆分其B股（B股当时的价格早已超过每股3 000美元），拆分后的B股股价变为69美元左右。拆分B股其中有很大部分原因是为了达成对美国第二大铁路公司伯林顿北方铁路公司（BNSF）的收购交易，因为伯克希尔需要低价股来提高BNSF股东的换股意愿，从而有利于伯克希尔-哈撒韦收购伯林顿。另一个原因就是通过拆股争取加入标准普尔500指数，因伯林顿北方铁路公司被收购后将退出该指数。

目前，伯克希尔-哈撒韦一股A股可以转换为1 500股B股，且A股和B股的价格之间严格围绕1∶1 500波动，并未因为B股价格较低而被大肆炒作。

二、原因

（1）伯克希尔-哈撒韦A股价格持续上涨、中小投资人无力购买，如在2017年4月28日伯克希尔哈撒韦A股价格高达247 780美元，这是公司发行价格较低的B股的原因。

（2）伯克希尔-哈撒韦坚持不分红、不拆股，越来越高的股价，使得A股流动性较差，不会遭受人为炒作。

（3）伯克希尔-哈撒韦A股1股可转换为1 500股B股的机制，使得B股即使价格较低甚至在大比例拆分的情形下也不会被人为炒作，因为A股和B股之间的套利将使这种炒作无利可图。

（4）巴菲特是价值投资的代表，购买巴菲特执掌的伯克希尔-哈撒韦公司A股的投资人认同巴菲特长期投资理念，并不看重公司是否分红。

三、涉及知识点回顾

（1）价值投资。价值投资者认为股票有内在价值，当股价低于内在价值时买进，股价高于内在价值时卖出，是适宜长线投资者的一种重要投资方法。

（2）股东权益。股东权益又称净值，是股东享有的权益，包括股本、资本公积金、盈余公积金和未分配利润等四个部分。当公司用资本公积金转增股本、用利润送红股时，其改变了股东权益的内部结构，即减少了资本公积金、未分配利润，相应增加了公司股本，但并不会增加股东权益。

（3）套利。套利是利用投资产品定价错误，卖出价格被高估的证券，同时买进价格被低估的证券来获取无风险利润的行为。

（4）高送转的三种理论解释：①信号传递理论，即高送转是公司管理层对公司未来发展有信心而采取的行动；②流动性理论，即股价过高会限制中小投资者的交易行为，高送转后股票除权可以增加股票的流动性；③迎合理论，即管理者会迎合投资者对股利政策的非理性偏好进行决策，以实现其利益最大化。

四、案例使用说明与启示

（1）教学目的和用途：理解价值投资的基本方法，掌握套利基本原理，股票高送转对投资市场的多种影响。

（2）课堂案例分析计划：本案例在课程第3章"透视投资市场"中讲授，计划通过案情陈述和小组讨论等多种形式来进行。

（3）案例启示：虽然高送转后股价降低便于市场投机性炒作股票，但在良好的约束机制——套利机制，股价低并不一定导致市场恶意炒作。高送转可以有多种理论解释，但其本质上不会增加投资人权益。高送转和限售股减持结合，可能成为上市公司管理层操纵市场的工具。高送转属于上市公司自治范畴，股市监管部门不得对上市公司高送转采取严加限制的"一刀切"态度。

案例三
CASE 3

KODA 协议中的期权因素

内容提要：2007 年和 2008 年内地许多富人在香港购买了 KODA 产品，结果在遭遇金融危机股价大跌的背景下损失惨重，并引发投资人和涉案银行的纠纷。诞生于西方发达国家的 KODA 产品是一款风险极高的投资产品，但在中国却以无风险高收益的产品形象面世，一方面暴露出银行与客户之间的问题，另一方面又凸显了许多富人贪婪和无知的本性。

关键词：KODA；衍生产品；期权；对赌

一、案情简介

KODA 的全称是 Knock Out Discount Accumulator，是一种与股票挂钩的期权产品，它设有取消价及行使价，在一年的期限内以低于现时股价的水平为客户提供股票。KODA 有四个特性：①买入股票的行使价往往比现价低 10%～20%；②当股价高过现价 3%～5% 时，合约自行取消；③当股价跌破行使价时，投资者必须双倍吸纳股票；④合约期一般为一年，投资者只要有合约金额 40% 的现金或股票抵押即可购买，带有很高的杠杆性。

许多富人是在 2007 年和 2008 年购买的 KODA 产品，此后全球金融危机爆发，香港投资市场大幅下挫、股价大跌，投资人必须以远高于市场价格的约定价格双倍吸纳股票，由此遭受重大损失。一些遭受重大损失的客户认为，其亏损在于银行欺诈客户，将高风险投资产品包装成无风险产品销售，因此将某些销售 KODA 产品的银行告上法庭。

围绕 KODA 产品的纷争，媒体有两种观点：一种观点认为，银行欺诈销售高风险产品，对投资人亏损负有不可推卸的责任；另一种观点认为，投资人之所以亏损，主要原因在于贪婪——相信银行宣传中所称的有 20% 的高收益，无知——不知道 KODA 协议中蕴含的高风险因素，因为这是一款复杂的与股票挂钩的期权产品。

二、原因

（1）高端客户。所有遭受损失的投资人都被银行认定为高端客户，购买 KODA 产品被认为是高端客户享有的一种特权，故而 KODA 产品容易被客户接受。

（2）低风险。KODA 以银行理财的形式出现，被包装成无风险或低风险投资产品，掩盖了其可能蕴含的极大风险。

（3）高收益。KODA 产品材料中宣称的每年可能有 20% 的高收益率，是吸引投资人购买 KODA 产品的主要动因。

（4）全球金融危机。股价大幅度下跌是造成投资人亏损的重要原因，而 2008 年全球性金融危机正好导致全球股票市场包括香港股票市场大跌。

三、涉及知识点回顾

（1）投资收益和投资风险关系。投资收益和投资风险形影相随，高风险高收益，低风险低收益，天下没有免费的午餐。

（2）银行理财产品。银行理财产品是商业银行在对潜在目标客户群分析研究的基础上，针对特定目标客户群开发设计并销售的资金投资和管理计划。在理财产品这种投资方式中，银行只是接受客户的授权管理资金，投资收益与风险由客户或客户与银行按照约定方式承担。

（3）对赌协议。KODA 协议实际上是专业性的银行和非专业性的投资人对未来股价的涨跌进行赌博。

（4）期权。期权是指期权买方向期权卖方支付一定费用（期权费）后，获得在未来特定期间内或时点按约定价格向期权卖方买入或卖出一定数量特定资产的权利。

四、案例使用说明与启示

（1）教学目的和用途：理投产品风险和收益必须匹配的基本原则，KODA 协议中银行和投资人之间的利益博弈，明辨 KODA 协议中的各种期权要素。

（2）课堂案例分析计划：本案例在课程第 13 章"期权市场"中讲授，计划通过案情陈述和小组讨论等多种形式来进行。

（3）案例启示：KODA 设计复杂，协议中包含多种期权要素，投资人和银行不时交换期权买方和期权卖方的角色，在香港设定为专业投资人才能购买，而内地购买这类产品的都是非专业投资人，故而投资失败成为必然。除银行以无风险理财产品误导投资人之外，投资人的贪婪和无知的确是其遭受重大亏损的主要原因。

案例四 CASE4

海越股份的异辛烷投资

内容提要：一直在投资市场默默无闻的浙江海越股份有限公司，因为在2011年斥巨资投资治理汽车尾气污染的异辛烷项目而备受市场关注。在项目建设过程中，尽管投资市场总体处于熊市，但公司股票却逆势走出了一轮大的牛市行情。然而，项目完成之后，并未能达到公司管理层的预期，公司经营重陷困局，公司管理层不得不转让全部股权，黯然离场。海越股份异辛烷项目投资失败，看似偶然，但理论上存在某种必然性，可以用波特五力模型进行较全面的分析。

关键词：海越股份；环境保护；异辛烷；波特五力模型

一、案情简介

海越股份是一家以成品油销售为主的小型批发企业，一直不被投资市场关注。2011年，公司实际控制人吕小奎等5名高管按各自持股比例提供个人连带责任保证担保，通过其控股子公司宁波海越投资150亿元分两期用于石油天然气深加工项目。宁波海越一期项目于2011年11月开工建设，预计建设周期为28个月，仅设备投资就将近80亿元，项目建成后可年产60万吨异辛烷、4万吨甲乙酮和60万吨丙烷。基于该项目的良好预期，公司管理层信心满满：公司确定"十二五"目标为"双百亿"，即到"十二五"末同时实现销售收入100亿元、公司市值100亿元。

海越股份项目投资中的异辛烷最受投资市场关注，因为异辛烷是最好的清洁汽油添加剂，其能有效降低汽车尾气排放中的有害物质PM2.5，在国家大力治理环境污染的背景下有着良好的发展前景。市场分析人士基于国外汽油添加异辛烷的比例一般在10%～15%，而中国基本没有添加的现状，对公司的未来发展极为看好，如2013年8月9日宏源证券在名为"主营亏损，新的主营即将形成"的研究报告预测：公司2013～2015年的每股税后利润为0.17元、1.16元和1.56元。与之相对应，在此期间在上证指数维持震荡筑底走势情况下，海越股份股价从8元左右最高涨到20元左右，逆势走出了一轮大牛市行情，其动因就是市场对其异辛烷项目特别期待。

但在2014年宁波海越项目如期建成之后，其最重要的产品——异辛烷并没有进入预料中的蓝海，设备开工严重不足，公司经营反受项目拖累继续低迷：2015～2016年每股收益为0.06元和0.10元。公司股价走势也相对大幅度落后于市场总体水平。2017年2月21日，公司控股股东海越控股集团有限公司和吕小奎等八名自然人拟以其所持海越科技的全部股权以总价26.5亿元的价格协议转让给海航现代物流有限责任公司。

二、原因

（1）小牛拉大车。2010年，海越股份在启动宁波大石化项目时，是一家年收入约10亿元级的公司，但宁波大石化项目逾60亿元的投资额，使得原本家底并不厚实的海越股份，背上了沉重的财务负担。

（2）市场研究不够深入。只是照搬国外异辛烷使用情况，未能结合国情深入分析异辛烷市场。

（3）对可能的替代技术不够重视。电动汽车的发展将减少燃油汽车消费，汽油的作用将下降。

三、涉及知识点回顾

1. 风险和收益匹配关系。只考虑异辛烷等产品的收益，对其风险认识不足。实际上，如果产品足够好，作为一种成熟的化工产品，为何国外不扩大生产？为何国内主要厂商不生产？

2. 波特五力模型。该模型认为，决定行业竞争强度和市场吸引力的五种力量，即供应商和购买者讨价还价的能力，潜在进入者的威胁，替代品的威胁，以及同行业公司间的竞争。

四、案例使用说明与启示

1. 教学目的和用途：理解风险和收益的匹配关系，掌握以波特五力模型为基础对信息进行分析的基本方法。

2. 课堂案例分析计划：本案例在课程第9章"股票投资信息分析"中讲授，计划通过案情陈述和小组讨论等多种形式来进行。

3. 案例启示：海越投资失败从波特五力模型来看，一方面在于其客户是中国石油、中国石化等三巨头，几乎没有话语权，另一方面在于国家将新能源汽车作为治理空气污染的主要方向，异辛烷缺乏长期发展空间。这就要求，分析股票投资信息需要从多方面考虑，不能偏颇，而波特五力模型提供了分析问题的思路和方法。

案例五
CASE5

中国中车合并前后的市场有效性

内容提要：2014年12月中国南车和中国北车宣布将合并为中国中车。合并消息公告后，中国南车股价迅速由5元左右上涨到10元左右，显示出市场某种程度的有效性。2015年3月到2015年4月，在合并即将实施的情形下，中国南车股价最高上冲到39.47元，大大高于股票内在价值，显示出市场的有效性较差。2015年6月8日更名为中国中车后，股价迅速下跌到10元左右，又凸显一定程度的市场有效性。市场有效还是无效经常变化，不能墨守成规，需要相机变化。

关键词：中国南车；中国中车；有效市场；合并

一、案情简介

中国南车和中国北车是2000年由原中国铁路机车车辆工业总公司分拆而成，业务以长江为界划分。分拆后中国南车和中国北车虽然提升了国内铁路机车市场的竞争，但两者在国外市场的低价竞争经常导致两败俱伤。2014年12月30日，中国南车和中国北车宣布将合并为中国中车，其重大意义有三个方面：①南北车合并是国企改革样本，是国有资本投资公司和运营公司的试点；②打造中国高端装备产业集团，服务中国制造2025；③推动中国高端装备企业走出去。

12月31日群益证券（香港）发布研究报告称，中国南车的目标价格为11元，较此前收盘价格5.8元的涨幅高达89.66%。受合并利好影响，中国南车股价连续6天一字涨停，第7天（2015年1月12日）收盘价格为10.13元，基本达到11元的目标价。此后两个多月（至2015年3月17日），中国南车股价一直在10~15元区间震荡。3月18日后，在合并即将实施的预期下，中国南车股价持续暴涨，至4月20日最高上冲到39.47元，在高位盘整几日后，中国南车股价持续下跌，到2015年9以后，股价基本又在10~15元区间震荡。

从中国南车股价变动来看，合并消息发布后价格迅速达到其合理价值11元附近，显示出市场具有较强的有效性。股价在3月18日到4月20日持续暴涨，价格远远高于其合理价值，显示出市场在这段时间对合并利好消息有过度反应。这种过度反应在2015年9月后得以修正。因此，中国南车股价变化显示：市场有效和无效经常融合交叉，难以截然分开。

二、原因

（1）避免恶性竞争。中国南车和中国北车为争夺海外订单，长期相互恶性竞争，合并将消除恶性竞争隐患，利于公司长期发展。

（2）市场过于看好。许多研究机构发布研究报告看好公司未来，纷纷给出买入评级。

（3）合并后的问题估计不足。两家公司合并，需要有许多后续工作要做，才能发挥1+1>2的协同效应，显然市场对此未能给予足够重视。

三、涉及知识点回顾

1. 市场有效假说。有效市场假说是指，证券价格迅速地、充分地反映了与该证券价值相关的所有信息，价格是证券内在价值的最真实体现，投资者无法通过某种既定的分析模式或操作方式持续获得超额利润。

2. 行为金融学。行为金融理论认为，证券价格不仅由证券内在价值所决定，而且很大程度上受到投资者心理和行为的影响。

3. 协同效应。协同效应是指并购后竞争力增强，导致净现金流超过两家公司预期现金流之和，或者合并后公司业绩比两个公司独立存在时的预期业绩高。

四、案例使用说明与启示

（1）教学目的和用途：理解有效市场假说和行为金融学的基本理论，掌握有效市场假说和行为金融学理论在实际投资中的应用，并购对企业发展的重要作用。

（2）课堂案例分析计划：本案例在课程第7章"有效市场假说和行为金融学"中讲授，计划通过案情陈述和小组讨论等多种形式来进行。

（3）案例启示：有效市场假说和行为金融学都在投资实践中具有重要的实用价值，必须根据市场实际情况判断市场有效性，以行为金融学假设为基础进行投资决策。实际上，有效市场假设和行为金融学都对投资人行为做出一系列的假设，必须在投资实践中分析这些假设的合理性，并相机决策。

案例六
CASE6

方大集团半价增发风波

内容提要：2010年10月中国证监会有条件通过方大集团定向增发方案，引发中小股东普遍不满，认为5.39元的定向增发底价过低损害了中小投资人的利益。虽然此次定向增发价格最终确定为7.3元而得以通过，但定向增发仍然凸显了定增参与者和中小投资人的利益冲突。基于定向增发中定增参与者和中小投资人的利益冲突，中国证监会在2017年对定向增发的有关规则进行了重大修改。

关键词：方大集团；定向增发；配股

一、案情简介

2009年3月，方大集团公布了定向增发预案，拟向基金、券商、信托公司等机构投资者定向增发不超过1亿股，增发价格下限为第五届董事会第六次会议决议公告日（2009年3月28日）之前20个交易日均价的90%，即5.39元/股。2010年6月16日，增发方案经中国证监会审核后有条件通过。当日方大集团股价报收于10.70元，较拟增发底价高98.5%。

"以这种价格增发，明显损害中小投资者利益。"浙江杭州的投资者刘先生气愤地说。"如果以5.39元/股的价格增发，那些参与增发的机构股票到手后浮盈就达近一倍。而原股东的利益将被大幅摊薄。"另外一位南京投资者更是明确表示："如果公司发展需要钱，又以这么低的股价再融资，那我们股东应该有优先权。我建议公司取消增发，改成按5.39元/股的价格配股，这样我们愿意出这个钱。"南京投资者的建议得到了其他投资者的响应。在一家知名财经网站的股吧里有投资者也发帖，建议公司取消增发改为配股。

2010年6月21日，方大集团定向增发以7.30元/股的价格正式实施，当日公司股票收盘价格为10.53元，定增价格相对于股票市价的折价率仍然高出30%。

二、原因

（1）定向增发价格过低。无论是最初的定增价格5.39元，还是修改后定增价格7.30元，其相对于公司股票市场价格显著偏低。

（2）配股未被采纳。中小投资人希望配股，借此保证自身权益不会因定向增发而被大幅度摊薄，而公司并未理会。

（3）公司股票价格变动。以5.39元作为定增底价的基础是2009年3月28日定增公布日之前20个交易日均价的90%，而定增批准日公司股价已由当初的6元多上涨到10元多。

三、涉及知识点回顾

（1）股东权益。股东享有选举公司董事、参与公司重大经营决策权，利润分配权，优先认股权，股票转让权。

（2）定向增发。定向增发是公司向少数特定投资者，通常是机构投资者或战略投资者，以及公司大股东和高级管理人员，非公开发行新股票。定向增发的对象不得超过10人，发行价不低于公告前20个交易日市场平均价的90%，增发股份须有一年以上限售期。

（3）配股。配股是指原有股东按其持股比例，以较低价格认购公司发行新股的募集资金形式，其可以保证中小投资人权益不被摊薄。

（4）利益输送。利益输送是指上市公司管理层从企业转移资产和利润到相关利益方手中的各种合法和非法行为，这种行为通常是对中小股东利益的侵犯。

四、案例使用说明与启示

（1）教学目的和用途：理解股东各种权益，了解定向增发中股东之间利益冲突，明辨配股和定向增发的差异。

（2）课堂案例分析计划：本案例在课程第2章"各具特色的投资产品"中讲授，计划通过案情陈述和小组讨论等多种形式来进行。

（3）案例启示：定向增发中潜藏着中小股东和参与定向增发者之间的矛盾和冲突，定向增发有可能成为大股东、公司高管向利益相关方输送利益的工具。除应充分发挥配股、可转换债券等融资工具作用之外，还应该进一步规范定向增发的方法，加强监管。

案例七 CASE7

股灾后重启新股发行

内容提要：2015年6月15日中国股市连续大幅下挫后，为救市中国证监会决定暂缓新股IPO。2015年11月6日晚，在市场连续大跌刚刚企稳的背景下，中国证监会宣布，将于11月底重新启动新股IPO。市场上有一种代表性观点认为，此时重启IPO将使投资市场再次大幅度下跌。但此后的事实表明，股指并未因为重启IPO而大跌，而是沿着大跌后企稳的路径运行。重启IPO并不是会导致市场下跌的重大利空消息。

关键词：IPO；中国证监会；融资；配资；利空消息

一、案情简介

2014年底到2015年6月，中国股市在高杠杆的作用下启动了一轮牛市行情，短短半年时间上证指数由不到3 000点上涨到5 000多点。这轮行情有别于中国股市历次牛市行情，是在场内高融资和场外大量配股作用下产生的。仅以可以统计的场内融资为例，其在2015年4月23日已高达1.77万亿元，约占A股总市值的3.1%，占实际流通市值的比例为8.2%左右，远远高于一些发达国家和地区融资余额。与市场指数不断上涨相对应，银行资金违规通过场外配资不断流入，股市风险不断传导到银行系统。在此背景下，中国证监会重拳出击，严厉查处场外配资。

但始料未及的是，查处场外配股导致违规资金迅速撤离、股价大幅度下跌，这又触发了场内融资盘平仓，进一步导致股价下跌，从而形成场外配资、场内融资抛售股票和股价大幅度下跌的恶性循环，股市剧烈震荡由此产生。面对股市剧烈震荡，中国股市监管层采取了前所未有的救市行动，其中一条重要救市政策就是暂停新股IPO。

一系列救市政策发挥效力后，上海股市从最低2 800多点缓慢爬升到3 500多点，初步摆脱股市剧烈震荡的恶劣影响。2015年11月6日晚，中国证监会宣布，将于11月底重新启动因股市剧烈震荡而在2015年7月4日被暂停的新股IPO。一些投资人对此消息的第一反应是，在市场暴跌后刚刚企稳的背景下，IPO增加股票供给将对市场造成严重冲击，市场大跌恐难避免。但此后的事实表明，股指并未因为重启IPO而大跌，而是沿着大跌后企稳的路径运行。

二、原因

（1）融资过大。融资越大风险越大，高融资不断积累的风险只能以市场大幅度下跌来释放。

（2）场外配资疯狂。场外配资比例普遍在1:4左右，甚至高达1:9，配资人处于极高的风险之中，银行资金也暴露在高风险之中。

（3）查处场外配资。这是中国股市监管部门主动刺破股市泡沫的措施，由此引发了股市大跌。

（4）高规格救市。股市剧烈震荡后，国务院各部委密集出台了多项重量级救市政策，其中包括暂停新股发行。

三、涉及知识点回顾

（1）融资。融资是指有一定投资经验的投资者，在证券公司单独开立信用证券账户和信用资金账户，存入金额较高的现金或等值有价证券等保证金，向证券公司借款买入证券的行为。

（2）配资。配资是指投资者和配资公司签订《账户委托协议》等类似文本，投资者缴纳一定额度保证金，配资公司按比例为其垫资，投资者用所配资金买卖股票，而股票账户由配资公司提供并掌控。

（3）IPO。首次公开发行（IPO）是指将要上市的公司首次向公众发行股票的行为。

（4）一级市场和二级市场关系。发行市场是投资市场的源头，流通市场是投资市场的主体。发行市场能否顺利运行受制于流通市场。

（5）逆市场调控策略。当市场涨幅过大时出台限制市场上涨的利空政策，以给市场降温；当市场跌幅过大时出台有利于市场上涨的利好（利多）政策，以提升市场信心。

四、案例使用说明与启示

（1）教学目的和用途：理解融资、配资可能造成的风险，一级市场和二级市场的关系，政府监管市场的逆市场调控策略，对信息全面分析的重要性。

（2）课堂案例分析计划：本案例在课程第8章"股票投资信息分析"中讲授，计划通过案情陈述和小组讨论等多种形式来进行。

（3）案例启示：虽然新股过快发行一直被认为是一个利空信息，但在股市剧烈震荡过后市场刚刚企稳的背景下，重启新股发行并不算是重大利空，因为新股发行重启是市场发展的必然，市场对其已经有所预期。另外，重启后新股发行较原有新股发行方式有了重大的改革，新股发行直接抽取二级市场资金的情况已不存在。

案例八 CASE8

乐视网估值

内容提要： 乐视网是投资市场上非常引人注目的一家公司。在经历持续高速发展后，近些年乐视网的发展遭遇到了资金瓶颈，公司不断爆出重大的负面新闻。对于公司未来的发展，虽然公司高层依然信心满满，但市场却出现乐视辉煌不再和乐视有可能迎来凤凰涅槃两种明显对应的观点。在此背景下，乐视股价重心不断下移，短期走向漂浮不定。分析师对乐视股票的估值开始产生较大的分歧。

关键词： 乐视网；多元化经营；分析师；股票估值

一、案情简介

乐视网成立于 2004 年 11 月，2010 年 8 月 12 日在中国创业板上市，是全球第一家 IPO 上市的视频网站。乐视致力于打造基于视频产业、内容产业和智能终端的"平台+内容+终端+应用"完整生态系统。"乐视模式"多年来为业内津津乐道，也为其积累起规模庞大的用户群体。短短 12 年间，乐视迅速成长为横跨七大行业、涉及上百家公司和附属实体的大型集团。乐视网市值一度由上市之初的 30 亿达到逾 1 500 亿元峰值。

高速扩张的乐视网在 2016 年不断爆出陷入资金困局的新闻报道。在一些媒体和专业人士看来，超出自身能力的快速扩张以及为支持扩张而进行的过度融资，令乐视陷入资金困局成为"必然"。甚至有媒体直指，乐视的窟窿"根本不是靠'拆东墙补西墙'能够掩盖的"。但乐视网实际控制人贾跃亭认为，这些问题和困难只是暂时的，乐视生态收入已经进入快速增长阶段。

分析师对乐视网的估值分歧也在加大，以往纷纷给出买入和增持评级的局面已经成为历史，给出中性评级的分析师在不断增加，如在 2016 年 11 月 5 日和 2017 年 1 月 19 日，高盛高华证券和群益证券（香港）都给出了中性的评级，尤其是高盛高华证券在 2016 年 10 月 25 日给出的是买入评级。在乐视网经营情况出现重大变化的情况下，分析师估值分歧加大，凸显了此时估值的重要性和不确定性，投资乐视网的风险加大。

二、原因

（1）公司高速发展，多元化经营步伐过快，依靠乐视网的收入和利润不足以支撑。

（2）创业板市场整体估值过高，在挤泡沫的过程中乐视网股价也会不断下降。

（3）在公司运营状况发生重大变化之际，估值的困难性明显增加，分析师的估值必然产生重大分歧。

三、涉及知识点回顾

（1）多元化经营。多元化经营又称多样化或多角化经营，是指企业经营不局限于一种产品或一个产业，而实行跨产品、跨行业的经营扩张。乐视的多元化经营属于混合式多元化经营，即企业向与原产品、技术、市场无关的经营范围扩展。

（2）股票估值。对股票绝对价值进行评估，就是要明确指出股票的内在价值。

（3）股票评级。股票评级是指通过对发行公司的财务潜力和管理能力进行评价，从而对有升值可能的股票给予高的评级的行为。

四、案例使用说明与启示

（1）教学目的和用途：理解多元化经营的优势和风险，在公司经营环境变化时股票价值评估的困难性和重要性。

（2）课堂案例分析计划：本案例在课程第 10 章"股票价值分析"中讲授，计划通过案情陈述和小组讨论等多种形式来进行。

（3）案例启示：股票价值评估尤其是绝对价值评估既非常重要，也非常困难。在乐视网多元化经营出现问题时，更是显现股价评估的重要性和困难性。此时，可能需要更多从相对价值评估的角度出发。因此，股票价值评估既是一门科学，也是一门艺术，需要根据不同的情况相机变化。

案例九 CASE9

中国式熔断机制

内容提要：2016年开年中国证监会正式实施熔断机制。但熔断首日，股指下跌就触发熔断。三天后股指下跌又触发熔断。在2015年股灾阴影未完全消除的情形下，熔断机制将管理部门取得的救市成果消耗殆尽。中国证监会不得不紧急叫停熔断机制，熔断机制成为中国股市最短命的政策。实际上，因为中国股市机制和国外有明显差异，熔断机制在国外能够取得较好的效果，并不代表在中国一样能发挥其积极效应。

关键词：熔断机制；中国证监会；涨跌停板；股市政策

一、案情简介

2016年1月4日是中国证券交易史里程碑式的日子，A股交易于当日实施股指熔断机制：当沪深300指数触发5%熔断阈值时，三家交易所暂停交易15分钟，而如果尾盘阶段触发5%或全天任何时候触发7%则暂停交易至收市。

在2015年损失惨重、期待2016年开门红的投资者很快就遭遇了当头一棒：股指在巨大抛盘打压下不断走低，午后13点13分跌破5%触发熔断，15分钟后重新开盘，只用了6分钟跌幅扩大至7%的熔断阈值，三大交易所暂停交易至收盘，绝大多数股票被封在跌停板上。

在弱势反弹了两天之后的1月7日，沪深300指数在9点42分便触及5%跌幅造成熔断，9点57分重新开盘后，仅用了3分钟便将跌幅扩大至7%而暂停交易，再次出现绝大多数股票被封在跌停板上的情形。

损失惨重的投资者和伤心欲绝的券商都把矛头指向了熔断机制。愤怒的股民刷爆了证监会官方微博留言，券商则纷纷上书，请求立即修正熔断机制。

1月7日晚间，上海证券交易所、深圳证券交易所、中国金融期货交易所等三大交易所紧急发布通知：为维护市场稳定运行，经证监会同意，自1月8日起暂停实施熔断机制。熔断机制成了中国证券史上最短命的股市政策。

二、原因

（1）股灾阴影。2016年股市未能完全从股灾中恢复过来，熔断的不确定性导致市场不稳定。

（2）涨跌停板。涨跌停板有助涨助跌的功能，在熔断背景下触发了其助跌功能。

（3）人民币贬值、宏观经济形势不佳，导致市场有向下的趋势。

三、涉及知识点回顾

（1）熔断机制。熔断机制是当遇到股市短期内的巨幅下跌（大幅上涨）时，人为中断交易，让市场参与者从恐慌情绪（极度亢奋）中冷静下来，有时间充分获取各方面资讯，从而重新做出理性的交易判断。

（2）涨跌停板制度。涨跌停板制度是指股票价格在一个交易日中的成交价格不能高于或低于以其上一交易日收盘价为基准的某一涨跌幅度，超过该范围的报价将视为无效，不能成交。

（3）逆市场调控策略。当市场涨幅过大时出台限制市场上涨的利空政策，以给市场降温；当市场跌幅过大时出台有利于市场上涨的利好（利多）政策，以提升市场信心。

四、案例使用说明与启示

（1）教学目的和用途：涨跌停板和熔断机制的作用，涨跌停板和熔断机制的相互影响，股市政策必须适应国情的重要性。

（2）课堂案例分析计划：本案例在课程第3章"透视投资市场"中讲授，计划通过案情陈述和小组讨论等多种形式来进行。

（3）案例启示：涨跌停板和熔断机制单独来看没有问题，但两者结合就有极大的问题。另外，国外市场以机构投资人为主体，是其可能成功实施熔断机制的重要条件，而中国不具备这种条件。因此，股市政策必须结合国情，否则就是南辕北辙。

案例十 CASE10

期市"四万到千万"的梦幻

内容提要： 武汉期货投资人万某半年将资金从 4 万元增值到 1 000 万元，但在一个星期内又从 1 000 多万元亏损到只剩下 4 万多元。期货的高杠杆在万某由盈利巨大到亏损巨大的转变中扮演了十分重要的角色。万某的巨大盈利建立在将不断增加的盈利作为保证金，不断加大其持仓量，但此后的下跌也被放大，导致产生巨大亏损。期货的高杠杆凸显了期货的高风险性。

关键词： 万某；期货；杠杆；高风险

一、案情简介

万某大约 50 岁，退休之前的职业可能是教师。2005 年 7 月，万某拿着 6 万元开始涉足期货市场。从 2005 年 8 月下旬起，万某开始重仓介入豆油期货合约。此后豆油主力合约 0805 从 7 800 元/吨起步一路上扬，到 2006 年 2 月底，价格逼近 14 000 元/吨，万某账面保证金突破了 1 000 万元。

万某利用期货交易浮动盈利可以开新仓的特点，全线扑入豆油期货，越涨越买。这种操作方式最大程度地利用了杠杆，将利润放至最大，万某账户的浮动权益在 3 月 4 日达到顶峰，最高时竟达 2 000 多万元。但当天的行情出现剧烈震荡，油价在一个小时内从涨停快速滑落至跌停，尾盘收至平盘附近。在豆油从涨停到跌停的过程中，万某的账户因为保证金不足，已经被强行平去了一部分合约，但这并没有引起她的重视。3 月 7 日和 10 日两天，豆油无量跌停，万某巨大的账面盈利瞬间化为乌有，账户保证金最终只剩下不到 5 万元。

二、原因

（1）豆油期货合约从 2005 年下半年到 2006 年启动了一轮大牛市行情。

（2）高杠杆。最大程度利用杠杆，盈利作为保证金不断加大持仓量。

（3）行情逆转。豆油期货价格的大幅度下跌，触发万某平仓，使其利润归零。

（4）止损机制。万某未能设立止损点是其大亏的最终原因。

三、涉及知识点回顾

（1）期货。期货是规定持有者在未来特定时间以特定价格买入或卖出一定数量标的物的标准化合约。期货交易有零和游戏和高杠杆两个重要特点。

（2）涨跌停板。涨跌停板制度是指期货价格在一个交易日中的成交价格不能高于或低于以其上一交易日收盘价为基准的某一涨跌幅度，超过该范围的报价将视为无效，不能成交。

（3）强制平仓。强制平仓是指当期货交易所会员或客户的交易保证金不足并未在规定时间内补足，会员或客户的持仓量超出规定的限额，或者会员、客户违规时，交易所为了防止风险进一步扩大，而实行强制平仓。

四、案例使用说明与启示

（1）教学目的和用途：理解期货交易的高收益和高风险特性，涨跌停板的作用，期货操作与股票操作的差异。

（2）课堂案例分析计划：本案例在课程第12章"期货市场"中讲授，计划通过案情陈述和小组讨论等多种形式来进行。

（3）案例启示：期货高风险使其具有高度投机性。必须慎用期货的高杠杆，高杠杆在市场发生反向变化时，有加大亏损的风险。期货交易中必须设立止损点。

第四部分
PART 4

大 事 记

中国证券市场大事记

1984 年

7 月，北京天桥百货股份有限公司和上海飞乐音响股份有限公司经中国人民银行批准向社会公开发行股票。

1986 年

9 月 26 日，中国第一个证券交易柜台——静安证券业务部开张，标志着新中国从此有了股票交易。

11 月 14 日，邓小平在北京人民大会堂会见美国纽约证券交易所董事长约翰·凡尔霖时，向来宾赠送了一张面额为人民币 50 元的上海飞乐音响股份有限公司的股票。

1987 年

9 月 27 日，第一家证券公司——深圳经济特区证券公司成立。

1990 年

11 月 26 日，经国务院授权、中国人民银行批准，上海证券交易所（简称"上交所"）正式成立。这是中华人民共和国成立以来在内地开业的第一家证券交易所。

12 月 1 日，深圳证券交易所（简称"深交所"）"试开业"，采用的是最原始的口头唱报和白板竞价的手工方式。

12 月 19 日，时任上海市市长的朱镕基在浦江饭店敲响上交所开业的第一声锣。

1991 年

7 月，深交所正式开业。

8 月 28 日，中国证券业协会成立。

10 月 31 日，中国南玻集团股份有限公司与深圳市物业发展（集团）股份有限公司向社会公众招股，这是中国股份制企业首次发行 B 股。

1992 年

7 月 1 日，STAQ 系统正式投入运行。

8 月 10 日，深圳上百万人冒雨来买认购抽签表，最后发生震惊的"8·10"事件。

10 月 25 日，国务院证券委员会（简称"国务院证券委"）与中国证券监督管理委员（简称"中国证监会"）会成立。

1993 年

3 月 1 日，飞乐音响等内部职工股挂牌，这是股份制企业内部职工股首次上市交易。

4月28日，NET系统开通试运行。

6月29日，青岛啤酒股份有限公司在香港正式招股上市，成为内地首家在香港上市的国有企业。

8月20日，淄博基金上市，成为首只上市的投资基金。

9月30日，中国宝安集团股份有限公司宣布收购上海延中实业股份有限公司，揭开收购上市公司第一页。

1994年

1月14日，中国财政部代表中国政府正式向美国证券交易委员会注册登记发行10亿美元全球债券。这是中国政府发行的第一笔全球债券，也是中国政府第一次进入美国资本市场。

3月14日刘鸿儒宣布"四不"救市政策。

7月30日，在数月无抵抗的熊途中，上证指数最低到达325.89点时，中国证监会宣布三项"救市"措施。一个半月，上证综指上涨了223%，是我国证券史上股指上涨速度最快的一次。

1995年

1月1日起，沪深股市交易实行T+1交易制度。

2月23日，上海国债市场的国债期货327品种的交易出现严重蓄意违规行为，史称"3·27国债期货事件"。

5月13日，《证券从业人员资格管理暂行规定》颁布。

5月17日，国债期货市场关闭，因期货资金涌入，5月18日股市井喷，沪市单日股指涨幅达30.99%。

8月9日，日本五十铃自动车株式会社和伊藤忠商事株式会社通过协议购买法人股的形式，成为"北京北旅"的第一大股东。这是我国证券市场的首例外商A股大股东。

1996年

5月10日，郑州百文发布公告，投资者袁某持有公司股票已经超过768万股，占公司股本的7.43%。这是证券史上第一例个人投资者持股超过公司总股本5%。

5月29日，道琼斯推出中国股票指数。

6月7日，上交所拟选择市场最具代表性的30家上市公司作为样本，编制"上证30指数"，并在7月1日正式推出。

10月起，证券管理高层连连发布抑制股价上涨的"十二道金牌"的规定。

12月16日，股票交易恢复涨跌停板制度。《人民日报》发表特约评论员文章《正确认识当前股票市场》，指出股市出现过度投机，要求进一步规范。上证综指由此开始一轮大级别的下跌。

1997年

2月19日，邓小平去世。

2月20日，两市众多股票跌停低开几分钟内被拉起到涨停报收，后历时3个月，指数上涨了74%。

3月24日，大唐股份在伦敦交易所上市，成为第一家进入欧洲资本市场的中国公司。

1998年

4月7日，第一批上市的封闭式证券投资基金——基金金泰、基金开元发行。

4月28日，沈阳物资开发股份有限公司（现为沈阳银基发展股份有限公司）因连年亏损，其公司股票被列为首只特别处理的股票。

9月14日,ST苏三山股票暂停上市,江苏三山实业股份有限公司成为首家因连续亏损3年而暂停上市的公司。

12月29日,《中华人民共和国证券法》通过,并于1999年7月1日起实施,是新中国第一部规范证券发行与交易行为的法律,并由此确认了资本市场的法律地位。

1999年

1月,上海一个姓姜的股民把与红光牵连的24个人告上法庭,这是中国首例股民状告上市公司案。

5月19日,沪市收于1 109点,上涨51点,深市收于2 662点,上涨129点。由此开始了一轮以科技股为代表的上涨行情,史称"5.19"行情。

6月15日《人民日报》发表特约评论员文章《坚定信心,规范发展》,"5.19"行情进入高潮。

7月12日,琼民源股票被以1∶1的比例置换成中关村股票。

2000年

2月23日,上市公司发行转债开先例,虹桥机场发行13.5亿元5年期可转换公司债。

10月19日,中国证监会首次出现在被告席上——海南凯立中部开发建设股份有限公司状告中国证监会一案终于在北京市第一中级人民法院开庭审理。

2001年

1月13日,吴敬琏在中央电视台《对话》栏目中讲话,被传媒概括为"中国股市像赌场"。

2月,经国务院批准,中国证监会决定境内居民可投资B股市场。

6月,国务院发布《减持国有股筹集社会保障资金管理暂行办法》;6月14日,沪市大盘见顶2 245.42点,此后一路走低,开始绵绵数载的熊市。

7月23日,社保基金正式入市。

11月,刘某以一篇600字的短文对蓝田神话提出质疑,从此卷入一场风波。

12月4日,退市制度正式推出,PT水仙成退市第一股。

2002年

6月24日,国务院决定停止减持国有股,上证指数跳空高开,全天涨幅高达9.25%,绝大多数个股收于涨停板。

8月9日,鞍山证券公司被撤销,其在全国范围内的14家网点全部由民族证券托管,这是中国证券市场产生以来被明令退市的第一家券商。

12月1日,中国证监会与中国人民银行联合颁布的《合格境外机构投资者境内证券投资管理暂行办法》开始正式施行。

2003年

7月9日,瑞银投下QFII第一单。

10月28日,《证券投资基金法》获得人大常委会的审议通过。

2004年

1月31日,国务院颁布《关于推进资本市场改革开放和稳定发展的若干意见》,俗称

"国九条"。

6月25日，中小企业板块正式登场、首批八只股票上市，这是落实"国九条"的首项具体措施之一。

8月24日，证券市场首个以共同诉讼形式立案的民事赔偿案——大庆联谊案历经近1年，终于在北京有了结果，由北京国浩律师事务所代理的109名投资者的诉讼请求，除有11人由于不符合条件被法院驳回之外，其余98人胜诉，所获赔偿金额共187万元。

2005年

4月29日，经国务院批准，中国证监会发布《关于上市公司股权分置改革试点有关问题的通知》，宣布启动股权分置改革试点。

6月6日，沪市大盘见底998.23点，从而结束了长达四年的熊市。

6月10日，三一重工股权分置改革方案获得通过，成为中国证券市场第一个通过股权分置改革实行全流通的上市公司。

2006年

6月19日，新老划断后的第一只新股中工国际在深圳中小板上市，这标志着终止一年多的IPO恢复。

7月5日，超级航母"中国银行"A+H股模式成功在沪港两地上市。

12月29日，深沪两市共有1 269家公司完成了股份制改革或进入股份制改革程序，市值占比97%。

2007年

1月9日，国内保险第一股"中国人寿"成功回归A股，成为首家A股上市保险公司。这标志着保险公司登陆A股的序幕拉开。

5月30日零时，财政部公布，决定从2007年5月30日起，调整证券（股票）交易印花税税率，由1‰调整为3‰。当天，两市大盘大幅跳水，两市900余只股票跌幅超过9%。

11月5日，中石油回归A股。

2008年

4月24日，经国务院批准，财政部、国家税务总局决定，从2008年4月24日起调整证券（股票）交易印花税税率，由现行的3‰调整为1‰。

8月8日，第29届北京奥运会召开，大盘以"利好"出尽而大跌。

9月19日，经国务院批准，财政部、国家税务总局决定从2008年9月19日起，调整证券（股票）交易印花税征收方式，对买卖、继承、赠与所书立的A股、B股股权转让书据的出让方按1‰的税率征收证券（股票）交易印花税，对受让方不再征税。

2009年

3月31日，中国证监会发布《首次公开发行股票并在创业板上市管理暂行办法》，该办法自5月1日起实施。这意味着筹备十余年之久的创业板有望正式开启。

4月3日，中国证监会决定撤销宁波立立电子股份有限公司（简称"立立电子"）2008年7月公开发行股票的核准决定，同时要求立立电子按照发行价并加算银行同期存款利息返还证券持有人，这在中国证券市场尚属首例。

10月30日，等待了十年，首批创业板股票共计28家公司在深圳登陆，当日盘中受到爆炒而几度被停牌。

2010年

2月22日，黄光裕涉嫌内幕交易罪被提起公诉。

3月31日，融资融券试点正式启动。

4月16日，股指期货正式启动。

4月29日，公安部发布预警信息，告诫投资者警惕网络非法证券投资咨询活动。

8月31日，上海证券交易所在对上市公司董事会秘书、独立董事的资格和后续培训中，增强了内幕交易防控专题培训内容，从而使严打内幕交易的威力进一步前移。

9月6日，证监会加大对证券市场违法违规行为的打击力度，首次将"老鼠仓"基金经理移送司法。这也是首例涉嫌违反利用未公开信息交易罪，被移送公安机关追究刑事责任的案件。

2011年

1月14日，全国证券期货监管会议闭幕，提出全年八项重点工作，包括扩大中关村新三板试点，研究推出发行体制后续改革措施，完善退市制度，完善打击证券期货违法犯罪协作机制等。

2月23日，人保部、银监会、证监会、保监会联合公布了新修订的《企业年金基金管理办法》，将企业年金投资股票的比例放宽到30%。

5月13日，证监会下发《关于修改上市公司重大资产重组与配套融资相关规定的决定（征求意见稿）》，借壳上市将执行IPO趋同标准。

8月17日，中央政府宣布允许RQFII投资内地证券市场及在内地推出港股组合ETF。

10月10日，汇金公司宣布已在二级市场自主购入工、农、中、建四行股票，并拟在未来12个月内继续在二级市场增持各行股份。

10月25日，证监会发布规定，我国上市公司内幕信息知情人登记管理制度正式建立。

10月29日，银证保三会集体换帅，尚福林、郭树清和项俊波分别任银监会、证监会和保监会主席。

11月28日，创业板新退市方案征求意见，新增市场化退市条件。

12月14日，沪指跌破2 245点，关于A股"十年零涨幅"的讨论大热。证监会提出，适当加快引进QFII步伐，增加其投资额度，尽快出台RQFII实施办法。

2012年

2月27日，基金"88魔咒"再次发威，大盘结束上涨趋势，2 478.38点成为2012年的最高点。

3月14日，"两会"结束，温家宝在记者会上表明今年经济形势严峻，GDP增幅指标降低到7.5%，市场即刻大幅下跌，上证指数当天跌幅2.63%，彻底破坏了年初以来形成的上升趋势。

6月8日起，近三年半以来央行首次降息。市场没有因此走好，反而大盘随后跌破了2 300点。

8月28日，宁波中院于开庭审理的全国首例特大地沟油案，揭开了健康元的惊天秘密，次日健康元等一批医药股大跌。

9月7日，继5日公布批复总投资规模逾7 000亿元的25个城轨规划和项目后，发改委6日再次公布批复13个公路建设项目、10个市政类项目和7个港口、航道项目。国家队大举进攻拉开了"维稳"的帷幕，上证指数大涨3.70%，深圳指数大涨5.08%。

11月19日，一则酒鬼酒中的塑化剂含量竟然超标高达260%的新闻，使本来非常疲软的市场又被白酒行业股票大跌而破2 000点。

12月4日，大盘盘中下跌到1 949点，差点回到"解放以前"后有神秘资金进场扫货金融地产等权重股，次日就出现一根转势的大阳线。

2013年

1月15日，深交所正式发布实施《中小企业板上市公司公开谴责标准》，明确中小板上市公司公开谴责的认定标准，进一步健全和完善纪律处分自律监管执法机制。

7月26日，深交所发布《深圳证券交易所交易规则（2013年修订）》，对大宗交易制度进行了优化完善，并明确债券ETF实行当日回转交易。

9月6日，国债期货正式挂牌交易。

11月8日，证监会和银监会联合发布《关于商业银行发行公司债券补充资本的指导意见》，允许境内外上市以及正在排队等待境内上市的商业银行发行公司债券以补充资本。

11月9日至12日，三中全会在京召开，全会通过的《中共中央关于全面深化改革若干重大问题的决定》提出，健全多层次资本市场体系，推进股票发行注册制改革，多渠道推动股权融资，发展并规范债券市场，提高直接融资比重。

12月13日，证监会就《优先股试点管理办法》公开征求意见，对优先股发行主体、发行条件、投资者资格等内容予以详细规定。

12月14日，国务院发布《关于全国中小企业股份转让系统有关问题的决定》，新三板全国扩容，多层次资本市场建设取得实质性进展。

2014年

1月24日，全国中小企业股份转让系统举行集体挂牌仪式，来自全国的266家企业在股转系统集中挂牌。

3月19日，上海证券交易所发布修订后的《合格境外机构投资者和人民币合格境外机构投资者证券交易实施细则》，放宽了合格投资者的投资范围及持股比例。

3月28日，中国金融期货交易所正式启动上证50股指期权仿真交易。

4月10日，中国证监会与香港证监会就开展沪港通试点发布联合公告。证监会指出，沪港通总额度为人民币5 500亿元。

5月9日，国务院印发《关于进一步促进资本市场健康发展的若干意见》（"新国九条"），表示进一步促进资本市场健康发展，健全多层次资本市场体系。

5月19日，深圳证券交易所实施大宗交易盘后定价，规定A股、B股、基金、债券可以采用盘后定价大宗交易方式。

6月5日，中国长江航运集团南京油运股份有限公司因2010～2013年连续三年亏损退市，成为我国第一家从A股退市的央企股票。

6月20日，中国证监会发布《关于上市公司实施员工持股计划试点的指导意见》。

6月23日，转融券业务试点再扩容，试点证券公司由原30家增加至73家，转融券标的证券数量增加到628只。

10月17日，中国证监会发布《关于改革完善并严格实施上市公司退市制度的若干意见》。该意见包括五个方面的内容：一是健全上市公司主动退市制度；二是实施重大违法公司强制退市制度；三是严格执行市场交易类、财务类退市制度；四是完善退市相关制度安排；五是加强中小投资者合法利益的保护。

11月17日，沪港股票交易互联互通机制试点正式开通。

11月28日，中国农业银行400亿优先股在上海交易所正式挂牌，这标志着中国境内资本市场第一只优先股产品完成发行及挂牌工作。

12月18日，中国证监会发布《私募股权众筹融资管理办法》，对股权众筹融资的发行方式、投资者、融资者等都做出了明确规定。

2015年

1月9日，证监会发布《股票期权交易试点管理办法》及配套规则，批准上海证券交易所开展股票期权交易试点，试点产品为上证50ETF期权，上市交易日为2015年2月9日。

1月30日，上交所和深交所公布，对退市配套规则进行修订。

4月12日，中国结算发布《关于取消自然人投资者A股等证券账户一人一户限制的通知》明确，自4月13日起允许自然人投资者根据实际需要开立多个沪、深A股账户及场内封闭式基金账户。

4月12日，经证监会批准，上证50与中证500两只股指期货新品种定于16日在中国金融期货交易所挂牌上市。

6月19日，沪综指下跌超过300点。当周连续下挫使上证综指周跌幅达13.32%，为近七年来最大单周跌幅。创业板指当周跌幅达14.99%，创历史最大单周跌幅。

7月4日，中国证券业协会发布消息称，21家证券公司，决定出资不低于1 200亿元，用于投资蓝筹股ETF，并承诺上证综指4 500点以下，在7月3日余额基础上，自营股票不减持，并择机增持。

7月5日，证监会发布公告，充分发挥中国证券金融股份有限公司的作用，增强维护市场稳定的能力。中国人民银行将协助通过多种形式给予中国证券金融股份有限公司流动性支持。

7月8日，中央汇金投资有限责任公司发布公告表示，中央汇金公司坚决维护证券市场稳定，在股市异常波动期间，承诺不减持所持有的上市公司股票，并要求控股机构不减持所持有的控股上市公司股票，支持控股机构择机增持。

7月8日，证监会发布了关于上市公司大股东及董事、监事、高级管理人员增持本公司股票相关事项的通知。

证监会、公安部执法人员进场对8日涉嫌恶意做空大盘蓝筹的十余家机构和个人开展核查取证工作。针对近期境内证券市场出现的异常波动，公安部会同证监会进行分析研判，部署全国公安机关依法打击证券期货领域违法犯罪活动。

7月25日，中国金融期货交易所连续发布一系列股指期货管控措施，包括上调股指期货各合约非套保持仓交易保证金，严格异常交易行为监管，进一步抑制股指期货市场过度投机。

8月19日，数十家上市公司披露中国证券金融股份有限公司和中央汇金投资有限责任公司持股情况。

9月7日，财政部、国家税务总局和证监会7日发布《关于上市公司股息红利差别化个人所得税政策有关问题的通知》，自8日起施行。个人从公开发行和转让市场取得的上市公司股票，持股期限超过1年的，股息红利所得暂免征收个人所得税。

9月16日，中信证券股份有限公司总经理程某、运营管理部负责人于某、信息技术中心副经理汪某等人因涉嫌内幕交易、泄露内幕信息被公安机关依法要求接受调查。

9月17日，从中央纪委获悉，中国证监会主席助理张某涉嫌严重违纪，目前正接受组织调查。

11月2日，上海泽熙投资管理有限公司法定代表人、总经理徐某等人通过非法手段获取股市内幕信息，从事内幕交易、操纵股票交易价格，其行为涉嫌违法犯罪，被公安机关依法采取刑事强制措施。

11月2日，上交所战略新兴产业板方案初步拟定，将与注册制同步推出，预计时间为2016年上半年。

11月13日，上交所和深交所分别就融资融券交易实施细则（2015年修订）进行修改，两交易所均规定，投资者融资买入证券时，融资保证金比例不得低于100%；修改实施前未了结的融资合约及其展期，仍按照原相关规定执行。

11月14日，中央纪委监察部网站消息称，中国证券监督管理委员会党委委员、副主席姚某涉嫌严重违纪，接受组织调查。

12月4日，经中国证监会同意，上交所、深交所、中金所发布指数熔断相关规定，并将于2016年1月1日起实施。

2016年

1月4日，中国证监会表示，从2016年1月1日起，新股发行将按照新的制度执行。投资者申购新股时无须再预先缴款，小盘股将直接定价发行，发行审核将会更加注重信息披露要求，发行企业和保荐机构需要为保护投资者合法权益承担更多的义务和责任。

1月4日，作为熔断机制的基准指数，沪深300指数先后触发5%和7%的熔断阈值，股票现货和股指期货市场于13时33分起暂停当日交易。指数熔断的同时，两市再现"千股跌停"。

1月7日晚间，上海证券交易所、深圳证券交易所、中国金融期货交易所发布通知，为维护市场稳定运行，经证监会同意，自1月8日起暂停实施指数熔断机制。

1月9日，沪深证券交易所发布关于落实《上市公司大股东、董监高减持股份的若干规定》相关事项的通知。通知明确，上市公司大股东通过协议转让方式减持股份的，单个受让方的受让比例不得低于5%，转让价格范围下限比照大宗交易的规定执行，法律法规、部门规章及本所业务规则另有规定的除外。

2月20日，中共中央决定，任命刘士余同志为中国证监会党委书记，免去肖钢同志的中国证监会党委书记职务。国务院决定，任命刘士余同志为中国证监会主席，免去肖钢同志的中国证监会主席职务。

3月25日，国务院批转国家发改委《关于2016年深化经济体制改革重点工作的意见》。该《意见》提出，推进股票、债券市场改革和法治化建设，促进多层次资本市场健康发展，提高直接融资比重，适时启动"深港通"。

4月15日，中国基金业协会正式发布了《私募投资基金募集行为管理办法》，对私募基金的募集主体、募集程序、募集义务等进行了明确规定，要求募集机构需向特定对象进行宣传，并设置不低于24小时的投资冷静期，探索回访确认制度。

4月19日，中国银行间市场交易商协会组织市场成员制定了《不良贷款资产支持证券信息披露指引（试行）》，经审议通过并经人民银行同意，予以发布施行。

5月1日，《全国社会保障基金条例》开始施行。该《条例》规定，全国社会保障基金理事会应当审慎、稳健管理运营全国社会保障基金，按照国务院批准的比例在境内外市场投资运营全国社会保障基金。

6月17日，中国证监会就修改《上市公司重大资产重组办法》向社会公开征求意见。证监会表示，本次修订旨在给"炒壳"降温，促进市场估值体系的理性修复，继续支持通过并购重组提升上市公司质量，引导更多资金投向实体经济。

6月21日，人社部、财政部发布《职业年金基金管理暂行办法》征求意见稿。职业年金基金财产投资股票、股票基金、混合基金、股票型养老金产品的比例，合计不得高于投资组合委托投资资产净值的30%。

6月27日，全国股转公司对挂牌公司实施分层管理，并分别揭示创新层和基础层挂牌公司的证券转让行情、信息披露文件，新三板分层时代正式到来。

7月1日，沪深交易所分别发布《上海证券交易所上市公司重组上市媒体说明会指引》和《重大资产重组媒体说明会备忘录》，对上市公司推出重大资产重组方案应召开媒体说明会的情形、方式和信息披露等做出明确规定。

7月15日，证监会发布《上市公司股权激励管理办法》和《证券期货经营机构私募资产管理业务运作管理暂行规定》。

8月1日，中国证券投资基金业协会表示，根据2月5日发布的《关于进一步规范私募基金管理人登记若干事项的公告》，累计超过1万家机构已被注销私募基金管理人登记。

8月18日，经国务院同意，国资委、财政部和证监会联合印发《关于国有控股混合所有制企业开展员工持股试点的意见》。该《意见》规定，员工持股总量原则上不高于公司总股本的30%，单一员工持股比例原则上不高于总股本的1%。

9月2日，中国人民银行、国家外汇管理局发布《关于人民币合格境外机构投资者境内证券投资管理有关问题的通知》。通知表示，国家外汇管理局对单家人民币合格投资者投资额度实行备案或审批管理。

9月9日，中国证监会《关于修改〈上市公司重大资产重组管理办法〉的决定》发布施行。此外，证监会修订并购重组规则，进一步缩短上市公司停牌时间。

9月13日，中国证监会就《证券期货投资者适当性管理办法》公开征求意见，强调将适当的产品销售给适当的投资者，普通投资者在信息告知、风险警示、适当性匹配等方面享有特别保护。

9月22日，经国务院国资委批准，宝钢集团与武钢集团实施联合重组，组建"中国宝武钢铁集团有限公司"，作为重组后的母公司，武钢集团整体无偿划入，成为其全资子公司。

9月23日，中国证监会正式发布并实施《公开募集证券投资基金运作指引第2号——基金中基金指引》，支持基金行业推出基金中基金。

11月25日，中国证监会和香港证监会联合公告，中国证监会、香港证监会决定批准深圳证券交易所、香港联合交易所有限公司、中国证券登记结算有限责任公司、香港中央结算有限公司正式启动深港股票交易互联互通机制（简称"深港通"）。深港通下的股票交易12月5日开始。

11月25日，中国证监会批复沪、深证券交易所发布《分级基金业务管理指引》，明确了分级基金二级市场交易环节投资者适当性安排，将投资者适当性门槛定为30万元证券类资产。

11月29日，上交所50ETF期权上线一年多后迎来首个标的除息日，随之而来的是50ETF期权将迎来第一次合约调整。

12月14日至16日，中央经济工作会议在北京举行。

2017年

1月24日，中国保监会发布《关于进一步加强保险资金股票投资监管有关事项的通知》，将股票投资分为一般股票投资、重大股票投资和上市公司收购三种情形，实施差别监管。

3月30日，中国证监会发布行政处罚决定书和市场禁入决定书，对鲜某操纵"多伦股份"行为，责令依法处理非法持有的证券，没收违法所得5.78亿元，并处以28.92亿元罚款。对鲜某信息披露违法行为，给予警告，并处以60万元罚款。对鲜某采取终身证券市场禁入措施，自证监会宣布决定之日起，在禁入期间内，不得在任何机构中从事证券业务或者担任上市公司董事、监事、高级管理人员职务。

4月1日，中共中央、国务院印发通知，决定设立河北雄安新区。该消息引发投资市场对雄安概念股票的疯狂炒作。

5月3日，财政部、国家发改委等六部门联合下发《关于进一步规范地方政府举债融资行为的通知》，要求各省级政府结合2016年开展的融资平台公司债务等统计情况，尽快组织一次地方政府及其部门融资担保行为摸底排查，7月31日前清理整改到位。

5月5日，中国证监会发布《区域性股权市场监督管理试行办法》，自今年7月1日起施行。

5月27日，上交所发布实施《上海证券交易所上市公司股东及董事、监事、高级管理人员减持股份实施细则》。

6月19日，《上海证券交易所上市公司可转换公司债券发行实施细则（征求意见稿）》发布。

6月20日摩根士丹利资本国际公司（MSCI）宣布，从2018年6月开始将中国A股纳入MSCI新兴市场指数和全球基准指数。

7月1日，《证券期货投资者适当性管理办法》正式实施。该《办法》并未限制投资者交易自由，而是让合适的投资者购买适当的产品。

9月7日，为解决可转债和可交换债发行过程中产生的较大规模资金冻结问题，证监会对可转债、可交换债发行方式进行了调整，将现行的资金申购改为信用申购，并经公开征求意见相应修订了《证券发行与承销管理办法》部分条款。

10月23日，国内首单央企租赁住房REITs[①]、首单储架发行REITs——中联前海开源-保利地产租赁住房一号资产支持专项计划获得上海证券交易所审议通过，对于加快推进租赁住房市场建设具有积极的示范效应。

11月3日，为支持公募基金行业服务个人投资者养老投资，在养老金市场化改革中更好地发挥公募基金专业投资的作用，证监会发布《养老目标证券投资基金指引（试行）》，向社会公开征求意见。

2018年

3月1日，中国证监会发布《上市公司创业投资基金股东减持股份的特别规定》，上海、深圳证券交易所出台实施细则，明确对专注于长期投资和价值投资的创业投资基金减持其持有的上市公司首次公开发行前股份，给予差异化政策支持。

3月23日，美国白宫正式签署对华贸易备忘录，宣布将有可能对从中国进口的600亿美元商品加征关税，并限制中国企业对美投资并购。

4月2日，国务院关税税则委员会决定对原产于美国的部分进口商品中止关税减让义务，自2018年4月2日起对原产于美国的7类128项进口商品中止关税减让义务。

5月9日，中兴通讯发布公告表示，受美国商务部激活拒绝令影响，公司主要经营活动已无法进行。

6月1日，A股正式纳入MSCI新兴市场指数，这是自2013年6月摩根士丹利资本国际公司（MSCI）启动A股纳入MSCI新兴市场指数全球征询后的首次正式纳入。

7月15日，国家药品监督管理局发布通告指出，长生生物冻干人用狂犬病疫苗生产存在记录造假等行为，长生生物造假事件引发市场轰动。

7月27日，中国证监会发布了《关于修改〈关于改革完善并严格实施上市公司退市制度的若干意见〉的决定》，明确上市公司构成欺诈发行、重大信息披露违法或者其他涉及国家安全、公共安全、生态安全、生产安全和公众健康安全等领域的重大违法行为的，证券交易所应当严格依法做出暂停、终止公司股票上市交易的决定的基本制度要求。

9月27日，全球第二大指数公司富时罗素宣布，将A股纳入其全球股票指数体系，

[①] REITs指房地产信托资金。

A股分类是次级新兴市场，从2019年6月开始将A股纳入次级新兴市场。

10月12日，中国证监会正式发布《关于上海证券交易所与伦敦证券交易所互联互通存托凭证业务的监管规定（试行）》。

10月19日，央行、中国证监会、中国银保监会集体发声，帮助有发展前景但暂时陷入经营困难的上市公司纾解股票质押困境，促进其健康发展。

11月5日，中国证监会负责人就设立上海证券交易所科创板并试点注册制答记者问，将抓紧完善科创板的相关制度规则安排。

11月6日，中国证监会公布《关于完善上市公司股票停复牌制度的指导意见》。其主要内容包括：一是确立上市公司股票停复牌的基本原则，最大限度保障交易机会；二是压缩股票停牌期限，增强市场流动性；三是强化股票停复牌信息披露要求，明确市场预期；四是加强制度建设，明确相应配套工作安排。

11月9日，中国证监会、中国财政部、中国国资委联合发布《关于支持上市公司回购股份的意见》。

11月16日，中国证监会发布了《会计监管风险提示第8号——商誉减值》。

11月16日，沪深交易所发布修订后的重大违法强制退市新规，深交所对长生生物开启重大违法强制退市机制。

11月20日，在深交所多次问询、关注后，银亿股份被深交所强制复牌，首开强制复牌先例。

11月23日，沪深交易所正式发布《上市公司高送转信息披露指引》；高送转将与业绩增幅比例挂钩，净利润增长和EPS做出量化规定；大股东限售股（股权激励除外）解禁、减持前后三个月，不得进行高转送。

12月2日，中国银保监会制定了《商业银行理财子公司管理办法》，标志着22万亿元非保本银行理财及其投向纳入更透明的监管体系中。

12月26日，中国人民银行发布公告称，金融委办公室召开专题会议，研究多渠道支持商业银行补充资本有关问题，推动尽快启动永续债发行。

12月27日，中弘退发布公告称，公司股票退市整理期已结束，已被深交所终止上市，将在2018年12月28日摘牌。

第五部分
PART 5

《投资学原理及应用》考试样卷及参考答案

《投资学原理及应用》试卷设计

分数分布： 投资基础（1~3章）分数18分

投资学理论（4~7章）分数32分

理论应用（8~11章）分数28分

风险规避（12~13章）分数17分

投资总评及策略（14章）分数5分

题型分布： 1. 判断题，一共14题，每题1分，共14分；

2. 选择题（包括单选和多选），一共10题，每题1分，共10分；

3. 计算题，必须有详细解题过程，一共6题，每题8分，共48分；

4. 画图、连线或填空等，有些需要解释，一共4题，每题5分，共20分；

5. 分析题，1题，8分。

《投资学原理及应用》考试样卷

考试时间 120 分钟

一、判断题（每题 1 分，共 14 分，用 √ 或 × 表示）

1. 牛熊市交替运行告诉我们，在熊市中不要悲观绝望，牛市中不要盲目乐观。（   ）
2. 可转换债券的利率通常比同期限普通债券的利率要高。（   ）
3. 股票市场分为多个层次，不同层次的股票市场，适合不同类型、性质的公司上市，以及不同风险厌恶程度的投资者投资。（   ）
4. 投资组合风险大小完全取决于组合内各证券风险的大小。（   ）
5. 资本市场线明确了一种行之有效的投资策略——顺应市场。（   ）
6. 有效市场不成立的原因是投资人都不相信有效市场。（   ）
7. 在其他条件不变时，某面值为 100 元的付息债券的当前市场价格为 85 元，一年后其市场价格为 82 元。（   ）
8. 某公司在 7 月 5 日预测半年度将大幅度亏损 6 000 万元，8 月 28 日公司公布半年度报告，结果亏损 2 000 万元，市场认定该信息是利空信息，导致当日股价大跌。（   ）
9. 戈登模型假设公司未来股息按照一定比率持续增长，最能够满足该条件的是发展前景良好的小型企业。（   ）
10. 当股票价格出现 W 底时，是卖出股票的好时机。（   ）
11. 逐日盯市制度是指结算部门在每日闭市后计算、检查保证金账户，并适时发出追加保证金通知，以使客户保证金余额维持在一定水平上，从而防止负债现象发生的结算制度。（   ）
12. 资本市场线方程、资本资产定价模型和套利定价模型的共同特征是它们都反映了投资风险和投资收益形影相随的投资思想。（   ）
13. 追逐市场热门股票是价值投资策略失败的主要根源。（   ）
14. 在价值投资策略、成长投资策略、技术分析投资策略和市场组合投资策略中，交易成本最高的是市场组合投资策略。（   ）

二、选择题（每题 1 分，共 10 分）

1.（   ）不是优先股的特征之一。

A. 约定股息率　　　　　B. 股票可由公司赎回
C. 具有表决权　　　　　D. 优先分派股息和清偿剩余资产

2. 发行股票带给公司的好处不包括（　　　）。
A. 获得无须偿还的资本金
B. 为公司各项业务活动带来便利
C. 震慑竞争对手
D. 可采用股票期权激励计划等激励措施留住和吸引关键人才

3. 中国投资市场最常见的出价方式是限价委托。小张委托卖出中国石油，限价是 11 元/股。此后指数上涨，其成交价格最可能是（　　　）元。
A. 10.99　　　　B. 10.98　　　　C. 11.01　　　　D. 11.80

4. 假定基金在未来将取得 10% 的年收益率，无风险收益率为 3%，如果要获得 8% 的收益率，投资于基金的比例为（　　　）。
A. 31.55%　　　B. 28.58%　　　C. 71.43%　　　D. 69.68%

5. 按照 CAPM 模型，若市场组合的预期收益率为 13%。无风险收益率为 3%，证券 A 的预期收益率为 15.5%，贝塔值为 1.25，则：
A. 证券 A 被高估　　　　　　　　　B. 证券 A 是公平定价
C. 证券 A 的阿尔法值是 −1.5%　　　D. 证券 A 的阿尔法值是 1.5%

6. 羊群效应的原因包括（　　　）。
A. 节省搜寻成本　　B. 减轻后悔　　C. 相信权威　　D. 相信自己

7. 零息债券的到期收益率（　　　）实际收益率。
A. 不等于　　　　B. 大于　　　　C. 小于　　　　D. 等于

8. 相对价值评估公式：股票价格 = 合理市盈率水平 × 待估股票的 EPS。其中的合理市盈率水平包括（　　　）。
A. 市场平均市盈率水平　　　　　B. 行业平均市盈率水平
C. 国外市场市盈率水平　　　　　D. 类似公司市盈率水平

9. 你认为下面图形代表到期时（　　　）损益。
A. 看涨期权空头　　B. 看跌期权空头　　C. 看涨期权多头　　D. 看跌期权多头

10. 价格沿趋势运动、以市场平均市盈率确定股票合理价格等观点体现了（　　　）的思想。
A. 尊重市场、适应市场　　　　　B. 投资收益和投资风险形影相随
C. 牛熊市周而复始　　　　　　　D. 分散投资降低风险

三、计算题（每题 6 分，共计 48 分）

1. 你在 8 月 8 日以每股 150 元的价格买入某股票 100 股。10 月 8 日该股票收盘价格为 180 元。上市公司向股东每 10 股派息 5 元，10 股送转股 30 股，10 股配 3 股，配股价 48 元。问：①10 月 9 日的除权价格是多少？②你每股投资成本是多少？③10 月 18 日股票收盘价格为 38 元，在此期间你的收益率是多少？

2. 某投资人前年初以 20 元/股的价格购买 100 股股票，前年末每股支付股息 0.05 元。去年初再以 18.5 元/股的价格购买 200 股股票，去年末每股支付股息 0.05 元。今年初又以 22 元/股的价格买入 200 股股票，今年末以 23 元/股的价格卖出 500 股股票。问：该投资人年平均收益率是多少？

3. 假定无风险利率为 3%，某个贝塔值为 1 的资产组合要求的收益率为 13%，问：①市场组合的预期收益率是多少？②贝塔值为 0 的股票的预期收益率是多少？③某股票现价为 40 元，其贝塔值为 -0.1，预计未来每股派发股息 3 元，并可以 41 元卖出，该股票被高估还是低估？④在套利机制作用下，该股票将由现价 40 元迅速变为多少？

4. 某投资人 5 年后需要 100 万元留学费用，其目前有现金 68.06 万元。现有甲、乙、丙三只债券，其面值均为 100 元，年付息一次，票面利率、剩余期限、当前价格如下表所示：

债券甲、乙、丙的基本情况

债券	票面利率（%）	剩余期限（年）	当前价格（元）
甲	8	4	100
乙	7	6	101
丙	8	8	100

为实施免疫策略，问：①该投资人应该选择哪两只债券构建组合？②两只债券的投资比例是多少？③若市场利率下降 2 个百分点，该组合免疫效果如何？

5. 假设 A 公司是一家备受关注的上市公司。2013～2015 年税后利润增长率为 31.32%、42.75%、57.41%，复合增长率为 43.43%。2016 年 11 月 11 日 A 公司的收盘价格为 38.38 元。按照 2015 年每股税后利润 0.29 元计算，该日 A 公司的静态市盈率为 132.34 倍。数据显示，近期共有 10 家机构给出买入或增持的评级，平均预测 2016 年、2017 年、2018 年的每股税后利润分别为 0.42 元、0.68 元和 0.99 元。试问：①按照机构预测，A 公司的 PEG 是多少？②以成长股 2 倍 PEG 估算，市场预期 A 公司未来复合增长率是多少？③和过去三年相比，这种市场预期可靠性如何？

6. 如果无风险利率为 3%，某股票现价为 90 元，一年内将分红 2 元。问：如果该股票一年后到期的期货价格为 90.10 元，此时是否有套利空间？若有应该如何套利？

四、画图、连线和填数字说明题（每题 5 分，共 20 分）

1. 画出有效市场三个层次关系图，并简要解释。
2. 在逆时针曲线图中指明转阳信号和警戒信号，并说明其具体含义。

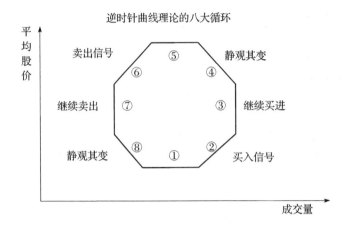

3. 画出到期日期货多头和空头的损益,并简要解释。
4. 画出保护性看跌期权的损益,并简要解释。

五、分析题（8分）

俗语"好货不便宜,便宜无好货"蕴含了何种投资学观点?为什么?该观点成立的最重要条件是什么?请分析该观点在股票市场、服装市场、房地产市场和收藏品市场的适用性。

样卷参考答案

一、判断题

1. √	2. ×	3. √	4. ×	5. √
6. ×	7. ×	8. ×	9. ×	10. ×
11. √	12. √	13. √	14. ×	

二、选择题

| 1. C | 2. C | 3. C | 4. C | 5. B |
| 6. ABC | 7. D | 8. C | 9. B | 10. A |

三、计算题

1. 答案：① 除权价格 $= \dfrac{180 - 0.5 + 0.3 \times 48}{1 + 3 + 0.3} \approx 45.09(元)$

②你的每股投资成本为：

$$成本价格 = \frac{150 - 0.5 + 0.3 \times 48}{1 + 3 + 0.3} \approx 38.12(元)$$

③你的收益率为：$\frac{38 - 38.12}{38.12} \approx -0.31\%$

2. 答案：①计算三年每年的持有收益率分别为：

$$HPR_{前年} = \frac{18.5 - 20 + 0.05}{20} = -7.25\%$$

$$HPR_{去年} = \frac{22 - 18.5 + 0.05}{18.5} \approx 19.19\%$$

$$HPR_{今年} = \frac{23 - 22}{22} \approx 4.55\%$$

②该投资人三年年平均收益率为：

$$R_{年} = \sqrt[3]{(1 - 7.25\%) \times (1 + 19.19\%) \times (1 + 4.55\%)} - 1 \approx 4.9\%$$

3. 答案：①由 $E(R_i) = R_f + [E(R_M) - R_f]\beta_i$ 得到：

$$13\% = 3\% + [E(R_M) - 3\%] \times 1$$

解得 $E(R_M) = 13\%$。

②贝塔值为零的股票的预期收益率是 3%。

③投资该股票的实际投资预期收益率为：

$$\frac{41 + 3 - 40}{40} = 10\%$$

投资该股票的合理收益率为：

$$E(R_i) = R_f + [E(R_M) - R_f]\beta_i = 3\% + (13\% - 3\%) \times (-0.1) = 2\%$$

实际收益率高于合理收益率，故该股票被低估。

④该股票价格变动后为 P，则：

$$\frac{41 + 3 - P}{P} = 2\%$$

解得 $P \approx 43.14$。

4. 答案：①构建组合的年收益率至少应为：$\sqrt[5]{100/68.06} - 1 \approx 8.00\%$。甲、乙、丙三只债券的到期收益率分别为 8%、6.79% 和 8%。债券乙的收益率低于 8%，故投资人应以债券甲和债券丙构建免疫组合。

②组合久期应该等于投资期限 5 年，其是各个债券久期的加权平均。设投资在债券甲上的资金比例为 $W_{甲}$，投资在债券丙上的资金比例为 $1 - W_{甲}$，则组合久期应该等于投资期限 5 年，即：

$$5 = 3.58 \times W_{甲} + 6.21 \times (1 - W_{甲}) \Rightarrow W_{甲} \approx 0.46$$

投资在债券甲的资金比例为 0.46，即投资债券甲的资金为 $68.06 \times 0.46 \approx 31.31$（万元），相应地投资在债券丙的资金比例为 0.54，即投资债券乙的资金为 $68.06 \times 0.54 \approx 36.75$（万元）。

③债券甲 100 万元在第 4 年末到期，其总的现金流包括利息及利息再投资、债券面值偿

还等为：
$$8\times(1+10\%)^3+8\times(1+10\%)^2+8\times(1+10\%)+8+100\approx 137.13(万元)$$

再投资 1 年得到的现金流为：
$$137.13\times(1+10\%)\approx 150.84（万元）$$

债券甲的年实际收益率为：
$$\sqrt[5]{150.84/100}-1\approx 8.57\%$$

债券丙第 5 年末的全部现金流，包括利息再投资、第 5 年末出售债券的收入，共计为：
$$8\times(1+10)^4+8\times(1+10\%)^3+8\times(1+10\%)^2+8\times(1+10\%)+8+95.03\approx 143.87(万元)$$

债券甲的年实际收益率为：
$$\sqrt[5]{143.87/100}-1\approx 7.55\%$$

组合年收益率为：$0.46\times 8.57\%+0.54\times 7.55\%\approx 8.02\%$，其免疫效果较好。

5. 答案：①按照 2015 年每股税后利润 0.29 元和 2018 年每股收益 0.99 计算，2016～2018 年三年每股税后利润复合增长率为：
$$\sqrt[3]{0.99/0.29}-1\approx 50.57\%$$

A 公司 PEG＝132.34/50.57≈2.62。

②按照 2 倍 PEG 计算的复合增长率为 132.34/2＝66.17%，即市场预期 A 公司年复合增长率要达到 66.17%。

③市场预期未来三年复合增长率为 66.17%，比过往三年的复合增长 43.43% 高出 52.36%，显示市场对 A 公司未来过于乐观，实现可能性较小。

6. 答案：①期货合理价格为 $F_0=S_0\times(1+R_f)-D=90\times(1+3\%)-2=90.7$（元），可以套利。

②此时套利方法如下：

策略	期初现金流	一年后现金流
卖空股票 1 股股票	+90	$-S_T-2$
借出资金	-90	$90\times(1+3\%)=92.7$
买入期货	0	$S_T-90.10$
总计	0	0.6

四、画图、连线或填数字说明题

1. 答案：

（1）当证券价格迅速充分地反映了所有历史信息，如市场价格变化状况、交易量变化状况、短期利率变化状况等，称这时的市场是弱有效市场。

（2）当证券价格迅速充分地反映了所有公开发布的信息，包括证券交易的所有历史信息，当前市场现实的信息以及可以预期的信息，如公司财务报告、管理水平、产品特点、盈利预测、国家经济政策等信息，称这时的市场是半强有效市场。

（3）当证券价格迅速充分地反映了所有与价格有关的信息，包括历史信息、公开发布的信息，以及没有发布的内幕信息时，称这时的市场是半强有效市场。

2. 答案：转阳信号为①，警戒信号为⑤。转阳信号出现在：股价经过漫长下跌后，下跌幅度缩小，甚至止跌转稳，成交量明显由萎缩而递增，低位买方力量逐步积聚。警戒信号出现在：股价在高价区盘旋，已难再创新高，成交量无力扩增，甚至明显减少。

3. 答案：

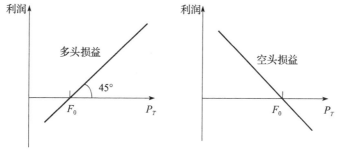

到期日期货多头和空头的损益

要点：①当到期时的现货价格高于买入的期货价格，则多头获利，空头亏损；②当到期时的现货价格低于买入的期货价格，则空头获利，多头亏损；③多空双方总盈亏之和为零。

4. 答案：购买股票的同时买入该股票的看跌期权。这使你既能分享未来股价上升的收益，又可避免未来股价下跌的损失。

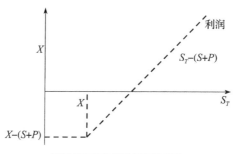

到期时保护性看跌期权的损益

五、分析题

答案：①有效市场假设；②货品好坏已经在价格信息中得到充分的反映；③投资人能够获得所需各种价格信息，并能正确解读；④适合股票市场，不适合房地产市场、收藏品市场。